O NARCISISMO E A ANÁLISE DO EU

Blucher

O NARCISISMO E A ANÁLISE DO EU

René Roussillon

TRADUÇÃO
Vanise Pereira Dresch

REVISÃO TÉCNICA
Luciane Falcão e Renato Moraes Lucas

O narcisismo e a análise do Eu
© 2023 Editora Edgard Blücher Ltda.

Publisher Edgard Blücher
Editor Eduardo Blücher
Coordenação editorial Jonatas Eliakim
Produção editorial Thaís Costa
Preparação de texto Ana Maria Fiorini
Diagramação: Felipe Gigek
Revisão de texto MPMB
Capa Leandro Cunha
Imagem de capa talvez este meu relato seja uma ponte no vazio, 2021
© Guilherme Dable

Blucher

Rua Pedroso Alvarenga, 1245, 4º andar
04531-934 – São Paulo – SP – Brasil
Tel.: 55 11 3078-5366
contato@blucher.com.br
www.blucher.com.br

Segundo o Novo Acordo Ortográfico, conforme
5. ed. do *Vocabulário Ortográfico da Língua
Portuguesa*, Academia Brasileira de Letras, março
de 2009.

É proibida a reprodução total ou parcial por
quaisquer meios sem autorização escrita da
editora.

Todos os direitos reservados pela Editora Edgard
Blücher Ltda.

Dados Internacionais de Catalogação na Publicação (CIP)
Angélica Ilacqua CRB-8/7057

Roussillon, René

O narcisismo e a análise do Eu / René Roussillon ;
tradução de Vanise Pereira Dresch. -- São Paulo :
Blucher, 2023.

288 p. (Coleção Conferências de René Roussillon)

Bibliografia
ISBN 978-65-5506-370-7

1. Psicanálise 2. Narcisismo I. Título II. Dresch,
Vanise Pereira III. Série

22-5674 CDD 150.195

Índice para catálogo sistemático:
1. Psicanálise

Apresentação

É com grande satisfação que apresentamos aos leitores brasileiros o primeiro volume da Coleção Conferências de René Roussillon, acreditando que esta leitura poderá fertilizar a clínica psicanalítica contemporânea e aprofundar abordagens teóricas que servem de alicerces para esse trabalho.

A ideia da publicação dessas conferências surgiu em uma conversa entre nós e René Roussillon durante o período da pandemia da Covid-19. Com a impossibilidade de se deslocar pelo mundo para transmitir sua visão do funcionamento psíquico do ser humano, as conferências passaram a ser virtuais. A cada uma delas, ele nos enviava as gravações. Em um determinado momento, nos demos conta que estávamos diante de um material riquíssimo, com algumas questões inéditas na sua forma de pensar e repensar conceitos psicanalíticos que se infiltram na prática clínica. Foi então que fizemos a proposta de editar algumas dessas conferências o que, prontamente, também o entusiasmou.

A escolha de cada conferência foi realizada conjuntamente e, a partir daí, se iniciou um trabalho de degravação, tradução

6 O NARCISISMO E A ANÁLISE DO EU

e revisão das mesmas, o que exigiu um grande esforço de todos envolvidos nessa tarefa. Por se tratar de conferências e inevitavelmente mantendo o clima, por vezes coloquial, se observará que algumas ideias se repetirão, pois foram feitas em lugares e datas diferentes. No entanto, as conservamos no texto escrito para que o mesmo pudesse manter sua coerência. Ainda por se tratar de conferências, muitas referências a autores são apresentadas de memória.

Ao organizar esse material, o dividimos em três volumes. O primeiro volume que agora apresentamos inclui conferências que René Roussillon realizou sobre um tema que lhe é muito importante: o narcisismo e a análise do Eu. Porque iniciamos com esta questão? Certamente porque o narcisismo é a base do desenvolvimento psíquico. Nas suas próprias palavras: "Não há esfera do funcionamento íntimo ou social que não seja afetada pela problemática do narcisismo [...] O narcisismo é a base da empatia, mas é, também, a base de todas as nossas possíveis identificações, em cada encontro, com outros sujeitos humanos, os quais, apesar das diferenças, são semelhantes".

As ideias de René Roussillon a partir de seu primeiro livro *Paradoxes et situations limites de la psychanalyse* (1991), se centram no estudo minucioso das vivências primitivas da relação mãe-bebê, seus eventuais desfechos patológicos - constituindo o que chama patologias narcísico-identitárias - e, sobretudo, se consolidam na concepção e desenvolvimento de um dispositivo clínico sensivelmente aberto à escuta dos registros das agonias primitivas, insuficientemente passíveis de serem manifestadas pela palavra. Propõe uma forma de repensar a clínica a partir de releituras meticulosas de Freud, especialmente pelo processo de desenvolvimento das ideias do mesmo, acrescido da fertilidade clínica e observacional de Winnicott, em diálogo com Bion, Green, Anzieu, entre outros autores contemporâneos e, ainda, intercambiando com contribuições de pesquisas em biologia e neurociências.

Ao longo dos últimos 30 anos, René Roussillon vem apresentando desenvolvimentos teórico-clínicos, tais como o nascimento e a sobrevivência do objeto, dentro de um modelo da epigênese relacional, a ecologia psíquica da clínica do vivente, a preocupação familiar primária, a função simbolizante, a simbolização primária, o meio maleável e a mediação clínica, a reflexividade, a linguagem do modo de presença do objeto, a necessidade de desejo e o desejo de necessidade, a palavra como o não visto do objeto que, por suas forças conceituais, mostram crescente interesse e difusão no meio psicanalítico brasileiro. Tal fecundidade nasce sobretudo, de sua ampla e contínua vivência clínica como psicanalista, acrescida da sua função de professor e supervisor, colocando-o num lugar de destaque como formador constante de novos psicólogos clínicos e psicanalistas. Como clínico engajado, capaz de pensar com profundidade a experiência, integra conceitos metapsicológicos e entrega ao clínico instrumentos essenciais para sua prática.

Nas conferências ora publicadas, muitos destes desenvolvimentos são retomados e apresentados de maneira interligada e renovada. De forma inédita, é ainda apresentado um novo desenho para o aparelho psíquico, ampliando aquele apresentado por Freud em 1923 e alterado em 1933, onde o perceptivo é trazido para a abertura somática, incluindo o movimento inicial tocado-colado, a continuidade do processo psíquico pelo descolado-visual para se chegar até o envelope narrativo.

Gostaríamos ainda de agradecer e ressaltar o trabalho de tradução realizado por Vanise Dresch, sempre incansável na busca da melhor forma possível para exprimir o pensamento de um autor psicanalítico e sempre disponível para nossas constantes e enriquecedoras discussões para essa busca.

Nosso agradecimento especial também à Editora Blucher que prontamente abraçou conosco esse projeto e nos apoiou, para que ele se tornasse a realidade que hoje partilhamos.

É uma honra para todos nós que essa coleção esteja sendo editada de forma inédita em português, antes mesmo de uma publicação na França.

Boa leitura a todos!

Luciane Falcão e Renato Moraes Lucas

Conteúdo

Primeira parte

O narcisismo **11**

1. Problemática e paradoxos do narcisismo 13

2. Desconstrução dos paradoxos do narcisismo e primeira introdução do objeto em sua organização 43

3. A função do objeto na regulação narcísica 73

4. Do narcisismo à subjetividade 101

Segunda parte

Análise do Eu **131**

5. Problemática do conceito de análise do Eu 133

10 O NARCISISMO E A ANÁLISE DO EU

6. Dialética e jogo dos envelopes — 173

7. Em direção ao envelope narrativo — 209

Conclusão e síntese — 245

Referências — 281

Sobre os organizadores — 287

PRIMEIRA PARTE

O narcisismo

1. Problemática e paradoxos do narcisismo

A problemática do narcisismo vai muito além da questão da patologia do narcisismo, embora esta seja particularmente relevante para o trabalho com patologias narcísico-identitárias, as quais estão presentes, em certa medida, no cotidiano da clínica. Trata-se certamente de uma questão essencial para os clínicos, mas que, além disso, diz respeito a todos nós: à nossa vida, à relação de cada um consigo mesmo, à relação com nossos amores, com nossos pais e com nossos filhos. Não há esfera do funcionamento íntimo ou social que não seja afetada pela problemática do narcisismo. Em resumo, trata-se de uma questão vasta e candente.

Há, pois, uma dimensão narcísica em todos os problemas e em todos os encontros humanos. Por quê? Pela simples razão de que, se estamos envolvidos nesses encontros, a relação que mantemos com nós mesmos está necessariamente envolvida. Podemos até ir mais longe. Podemos dizer que se o narcisismo diz respeito à relação que cada um tem consigo mesmo, na maioria das vezes o outro também é um mesmo. Isso merece ser comentado.

O narcisismo é a base da empatia, mas é também a base de todas as identificações possíveis de ocorrer nos encontros com outros sujeitos humanos, os quais, apesar das diferenças, são semelhantes. Freud emprega uma palavra para nomear esse outro que é também semelhante: o *Nebenmensch*, o homem ao lado, o vizinho, o semelhante. Em francês, podemos dizer *le proche, le prochain* [como em português, *o próximo*]. Meu próximo, meu *Nebenmensch*, é um outro eu-mesmo, mesmo sendo diferente. Na minha relação com o outro é fundamental criar uma ligação identificatória, pois, quando essa ligação com outro semelhante é muito difícil, veremos despontar o racismo, a xenofobia, até mesmo a clivagem e uma série de problemas que evidenciam uma incapacidade de perceber suficientemente o que, de si mesmo, há de semelhante no outro, ou que ele é portador de tudo aquilo que repudiamos em nós mesmos, que mantemos na clandestinidade, que é estranho a nós mesmos e que vamos atribuir ao outro na tentativa de nos libertarmos internamente.

Arriscando uma definição mais aproximada do narcisismo, podemos concebê-lo como um investimento do sujeito em si mesmo. Em outras palavras, é o modo pelo qual o sujeito mantém uma relação libidinal consigo mesmo: "eu me amo" ou "eu não me amo", "eu me odeio" ou "eu me adulo", "eu me admiro" ou "eu me detesto", "eu me mataria", além de todas as formas do sentimento interno de culpa. Todos os aspectos da relação do sujeito com ele próprio, portanto, estão envolvidos no narcisismo. Ressalto isso porque, quando se fala em narcisismo na mídia, sempre se trata do amor de alguém por si mesmo. De fato, se nós nos referirmos ao mito de Narciso, das *Metamorfoses* de Ovídio, sabemos que o Narciso da lenda se apaixona por si próprio. Porém esse amor é complexo, porque a paixão de Narciso por si mesmo é tão avassaladora que o paralisa e o faz perecer. Em outras palavras, esse amor comporta em si uma espécie de êxtase destrutivo, de apagamento de si na relação consigo. Em Ovídio, aparece uma espécie de duplo de Narciso, a ninfa Eco. Conto brevemente essa história porque não tenho certeza de que o mito de Narciso seja conhecido em seus detalhes, os quais são importantes para a compreensão de todo o processo.

Vamos começar por Eco. Ela era uma jovem ninfa que costumava brincar e agradar a todos, sem dúvida, para ser amada pelas outras ninfas. Ajudava a ocultar as escapadelas de suas amigas com Zeus, o rei dos deuses. Certa vez, para desviar a atenção da esposa de Zeus do que estava acontecendo, tratou de falar com ela ininterruptamente. Hera, a esposa de Zeus, percebeu que fora lograda e julgou Eco pérfida por tê-la assim enganado. Por vingança, e considerando que Eco nunca tivera sua fala pessoal e sempre se pronunciava pelo desejo dos outros, Hera a condenou a não ter fala própria, a repetir somente a última palavra ou o último som ouvido.

Ao conhecer Narciso, Eco se apaixonou por sua beleza. Mas ele possuía uma peculiaridade maior: nunca tinha se visto, *não se conhecia*, e isso devido a um oráculo de Tirésias. O oráculo é a figura do destino, de cuja determinação é preciso escapar para ser livre. Todas as vezes que Tirésias intervém em uma lenda grega, é preciso ter cuidado, pois sempre se anunciam muitas consequências negativas. É o que acontece com Édipo e Narciso. Narciso era fruto do estupro de sua mãe, Liríope, pelo deus-rio Cefiso. Consultado sobre o destino desse filho do estupro, Tirésias, o oráculo, declarou: "Ele só terá uma longa vida se não se conhecer". Então, privado de tudo o que podia lhe servir de espelho, Narciso nunca se viu. Como não se via, buscava ser visto pelos outros e, graças à sua beleza, era muito admirado. Para se proteger do excesso de olhares, decidiu refugiar-se. Certo dia, escondida no meio do bosque, Eco

16 O NARCISISMO E A ANÁLISE DO EU

o avistou e se apaixonou perdidamente por ele. Ela tentou declarar seu amor, mas como fazê-lo se não tinha direito de falar por si mesma? Recorrendo à única possibilidade que lhe restava, ela tentou, então, repetir as palavras de Narciso. Começou a produzir ruídos para chamar a atenção, mas Narciso não a via em seu esconderijo no bosque. Pouco depois, cansado de não ver quem ele estava ouvindo, intimou: "Sai de teu esconderijo. Vamos nos unir". Repetindo "vamos nos unir", Eco saiu de seu esconderijo, aproximou-se de Narciso e disse: "Vamos nos unir". Mas Narciso, que não suportava ser tocado (o *tocar/colar* é ameaçador se não for mediado pela representação visual de si mesmo, como examinaremos nos capítulos dedicados à análise do Eu, neste volume) lhe disse: "Não me toque, prefiro morrer a ser tocado por ti" (há que se admitir que não é uma resposta muito amável para uma jovem que vem declarar seu amor).

Para Eco, foi uma desonra, uma humilhação. Narciso não disse "desculpe, senhorita, meu coração já está comprometido" ou "por enquanto, eu gostaria de ficar sozinho". Em vez disso, sua resposta foi uma rejeição terrível e radical: "Não me toque, prefiro morrer a ser tocado por ti". É a morte que está implícita no *tocar/colar*. Eco refugiou-se então no bosque. Foi a primeira anoréxica identificável na história da humanidade, pois parou de comer, definhou, seus ossos se transformaram em pedras e com elas se confundiram. Eco desapareceu completamente, restou apenas sua voz. Segundo a narrativa da mitologia grega, é isso que faz com que ouçamos apenas o som de sua voz, como reflexos sonoros que repetem em eco a voz dos humanos quando há rochedos. Nesse mito, já aparece uma série de dados que caracterizam a problemática narcísica: o tocar, o eco, o reflexo, a autoconservação, o amor por si mesmo com seu anverso negativo – a anorexia e a morte –, quando esse amor tenta sair das necessidades da autoconservação.

Narciso rejeitou Eco, e seu drama pessoal começou. Ele se aproximou do rio – nasceu do estupro da ninfa, sua mãe, perpetrado por um rio. Podemos pensar que o rio não está dissociado da problemática, nunca formulada, do nascimento de Narciso, de sua própria origem, de seu *pai*, seu genitor. Narciso encantou-se com sua própria imagem refletida na água do rio. Ele nunca se viu, não *se conhecia*, não podia se reconhecer. Diante de seu próprio reflexo sobre o rio, achou divinamente belo aquele que ele viu. Apaixonou-se, então, por si mesmo, mas não sabia quem era, tomou-se por outro. Conhecemos a frase de Rimbaud "Eu é um outro". Talvez exista alteridade em si mesmo.

A história poderia terminar aqui, mas continua, e cada detalhe do que seguirá é muito importante. Não tendo se reconhecido, Narciso tentou tocar na sua imagem que ele tomou por outro. Toda vez que mergulhava a mão ("vamos nos unir") para tentar tocar nesse outro por quem estava apaixonado, a imagem sobre a água se embaralhava, o rosto desaparecia. Ele interpretou isso como uma fuga, a fuga de um *indiferente*. Chamou-o de *belo indiferente* – isso talvez explique por que, no rosto de Narciso, em seu próprio rosto refletido, havia indiferença. O objeto é inalcançável, indiferente.

Todas as problemáticas narcísicas já estão reunidas nesse mito. Narciso pode ser um drama do olhar, mas é, sobretudo, um drama do tocar, da mão, do encontro com um objeto inalcançável. Toda vez que Narciso mergulha a mão para alcançar o objeto, este desaparece, é intangível. Sempre que nos confrontamos com um objeto narcísico intangível, percebemos quão difícil é descolar-se dele; a colagem ao objeto intangível é um dos traços encontrados em todas as problemáticas passionais. Permaneceremos tanto mais colados ao objeto intangível quanto mais este possuir aspectos nossos que não nos foram completamente refletidos e que contêm uma parte de nós que a ele permanece colada.

Narciso tenta, portanto, capturar o outro, sem saber que é ele mesmo que habita esse outro. Totalmente fascinado, preso e colado a essa imagem de que não consegue tirar os olhos, ele tem o mesmo destino de Eco, motivo pelo qual eu disse anteriormente que um é o duplo do outro. A partir do momento em que o fascínio por uma imagem paralisa, imobiliza, não é mais possível comer nem viver. Narciso também definhou aos poucos. Apenas a título de curiosidade, e para encerrar esse mito, Narciso não apenas definhou, mas se tornou uma flor, o narciso que encontramos à beira dos rios. Fim da história de Ovídio. O mito de Narciso já contém muitos aspectos clínicos interessantes a serem observados, como o tocar e o olhar e a dialética entre o olho e a mão.

Freud, assim como o pensamento psicanalítico em geral, não se ateve à problemática do narcisismo tal qual aparece no mito de Ovídio. Aos poucos, porém, felizmente, os analistas começaram a se deparar com a psicose, com as depressões e as depressões severas – em particular a melancolia –, com a questão da criminalidade e suas problemáticas clínicas que flertam com a antissocialidade, como a perversão, com tudo aquilo que chamamos de problemática do limite, como os *borderlines*, os casos limítrofes etc. Todos esses quadros psicopatológicos têm uma característica em comum: a centralidade da problemática de uma patologia do narcisismo, da relação do sujeito consigo mesmo.

Freud pensou as patologias humanas abordando-as inicialmente do ponto de vista do conflito, conflito entre um desejo e um interdito, mas, nos quadros psicopatológicos mencionados, percebemos que não é necessariamente o conflito que está em primeiro plano. E decerto não é o conflito entre um movimento pulsional e um interdito, entre um desejo e um interdito, mas um impossível, uma impotência, um impasse. O narcisismo confronta com outras figuras lógicas que geram um impasse, em particular, como proponho no título deste primeiro capítulo, certos paradoxos, isto é, situações em que se anda em círculo, para as quais não se vê saída. A ideia basal subjacente ao narcisismo é a necessidade de investimento. Não podemos viver sem investimento. Não podemos viver sem investimento amoroso. Há um provérbio chinês que diz: "As crianças que não são amadas morrem disso". Talvez também não possamos viver sem investimento de ódio, porque um amor que fosse só amor, amor total, amor o tempo todo, logo se tornaria insuportável. Também precisamos de outras coisas além do amor. Um dos problemas mais difíceis de suportar no confronto com a transferência é a adoração. É mais fácil suportar a raiva, o ódio e *tutti quanti* do que ser adorado por alguém que nos olha encantado, que devora com os olhos, sem dizer uma palavra, numa espécie de adoração que congela, paralisa e, de certa forma, dessubjetiva. Portanto, ser investido é necessário, e de diferentes maneiras. Investimento de amor, investimento de ódio. Além disso, um investimento é quantitativo: é preciso ser amado suficientemente, diríamos com Winnicott. É preciso, também, ser suficientemente odiado, com certeza suficientemente menos do que se é amado. O investimento também tem de ser qualitativo: não apenas sou *amado* ou *sou odiado*, mas como fui amado, como sou amado, como fui ou sou odiado.

Atendo pacientes, com certa frequência, que me dizem: "Não entendo por que minha vida não está dando certo, meus pais me amavam". Depois de seis meses examinando mais de perto o modo como o sujeito foi amado, percebemos que nesse amor sua subjetividade e sua alteridade nunca foram reconhecidas; ele era amado sob a condição de ser o mesmo e não um outro, não um outro-sujeito, mas um mesmo-sujeito, submetido ao desejo dos pais. Em outras palavras, uma quantidade de amor faz bem, uma quantidade de ódio – mínima – faz bem, mas a qualidade desses afetos é tão fundamental quanto a quantidade, e talvez até mais.

20 O NARCISISMO E A ANÁLISE DO EU

Uma menor quantidade e uma maior qualidade é melhor do que grande quantidade sem muita qualidade. Este é um dado essencial à clínica.

Quando examinamos tudo o que é necessário ao Eu para crescer, alimentar-se e desenvolver-se, constatamos que ele precisa certamente de investimento. Precisa de quantidade, mas, acima de tudo, de qualidade das respostas e ecos de seu entorno primário. É nesse sentido que todo o conhecimento e a compreensão da clínica têm avançado e se desenvolvido nos últimos quarenta ou cinquenta anos.

Freud percebeu muito bem a importância da quantidade no investimento. Não dimensionou suficientemente – é sempre difícil dizê-lo em se tratando de Freud – as necessidades qualitativas no desenvolvimento inicial. Tenho certeza, no entanto, de que, se analisarmos atentamente, encontraremos em sua obra pequenos indícios de sua percepção do problema. Mas a questão do investimento qualitativo não foi posta no centro de seu pensamento, nem, em particular, no centro de seus primeiros trabalhos. Apesar de não ter sido fundamental para Freud, essa questão se tornou cada vez mais importante na obra de seus sucessores.

A ideia de narcisismo tende a nos fazer colocar o Eu em primeiro plano. Trata-se, pois, do investimento do Eu. Meu investimento do meu Eu. Neste caso, não é apenas o investimento do Eu, mas também o investimento do corpo – e, aqui, surge o problema da autoconservação. Há casos de enorme investimento do Eu pelo sujeito, talvez de forma um tanto suspeita, enquanto o corpo e sua autoconservação carecem de investimento. É o caso, por exemplo, da maioria dos grandes intelectuais, que investe fortemente o Eu, inflando-o às vezes. Em contrapartida, o investimento do corpo e a atenção às necessidades corporais – portanto, um investimento em autoconservação – são muito mais difíceis para esses sujeitos. Trata-se, também, de um investimento de toda a esfera psicossomática. Toda a articulação do Eu com o corpo. Esse investimento é também – e esta é uma dimensão que foi trabalhada mais tardiamente – um investimento dos processos.

Devemos a Piera Aulagnier, em particular, o fato de ter lançado luz sobre a importância de todas as problemáticas da autorrepresentação dos processos, do autoinvestimento de nossos próprios processos. Todos os aspectos de nós mesmos estão envolvidos na questão dos investimentos tanto quantitativos quanto qualitativos. Por exemplo, no investimento da coesão de si mesmo, todas as partes do Eu têm de se manter unidas, senão o sujeito torna-se vulnerável às angústias de fragmentação, às angústias de despedaçamento, tendo a impressão de se dissipar, de explodir pela carga e pela multiplicidade de tarefas com que se depara. Essa importante coesão de si mesmo difere de outra necessidade igualmente importante, a da coerência. Nós, adultos, temos de ser coerentes, mas ocorre que, quando não nos compreendemos, somos incoerentes. Para me referir mais uma vez à clínica, é muito comum as pessoas dizerem: "Eu sei, não devo reatar com essa mulher (ou esse homem), ela(e) foi destrutiva(o) para mim, ela(e) foi devastador(a) para mim, mas não consigo evitar isso". Incoerência. "É mais forte do que eu." É mais forte do que o Eu. "Isso me leva para além do meu eu." Essa falha na coerência é muito dolorosa para o Eu, que descobre, de certa forma, não ser o comandante a bordo, que algo mais forte do que ele o impele, e isso é vivenciado como uma ferida, um fracasso, uma falência.

Então, além de um trabalho de coesão, da necessidade de que tudo se mantenha unido, é necessária a coerência, ou seja, que as coisas tenham um sentido, que possam ser compreendidas pelo sujeito para poderem, assim, serem integradas. O investimento do Eu deve possibilitar uma forma de ligação interna de todas as partes de si mesmo. Dando um passo à frente, percebemos que a questão da própria identidade é afetada, de certa forma, pela qualidade do narcisismo. O sentimento de identidade, o narcisismo e a ligação são, também, o que torna possível o sentimento de continuidade, desde o início da vida até a morte; apesar das mudanças, das variações, da travessia por diferentes estados somáticos, permanecemos nós mesmos. Aliás, esse é, sem dúvida, um dos paradoxos da identidade. A identidade consiste em continuar sendo si mesmo, sentir-se o mesmo apesar de incessantes variações emocionais, de humor etc. Num dia, estou com raiva, grito, não me reconheço, isso não é normal, mas ainda sei que sou eu; noutro, estou calmo, amável, gentil. O sujeito passa por estados emocionais extremamente contrastantes e diferentes, mas permanece o mesmo. Muda o tempo todo, mas é sempre o mesmo. Este é um dos paradoxos do nosso sentimento de identidade: mudar permanecendo o mesmo. É quando se recusa a variação, nesse paradoxo, do sentimento de identidade, que começam os transtornos identitários: "Ah, não, não me reconheço, não sou eu. Não, eu sou calmo, então, se estou com raiva, não sou eu. Se não sou eu, quem é? Não sei. Estou possuído por sabe-se lá qual espírito malévolo que tomou conta de mim, ou por um feiticeiro", dependendo da cultura. Se realmente quisermos ser capazes de admitir todas as particularidades de nós mesmos – e Deus sabe o quanto somos sujeitos dotados de múltiplas particularidades e complexidades –, devemos aceitar esse paradoxo do narcisismo e da identidade: não paramos de mudar enquanto permanecemos nós mesmos.

Mas, para isso, é preciso primeiramente sentir-se. Dizemos: "eu me sinto bem" ou "eu me sinto mal", "não consigo senti-lo". Esse registro é o do tato, da primeira sensação, sentir é tocar-se afetivamente. Na prática clínica, deparamo-nos, às vezes, com pacientes considerados psicóticos. Digo *considerados psicóticos* porque não gosto de dizer que alguém é psicótico. Para mim, um sujeito humano não é psicótico, é um humano com processos psicóticos, mas é essencialmente humano. Se digo *considerado psicótico* é para poder conversar com aqueles que deram tal diagnóstico. Sujeito *considerado psicótico* me faz pensar, por exemplo, em um de meus pacientes que chega e fala comigo resmungando. Então eu pergunto: "Você está com raiva?". Ele levanta a voz e responde: "Como assim, estou com raiva? Não estou com raiva de jeito nenhum" (gritando). Ele não sente sua raiva, mas eu bem sei quanto me fez senti-la – a raiva é explícita, mas ele não a sente. Costuma-se dizer, em francês, de pessoas narcisistas muito infladas, que elas *ne se sentent plus pisser* [não se sentem mais urinando]. É a mesma coisa. Há pessoas que não se sentem mais. Algumas não sentem mais seus limites, a dependência em relação ao corpo, em relação aos sistemas biológicos. O Eu está tão inflado que o corpo, principalmente o da autoconservação, parece desaparecer, mas é claro que, nesses sujeitos, há uma parte que sente, apesar de não sentirem que sentem.

A capacidade de sentir-se é uma aquisição teórica pós-freudiana. Para Freud, a partir do momento em que algo existe, sentimos, e se não sentimos é porque recusamos o que sentimos. Atualmente, pode-se pensar que certos sujeitos não sentem que sentem, porque não estabeleceram uma conexão interna com suas sensações. Essa conexão não foi organizada, construída, carece de reflexividade. Um dos grandes obstáculos ao modo de tratamento da patologia do narcisismo é buscar respostas para estas perguntas: o que faz com que eu me sinta e o que faz com que eu não me sinta? O que faz com que eu me sinta bem e o que faz com que eu me sinta mal? E o que faz com que eu deixe de me sentir ou não?

Penso em uma de minhas pacientes jovens que tinha episódios de despersonalização nos quais ela não se sentia mais; então, com um cigarro, queimava a mão para que a dor intensa a fizesse sentir-se

24 O NARCISISMO E A ANÁLISE DO EU

novamente. Fritz Zorn, no livro em que descreve seu câncer, escreve: "Ali onde dói sou eu". Muitos sujeitos precisam da dor para poderem sentir-se, ou, ao menos, precisam infligir-se uma sensação intensa – Michel de M'Uzan os denominou "escravos da quantidade".

Portanto, eis o que está em jogo: deixar de sentir-se é, de certa forma, correr o risco de desaparecer e também, talvez, ter a impressão de deixar de existir para o outro. Esse é um primeiro nível do narcisismo, uma primeira camada, um primeiro envelope, um primeiro estrato, como vimos anteriormente: "prefiro morrer a ser tocado". Mas, como mostra a continuação do mito, não tocar também mata.

O segundo nível de narcisismo, o do investimento de si próprio, é visual, o sujeito precisa se ver. Essa dimensão também pode ser consideravelmente observada no trabalho clínico: certos sujeitos não se veem e vêm para ser vistos, não param de tentar ser vistos. Esse comportamento é explícito nas crianças, as quais fazem de tudo para aparecer quando não olhamos suficientemente para elas; ou fazem travessuras que, infelizmente, suscitam às vezes comentários depreciativos como "*il fait son intéressant*"[1] – o que, para uma criança, é muito pejorativo e falso, pois não é que queira *faire son intéressant*, e sim que precisa do olhar do outro para ver a si mesma, para *sentir-se interessante*. Só nos vemos bem se fomos bem-vistos, senão somos malvistos. Percebam a polissemia da expressão *ser malvisto*. "Ah, aquele é malvisto em sua classe", ou seja, ele é visto com maus olhos. Todas essas palavras contribuem para mostrar que algo relacionado ao olhar, nesse sujeito, é negativo.

Outro exemplo. Você trabalha em um hospital psiquiátrico ou em um hospital geral, e os enfermeiros, para se referirem a um paciente que lhes causa transtorno, dizem: "A senhora do cinco

---

1 A expressão *faire son intéressant* equivale a bancar o interessante, chamar a atenção [N.T.].

é difícil!" (cinco é o número do quarto ou do leito). Os pacientes não são chamados pelo seu nome, são nomeados pelo lugar onde estão, o que é um tanto complicado no que diz respeito à identidade. "Você tem que ir vê-la". E você encontra uma senhora amável que lhe diz prontamente: "Ah, se você soubesse tudo o que fizeram comigo!". Essa senhora levanta a saia e mostra suas cicatrizes. Ela precisa ser vista e precisa que suas cicatrizes, o que foi feito com ela, sejam vistas, mesmo à custa de qualquer pudor, como uma menininha. Alguns médicos reagem: "Não, isso é perverso, uma forma perversa de sedução. Não devemos olhar, não devemos ver. Estamos ali para ouvir, não para sentir ou ver. Esconda isso e fale". Ocorre que os pacientes não precisam necessariamente ser ouvidos, precisam, também, ser vistos, ser vistos para serem ouvidos. E isso representa um problema, de fato, para os enfermeiros. Sempre que nos deparamos com comportamentos aparentemente muito provocativos, devemos pensar que tais comportamentos conduzem ao falar, mas partindo do mostrar; *pro-vocare* significa impelir a falar, a dizer.

De certa forma, Freud partiu dessa questão quando começou a trabalhar sobre as problemáticas histéricas. Os *histéricos* eram sujeitos que, à época, chamavam-se histriônicos, isto é, sujeitos que se exibiam. A resposta de Freud foi: "Deite-se, fale comigo, não estou olhando para você", para tentar escapar dessa dominação. Para pacientes considerados histéricos, isso era, sem dúvida, pertinente.

Entretanto, infelizmente esse dispositivo foi mantido com pacientes para os quais o problema não era se mostrar, pelo contrário, era apagar-se, desaparecer, e que, na verdade, precisavam ser olhados, vistos, investidos com o olhar. Todos que trabalham com crianças pequenas sabem da importância do olhar na primeira infância. Uma criança, que precisa ser olhada em sua atividade diz: "Papai, mamãe, olhem para mim, vejam o que vou fazer". Pode-se

26 O NARCISISMO E A ANÁLISE DO EU

pensar que as crianças deveriam se alegrar pelo simples fato de estarem fazendo isto ou aquilo. Mas elas não funcionam assim. Precisam que os adultos reconheçam e lhes devolvam o reflexo do que acabaram de fazer.

Primeiro registro: sentir-se.

Segundo registro: ser visto, reconhecido.

Terceiro registro da reflexividade: ser ouvido.

A língua francesa é extraordinária: os sujeitos dizem que *ils se sentent mal* [sentem-se mal], ou que são *mal vus* [mal vistos ou malvistos], e que há *mal entendus* [mal-entendidos]. Pior que *mal entendus*, dizem *mal dits* [malfalados] e *maudits* [malditos]. Quando alguém é *maudit* é porque houve *malédiction* [maldição]. As palavras francesas são extraordinariamente eloquentes. Não sei se é assim em outras línguas, talvez em línguas latinas que muitas vezes têm as mesmas raízes, mas não tenho tanta certeza relativamente às línguas anglo-saxônicas.

É preciso, pois, ser ouvido. Às vezes é complicado, pois sentir-se, ver-se e ouvir-se pode levar a uma espécie de dissociação. O sujeito se coloca fora de si mesmo e se escuta. Alguns se escutam falar, ou seja, não só falam, mas também se escutam – não quero dizer se ouvem –, é como se estivessem fora de si mesmos, escutando-se. Essa necessidade indica uma espécie de fragilidade narcísica, o que produz uma forma de hiato na comunicação humana. Outros sujeitos, em proporção cada vez maior hoje em dia, precisam mostrar tudo o que fazem. Refiro-me à proliferação de *selfies*. Quando alguém visita um monumento, talvez menos pelo prazer de conhecê-lo do que pela necessidade de se mostrar em frente, *faz uma selfie* e depois publica no Facebook. O sujeito *se mostra*, como se deixasse de ser o protagonista de sua própria história, como se fosse o protagonista de uma história que conta aos outros, e, assim, de certa forma, dessubjetiva-se, desloca-se de si próprio. Ao tirar foto dos outros, ou, ainda, ao pedir a outra pessoa para tirar uma foto sua, ao contrário, o sujeito está no seu lugar, mostra o que seus olhos veem.

Encontramos o mesmo tipo de processo no que diz respeito ao *sentir-se*, ao sentir. Mencionei anteriormente o caso de meu paciente, irritado, que me diz: "Não, não estou com raiva". Ele precisa que eu o sinta com raiva para poder sentir-se assim. Se o outro não sentir por ele, ele não consegue sentir-se com raiva. Eu havia começado a sessão perguntando: "Você está com raiva?". Na hora, ele respondeu "Não, não estou com raiva". Mas, 45 minutos depois, disse-me: "Talvez eu estivesse com raiva antes". Ele conseguiu começar a sentir sua raiva porque eu refleti seu afeto, como um espelho afetivo. Notem que estou fazendo uma apresentação sobre o narcisismo, tentando mostrar, ao mesmo tempo, quanto o narcisismo e as problemáticas narcísicas encontradas na clínica envolvem o outro, um objeto, um outro-sujeito.

Existe uma maneira de sentir, ver ou ouvir a si mesmo que é transicional, nem dentro nem fora, ela advém do processo. À medida que falamos, ouvimo-nos (não estou dizendo escutar-se, mas ouvir-se), produzimos e vemos a nós mesmos, sentimo-nos nos mostrando. A reflexividade, ou seja, a formação de um circuito de retorno reflexivo, deve ser efeito do próprio processo. No estudo do funcionamento do cérebro, como mostram todas as pesquisas atuais em neurobiologia, são descritas as chamadas cópias eferentes: cada vez que ocorre um processo, produz-se um circuito de retorno reflexivo que informa que o processo está em curso. É a existência de uma cópia eferente que faz com que o sujeito ouça a si mesmo quando fala; quando se sente, sente sentir a si mesmo e quando se vê, sente ver e mostrar a si mesmo.

28   O NARCISISMO E A ANÁLISE DO EU

Passemos agora à história de como Freud descobriu e formulou as questões atinentes ao narcisismo. Ao lermos os primeiros textos de Freud, especialmente até 1914, percebemos que determinadas questões não estão presentes em suas reflexões. Ele nunca usa o termo narcisismo, apesar de vir do século XIX e de conhecer Havelock Ellis, tendo o termo à sua disposição. O mesmo acontece no que se refere ao Eu, palavra usada por ele no sentido corrente, como pronome, eu, você, ela, ele, nós. O Eu como instância psíquica ainda não é um conceito. O modelo tópico com o qual Freud teoriza é formado por três conceitos: consciente, pré-consciente, inconsciente. A questão do Eu está ausente.

Freud começa a se interessar pela questão do Eu a partir do momento em que se depara com a problemática da psicose, quando realmente a encontra. Ele a encontra em Schreber (1911) e formula sua hipótese basal, a de um fundo homossexual na paranoia: "eu (um homem) o amo (a ele, um homem)". Partindo dessa formulação axial, ele propõe uma série de variações sobre a questão de saber onde está o sujeito. Primeira variação: "eu não o amo (desmentida), eu o odeio"; segunda variação: "eu não amo de modo algum, eu não amo ninguém"; por último: "eu só amo a mim mesmo". O Eu aparece como objeto, objeto na megalomania.

Freud continua a se debruçar sobre essa questão e, em 1914, escreve um artigo intitulado "À guisa de introdução ao narcisismo", que trata do problema do investimento de uma instância particular que ele ainda não havia nomeado, nem identificado como tal, e que chamará o Eu.

A emergência do narcisismo e a do Eu são contemporâneas em seu pensamento. Esse é o primeiro episódio. Depois, num segundo episódio, entre 1914 e 1915, Freud pensa que, com o narcisismo à sua disposição, poderia apresentar o conjunto da metapsicologia. Em 1916, prepara uma série de conferências destinadas, de certa forma, ao grande público, as *Conferências introdutórias à psicanálise*. Mas já estava em projeto a redação de quinze artigos para apresentar de forma mais especializada a metapsicologia em sua íntegra. Freud escreve um primeiro artigo, depois um segundo, um terceiro, um quarto, um quinto e um sexto. Este último se intitula *Luto e melancolia*. Nesse momento, ele para, não consegue mais escrever os outros. O que contém esse texto, *Luto e melancolia*, que faz com que, de repente, Freud não consiga mais escrever os outros, como previsto? Há também outro artigo que não foi publicado com os ensaios sobre metapsicologia, intitulado *Visão geral das neuroses de transferência*, e que foi encontrado nos arquivos de S. Ferenczi, mas que em nada altera essencialmente o fato de Freud ter interrompido o projeto depois de ter escrito "Luto e melancolia". O que acontece nesse texto? Ressalto, de passagem, que Freud chamou a melancolia de *neurose narcísica*. Ela está no cerne das problemáticas narcísicas, constitui o próprio modelo destas.

Penso que Freud para de escrever porque descobre um paradoxo em seu modelo basal. Até então, seu modelo baseava-se na simples ideia de que bastava renunciar à identidade de percepção, renunciar a reencontrar o objeto perdido idêntico, para fazer o luto do objeto e assim poder passar ao que Freud chamou de identidade de pensamento, mais *parcial e simbólica*. Passando de "eu fui loucamente apaixonado por minha mãe" (identidade de percepção), "continuo procurando minha mãe em todas as mulheres, mas não a encontro", à identidade de pensamento, o sujeito pode transferir sua mãe, de acordo com alguns de seus traços, para outra mulher, ou mesmo para um homem. Ele pode, então, encontrar outra mulher (ou um homem como o pai) que virá substituir sua mãe (seu pai), com alguns traços dela (dele), mas apenas uma parte; ela (ele) será semelhante, não idêntica(o). Passa-se da busca do *todo* àquela de uma parte que simboliza o todo e renuncia-se à busca da totalidade, da semelhança absoluta.

O modelo, então, é simples. Para fazer o luto, quando o objeto é perdido (ou proibido), é necessário continuar vivendo e transferir algo do objeto perdido (proibido) para outros objetos. Para isso, o sujeito não deve mais procurar o objeto tal qual era, mas buscar encontrar algo suficientemente semelhante para o pensamento, ou seja, a simbolização. Mas a melancolia nos confronta com estas perguntas: por que alguns sujeitos não conseguem fazê-lo e são incapazes de fazer o luto? Por que os pacientes melancólicos não conseguem renunciar a buscar o mesmo objeto e permanecem totalmente colados, como Eco ou Narciso, ao mesmo objeto perdido, proibido ou inalcançável, sem conseguirem transferir algo desse investimento para outro objeto?

Freud propôs uma teoria simples: para simbolizar, o sujeito precisa renunciar a buscar a identidade de percepção do objeto, renunciar a encontrar o objeto idêntico. Ele tem de investir a identidade de pensamento, tem de investir o pensamento, a representação simbólica. O que Freud descobre com a melancolia, a qual vai abalar o modelo, é o fato de que, para poder renunciar à identidade de percepção, é preciso já ter simbolizado o objeto, já ter construído uma representação interna do objeto.

Vamos resumir o paradoxo, no qual ele esbarra sem formulá-lo com clareza: para simbolizar, é preciso renunciar a encontrar o objeto tal qual percebido, mas, para renunciar ao objeto, é preciso simbolizá-lo sob forma de representação simbólica do próprio objeto. Onde está a galinha? Onde está o ovo? Onde começa? Onde termina? O raciocínio gira em círculos, é absolutamente insustentável. A teoria esbarra em algo que não está previsto na metapsicologia da época, em um processo que não é da ordem do conflito, mas do paradoxo.

O paradoxo é um dos pontos de partida dos trabalhos realizados na Universidade Lyon II em que tentamos analisá-lo. Para sair do impasse teórico, e baseando-me numa intuição de Didier Anzieu, lancei a ideia de que devemos pensar em dois tipos diferentes de simbolização. Talvez a simbolização necessária para poder renunciar ao objeto não seja a mesma que resulta da renúncia ao objeto. Propus chamar a primeira de *simbolização primária*, pois ela advém dos processos primários descritos por Freud, e a segunda, relacionada aos processos secundários, de *simbolização secundária*. Até então, toda a teoria da simbolização estava ancorada na ideia de que o sujeito simboliza um objeto ausente, um objeto perdido cuja perda ele aceitou, enquanto a simbolização para renunciar, a simbolização primária, é um processo que se constrói na presença, no encontro e graças a um certo modo de presença do objeto. Em outras palavras, não se trata mais de uma simbolização do objeto ausente, mas, sim, de uma simbolização do objeto presente, encontrado, uma simbolização do *processo de encontro*.

Numa leitura atenta de *Luto e melancolia*, descobrimos que, ao contrário do que muitas vezes vemos escrito – inclusive por alguns bons colegas psicanalistas – e diferentemente do que se costuma ler, Freud não refere o problema da melancolia exclusivamente a um objeto perdido. Uma leitura mais atenta mostra, antes, que Freud remete a melancolia também a um objeto decepcionante. Um objeto perdido é efetivamente um objeto ausente, portanto, simboliza-se a ausência. Já um objeto decepcionante é aquele que está presente e decepciona. De certa maneira, isso abala, em parte, o edifício metapsicológico freudiano.

Freud introduz outros dados complementares. Ele aponta que o objeto em questão na melancolia não é um objeto qualquer, mas um objeto que ele chamará de *narcísico*. É com Winnicott, muito mais tarde, que compreendemos melhor o que é esse objeto narcísico e o que de fato implica.

32 O NARCISISMO E A ANÁLISE DO EU

Um segundo ponto importante que Freud começou a intuir, mas ainda leva tempo para aclarar, diz respeito ao lugar do Eu em todo o processo psíquico. De repente, surge o Eu, e isso muda tudo. Por quê? Porque, por exemplo, o problema não é mais a pulsão, e sim a questão de saber se a pulsão está ou não está no Eu, e, quando ali está, de que modo ali está. Em 1905, nos *Três ensaios sobre a teoria da sexualidade*, há uma pulsão oral, uma pulsão anal e uma pulsão fálica, sucessivamente. Onde situar o Eu em relação a essas diferentes pulsões?

A pulsão oral está em um Eu oral? A pulsão anal está em um Eu anal? O que seria um Eu anal? O que seria um Eu fálico? Ao lermos os textos de Freud após a introdução do Eu, percebemos a chegada de novas formulações. Por exemplo, Freud não diz mais *pulsão anal*, diz, em 1926, *a organização anal da pulsão*. O que organiza a pulsão anal? Só pode ser o Eu, o único *organizador* possível.

Assim, o problema não é mais a pulsão, mas a pulsão organizada pelo Eu. Isso tem consequências consideráveis. A ideia de que há uma pulsão oral, uma pulsão anal e uma pulsão fálica não significa absolutamente mais nada. A pulsão é sempre pulsão, o que muda diz respeito ao modo como ela se organiza. O problema não é mais o mesmo. Não é mais possível raciocinar em termos de fases, em termos de pulsão da fase oral, pois esta é uma abordagem equivocada. Há, também, a questão das pulsões *parciais*: o que pode ser uma pulsão parcial no novo modelo que se delineia? Freud é muito explícito quanto à existência das pulsões – agora ditas de vida e de morte, enquanto, antes, eram pulsões sexuais ou do Eu e autoconservativas – as quais são organizadas pelo Eu. O Eu da oralidade produzirá uma organização oral da pulsão, o Eu da analidade, uma organização anal da pulsão, e o Eu fálico, uma organização fálica da pulsão, mas é sempre a pulsão, são as mesmas pulsões organizadas de maneiras diferentes. Aliás, Freud vai aos poucos deixando de dizer *pulsões*, passando a falar em *moções pulsionais*, ou seja, movimentos pulsionais.

Como quem não quer nada, ele introduz o Eu no aparelho psíquico, o que muda tudo e lança luz, de repente, sobre vários problemas que nunca haviam sido levantados ou que foram diferentemente abordados antes ou até mesmo mal abordados. A partir do momento em que o Eu, ou seja, o investimento do Eu, é introduzido, toda a configuração metapsicológica se modifica. É isso que torna impossível juntar uma parte do pensamento de Freud de 1905 com outra de 1925; entre uma e outra, sucedeu-se uma mudança de paradigma, e apesar de serem os mesmos termos empregados, eles não abarcam mais os mesmos conceitos.

Cada um de nós tem o direito absoluto de mexer com o que quiser na metapsicologia, se isso tiver serventia na prática. Mas é preciso tomar cuidado ao teorizar, pois o que Freud diz em 1905 corresponde a uma concepção da pulsão, o que diz em 1915 corresponde a outra concepção da pulsão, e o que diz em 1926, a uma terceira concepção da vida pulsional. Até que ponto podemos reunir tudo isso em enunciados metapsicológicos? Na clínica, o importante é construir raciocínios que nos ajudem a compreender o que está acontecendo com nossos pacientes. Mas isso se torna mais complexo na teorização, quando escrevemos e tentamos explicar metapsicologicamente os fatos observados, pois corremos o risco de gerar incoerências ou falsos problemas. Misturar uma citação que corresponde a uma determinada concepção do funcionamento psíquico com outra que corresponde a uma concepção completamente diferente acaba criando falsos problemas, até mesmo falsos conceitos e erros clínicos significativos.

Assim, apesar de ter interrompido os ensaios metapsicológicos depois de redigir *Luto e melancolia*, em 1915-1916, Freud não parou de escrever e produziu outros textos importantes do ponto

34   O NARCISISMO E A ANÁLISE DO EU

de vista da problemática do narcisismo. Levamos muito tempo para perceber isso, porque certos textos eram considerados de aplicação da psicanálise, enquanto outros, às vezes, já não eram realmente tidos como psicanalíticos, como se não se referissem mais à psicanálise.

O artigo ao qual vou me referir agora se intitula *Alguns tipos de caráter encontrados na prática psicanalítica* (1916/1985d). Freud parte do teatro, do romance e da criminalidade. A psicanálise se referiria apenas aos sujeitos que se deitam no divã? A realidade é um tanto mais complexa do que isso. Freud trabalhava com o material psíquico que encontrava. Então, em 1916, escreveu esse artigo absolutamente essencial para a compreensão da problemática narcísica. Ele descreve três *traços de caráter*: o primeiro é o das *exceções*. Entramos diretamente numa problemática narcísica que diz respeito a sujeitos que assumem uma posição baseada na ideia de que "a lei é para os outros, eu sou uma exceção à lei". Essa problemática é frequentemente encontrada em nossa experiência clínica. Freud busca um exemplo num dos maiores exploradores do narcisismo que a Terra deu à luz e que é William Shakespeare. Para estudar os diferentes quadros narcísicos, leia William Shakespeare. Em todas as suas peças, é explorada, com muita pertinência, alguma grande problemática narcísica. Em *Ricardo III* – voltaremos a ele – Freud escolhe o *herói*; em *Otelo*, a problemática do ciúme é posta em primeiro plano na relação entre Otelo e Desdêmona; em *Hamlet*, a problemática narcísica é imensa; em *Rei Lear*, é a problemática da loucura e da transmissão que está no cerne da trama. Em todas as peças de Shakespeare, uma problemática fundamental do narcisismo é descrita e trabalhada. Seria realmente possível tentar analisar o ciúme sem recorrer ao documento extraordinário que *Otelo* fornece? Poderíamos estudar uma problemática relacionada ao exílio sem *Otelo*? Otelo era exilado, foi aceito em Veneza, mas vinha de outro lugar – isso está muito presente na peça. No que diz respeito às *exceções*, Freud se baseia em *Ricardo III* de Shakespeare. Tudo é dito na primeira cena. Em monólogo, Ricardo III está sozinho e explica seu problema existencial, que aqui resumo: "Sou feio, os cães me ladram quando passo, sou disforme, não possuo nada para atrair o amor". Primeira representação de si mesmo: "sou feio". Há um possível jogo de palavras em francês: *je suis laid* [sou feio] = *je suis vilain* [sou vilão ou sou feio]. Um *vilain petit garçon* é um garoto feio, mas também é um garoto malvado que não corresponde ao que dele se espera. Ricardo III joga, de certa maneira, com o fato de ser feio e chega à seguinte conclusão: "É inútil eu tentar encantar, tentar ser amado, é trabalho perdido, posto que sou assim desde o nascimento". Vamos entender, no final da peça, que ele não está errado. Sua mãe o investiu de forma negativa desde o início, e, em determinado momento, a rainha Margaret o chama de *cacodaemon*. Ela ficou muito angustiada durante toda a gravidez e, no momento em que o deu à luz, agiu como se fosse culpada, devido à sua angústia, por ele ser um *caca daemon*[2], ou seja, um ser demoníaco. O *daímôn* é aquele que dessimboliza, que rompe tudo. E Ricardo III concluirá: "Já que é assim, então, que o mal seja o meu bem". Vou investir o mal como se fosse o bem.

Vamos nos deter por um instante nesse enunciado. Na base humana do funcionamento psíquico, da organização psíquica, encontra-se a ideia de que há o bem, de um lado, e o mal, de outro. Há o bom, de um lado, e o mau, de outro, e os dois não se misturam. Se, de repente, o bom se torna o mau e, inversamente, o mau

---

2 *Cacodaemon* (cacodemônio) é um espírito maligno ou, no sentido moderno da palavra, um demônio. A palavra *cacodaemon* vem do latim, do grego antigo *kakodaimōn*. No texto shakespeariano original, a grafia é *cacodaemon*, mas, aqui, o autor quer fazer um jogo de palavras e escreve *caca daemon*. *Caca* significa cocô em português. Em muitas traduções da peça para o português, lemos "hediondos demônios" [N.T.].

se torna o bom, toda a lógica basal é destruída. A lógica do conflito é aquela do bem em oposição ao mal, a qual é a base do *princípio de prazer/desprazer* – o bom é o que proporciona prazer e o mau é o que gera desprazer. Ou ao contrário, o desprazer é o mal e o mau porque suscita desprazer; o prazer é o bem e o bom porque dá prazer. Essa foi a lógica fundamental adotada por Freud, à época, para tentar conceber a organização psíquica. Todo o nosso aparelho psíquico baseia-se neste princípio e nesta oposição: buscamos o prazer e evitamos o desprazer.

O princípio básico da organização psíquica é perturbado se o mal se torna o bem e o bem se torna o mal. *Que o mal seja o meu bem* é um paradoxo. Já havíamos nos deparado com o paradoxo da problemática melancólica da simbolização e aqui encontramos um novo paradoxo relativo à exploração do narcisismo.

Na clínica, vemos crianças, ou adultos, que se comportam, por exemplo, de maneira sádica, destrutiva, como se destruição não fosse destruição, com se não fosse o mal, mas, sim, o objetivo da vida. No plano manifesto, observamos uma inversão de valores que obscurece o sentido. Por que esse excesso de destrutividade e de negatividade? Por que essa ânsia pelo negativo, ao passo que tendemos a pensar que aquilo que faz bem é positivo e que o negativo não faz bem? Aqui, ao contrário, trata-se do investimento do mal e do mau.

Temos um exemplo: "Às vezes dirijo um pouco rápido e, consequentemente, perdi pontos na carteira. Neste verão, criei coragem para fazer uma reciclagem. Confesso que é muito difícil, é uma prova em dobro, primeiro porque as pessoas que deveriam ensinar não se importam, e é um pouco complicado se interessar pelo que eles ensinam. Mas assim também podemos conhecer pessoas que são incomuns em nossas vidas. Nesse curso, havia um cara numa situação excepcional: ele dirigia sem carteira, já não tinha mais a sua, e dirigia a 180, 190. Quando o instrutor tentou perguntar por que ele fazia isso, ele respondeu simplesmente: 'Porque sou eu, sou assim'. Conversei um pouco com ele, porque me intrigou. E percebi que ele estava fora da lei, fora de qualquer lei, e só obedecia à sua própria lei, não havia outras senão a do seu bel-prazer, da sua liberdade individual. É uma forma da chamada lei *do cada um por si*. De certa maneira, a lei *do cada um por si* é a lei do mais forte, que não é uma lei, e sim a consequência do fato de alguém ser (acreditar-se) excepcionalmente forte.

Em muitos pacientes depressivos, melancólicos e outros, percebemos uma posição subjetiva fundamental que se baseia no seguinte postulado: *eu não sou como os outros*. É claro que nenhum de nós é *como os outros*. Somos todos únicos, isso é um fato. Porém, quando alguém afirma *eu não sou como os outros*, há uma posição subjetiva que significa *eu sou uma exceção à regra, a todas as regras*. Se prestarmos atenção em nossas estrelas e celebridades, podemos constatar muitas vezes suas personalidades narcísicas marcantes. Não resta dúvida de que é difícil para essas celebridades serem aduladas como são, a adoração é terrível para o equilíbrio narcísico e elas acabam por se considerar excepcionais, como lhes é dito o tempo todo. Mas também encontramos um número considerável de suicídios ou de destinos trágicos, como aconteceu recentemente com Ophélie Winter, que se viu hospitalizada, arruinada, destruída, escondida por toda parte, acidentada etc.

O destino trágico da posição de exceção é justamente o que acontece com Ricardo III. Em determinado momento, ele vai efetivamente se deixar derrotar e ser morto em um duelo.

O segundo traço de caráter observado por Freud na psicanálise é extraído de um romance protagonizado por Rebecca West. Rebecca West é uma segunda, não é uma exceção. Ela é uma espécie de governanta na casa do homem que se casou com sua irmã.

Sua irmã é a primeira, ela é a segunda. Rebecca está secretamente apaixonada pelo patrão, o marido de sua irmã. Está secretamente identificada com ela. Está perdidamente apaixonada. A irmã morre. O caminho está livre. O marido da irmã se interessa por ela, pede-a em casamento, e então ela desmorona e adoece. O segundo traço de caráter, Freud o chama de *os que fracassam no sucesso* ou *os que adoecem com o sucesso*. É quando seus sonhos se tornam realidade que a personagem realmente desmorona. Foi Racine quem escreveu: "Chegar ao topo desperta a vontade de descer". Para alguns sujeitos, é difícil manter-se na plena satisfação de seus desejos. Este é mais um paradoxo: fracassar no momento do sucesso, pelo sucesso. No esporte, fala-se do medo de vencer. Abre-se um fosso entre o sucesso *objetivo* e a vivência *subjetiva*. Qual lógica pode residir no processo de adoecer pelo sucesso? Essa questão fundamental e essencial ressurge em diversas ocasiões na psicanálise, relativamente às neuroses de destino e, sobretudo, a respeito do que Freud vem a chamar de *reação terapêutica negativa*. Freud começa a abordá-la em 1918 e, um pouco mais tarde, em 1923. A reação terapêutica negativa manifesta-se da seguinte forma: iniciado um tratamento de psicoterapia psicanalítica com um paciente que não está bem, ele melhora, mas quanto mais melhora, pior ele se sente. É novamente um paradoxo. O paciente começa a ter êxito no que empreende, encontra o amor, começa a ser capaz de se desenvolver socialmente, porém, quanto maior o êxito e sua capacidade de desenvolvimento social, mais triste, deprimido e insatisfeito ele se sente. Pode-se imaginar os comentários dos amigos: "Como assim, você está triste? Mas você tem tudo para ser feliz". Já é terrível se sentir mal, ainda mais quando alguém tem *tudo para ser feliz*. O sujeito é dominado por um sentimento de impasse. Agora ele tem tudo, tudo a que aspirava antes.

A reação terapêutica negativa torna-se uma das dificuldades clínicas de Freud e do pós-Freud, do pós-guerra. Uma dificuldade clínica fundamental encontrada nas patologias do narcisismo e um dos grandes problemas com os quais toda a clínica psicanalítica pós--freudiana vai se defrontar.

Espera-se, em geral, que o andamento do trabalho analítico promova a melhora do sujeito, mas, aqui, é o contrário. Além disso, o entorno do paciente põe em dúvida a validade do tratamento. Abordaremos mais adiante as hipóteses atuais relativas à reação terapêutica negativa.

Por ora, gostaria de falar do terceiro traço de caráter apontado por Freud: o *criminoso por sentimento de culpa*. Um novo paradoxo. Vamos relembrar brevemente a história recente da questão da culpa em Freud.

Nas últimas páginas de *Totem e tabu*, Freud levanta a questão do sofrimento, ligado ao sentimento de culpa, de sujeitos tidos como obsessivos. Ele se pergunta por que esses sujeitos se sentem tão culpados por algo que não fizeram. E então, de que se sentem culpados? Possuem desejos, mas não fizeram nenhum mal. Sentem-se culpados como se desejos ruins, proibidos, agressivos tivessem sido realizados. Freud apresenta uma primeira hipótese: a onipotência do pensamento. Essa hipótese, contudo, não o satisfaz completamente, de modo que ele continua a explorar e consegue observar o seguinte fato: se nos aprofundarmos na história desses sujeitos, percebemos que, se agora não fazem mal nenhum, quando crianças eram cruéis e perversos e, no fundo, seria por aquela maldade de outrora que se sentem culpados. Conclusão de Freud, e última frase do livro: "No princípio foi o ato".

Por trás de todos esses processos psíquicos, portanto, encontram-se atos infantis. *Totem e tabu* foi escrito em 1913. Em 1916, no capítulo *Criminosos pelo sentimento de culpa*, Freud retoma o problema indagando-se a respeito de como os criminosos

40 O NARCISISMO E A ANÁLISE DO EU

funcionam. Ele chega, então, a uma hipótese perturbadora que vai de encontro a tudo o que se poderia pensar habitualmente da criminalidade.

Pelo senso comum no que diz respeito à criminalidade, a pessoa que cometeu um crime deve se sentir culpada *por ter cometido um crime* ou recusa seu sentimento de culpa. Em 1916, Freud aponta que não é assim que funciona a criminalidade. Numa hipótese inversa, ele considera que, sentindo-se culpadas primeiramente, essas pessoas cometem um crime na tentativa de assimilar seu insondável e enigmático sentimento de culpa. Isso é bem diferente.

Os sujeitos são dominados por um sentimento de culpa difuso e insondável. Cometem algum mal para tentarem entender o porquê, para tentarem dar sentido a esse sentimento, para poderem eventualmente expiá-lo e, portanto, apaziguá-lo. Esse modelo pode ser encontrado em alguns pais, em seu relacionamento com os filhos. A criança chora e os pais, não conseguindo acalmá-la, acabam lhe dizendo: "Você está chorando, mas não sabe por que motivo, vou lhe dar uns tapas e assim, pelo menos, você vai saber por que está chorando".

Freud retoma esse assunto pouco mais tarde, em 1920, relativamente aos ferimentos de guerra, assinalando que a ameaça de neurose traumática decorrente de certas situações encontradas durante a guerra diminui se houver uma lesão corporal localizada e identificada. Em outras palavras, o que torna o sentimento de culpa primário completamente desorganizador é o fato de ser insondável; a culpa é difusa. O sujeito acaba por se sentir culpado por existir. Sente-se culpado, simplesmente, por estar vivo.

Decerto, isso suscita a questão do que poderia ter acontecido na história do sujeito para que se sinta culpado por estar vivo, simplesmente por existir. Sentir-se culpado por ter feito algum mal, vá lá. Mas a culpa de existir, apenas por estar na face da Terra, seria o pecado original? Afinal, o pecado original... Adão comeu a maçã proibida.

O sentimento de culpa não é consequência do crime, é causa dele: eis outro paradoxo.

Paradoxo da melancolia, portanto: para simbolizar o objeto, é preciso renunciar ao objeto, e, para renunciar ao objeto, é preciso simbolizar o objeto.

Paradoxo das *exceções*: que o mal seja o meu bem, que o bem seja o meu mal (não falei do masoquismo, mas, neste caso, é o contrário: que o sofrimento me dê prazer).

Do fracasso ao sucesso.

Do crime cometido por sentimento de culpa.

Toda a lógica do conflito, da oposição prazer/desprazer, é afetada por esses processos, por esses paradoxos.

E não é de estranhar que Freud venha a redigir, em 1920, o artigo *Além do princípio de prazer*, pois todas essas lógicas se situam *além do princípio de prazer*, a respeito do qual Freud pensou, inicialmente, que fosse o princípio fundamental. Para pensar as patologias do narcisismo, é preciso ir além do princípio de prazer. *O narcisismo não confronta o conflito, mas o paradoxo.*

2. Desconstrução dos paradoxos do narcisismo e primeira introdução do objeto em sua organização

Tentarei fazer um breve apanhado das proposições do capítulo anterior, formulando-as de maneira um pouco diferente para retomar alguns pontos que me parecem fundamentais. O primeiro ponto fundamental diz respeito ao fato de que o sofrimento narcísico talvez seja uma das formas de sofrimento mais encontradas pelos clínicos (na prática clínica e possivelmente em sua própria vida). Todos os problemas observados no plano relacional sempre têm um componente narcísico, atingindo a imagem do sujeito e o ferindo. Essa ferida ocasiona sofrimentos e produz mecanismos de defesa que são uma tentativa de reparar e de preencher, na medida do possível, as brechas que a vida pode ter infligido ao narcisismo. Trata-se, pois, de uma questão essencial para a psicopatologia de todas as épocas, de todas as idades e, eu arriscaria dizer, de todas as culturas, apesar de revestir-se de formas diferentes em cada cultura e em cada época.

44 O NARCISISMO E A ANÁLISE DO EU

Prova disso que afirmo pode ser obtida se examinarmos melhor grandes obras psicanalíticas, como as de Lacan, Green, Winnicott, Kohut, Meltzer, Melanie Klein, Didier Anzieu, Bion e, entre os sul-americanos, Bleger e o casal Baranger, para citar apenas os autores históricos. Percebemos que uma das questões essenciais nas obras desses autores diz respeito a uma ou outra das formas da problemática narcísica. Eles não a abordam necessariamente partindo da mesma problemática clínica. Melanie Klein concentra-se mais na clínica da criança; Winnicott, na clínica da primeira infância e naquela de pacientes *borderline*; Bion parte da clínica de pacientes psicóticos; Meltzer, do autismo; Kohut foca nas problemáticas narcísicas, as quais chama de *transferência narcísica*.

Pouco importa a via de abordagem quando nos interessamos pelo essencial, o que devemos enfrentar diz respeito a como pensar a problemática narcísica.

Essa questão não só é muito discutida nos dias atuais como também, ao meu ver, atravessará muito provavelmente todo o século XXI, porque o interesse por ela não diminui. Tanto quanto antes, certos mecanismos estão envolvidos na relação do sujeito consigo mesmo, e não apenas no que se refere ao seu comportamento e a certos mecanismos mais ou menos objetiváveis. Estão envolvidos na relação do sujeito consigo mesmo: a imagem de si, a representação que ele faz de si e a estima por si mesmo; ou, ao contrário, na forma como se desqualifica, passa ao largo de si mesmo, protege-se contra suas próprias emoções, vivências e afetos. Se alguém se protege contra as próprias emoções, experiências e afetos, talvez seja efetivamente porque corre o risco de encontrar em si mesmo não só pontos de sofrimento, mas também pontos enigmáticos.

Coloca-se, portanto, também a questão da relação do sujeito com seu próprio umbigo, o que levará à construção de modelos do que aconteceu na mais tenra infância e das transformações posteriores que a história possibilitou ou impôs. Não podemos ter uma memória verdadeira de nossa primeira infância, mas ela *se lembra* de nós e deixa traços que vêm eventualmente perturbar nosso presente e nosso sistema relacional atual. Ao introduzir a questão do narcisismo, em 1914, Freud tentou justificá-lo, mas o que introduziu não foi simplesmente a questão do narcisismo, foi também, fundamentalmente, aquela do Eu. O Eu [*moi*], tal qual se apresenta em alemão – *Ich* – é o que se poderia chamar modernamente de *sujeito*.

É, pois, a questão sujeito que aqui também se introduz. E pode-se pensar que, numa primeira parte de sua obra, Freud concebeu o inconsciente como o que não é consciente. Concebeu o pré-consciente como aquilo que ainda não é totalmente consciente, mas que poderia facilmente vir a sê-lo. Já com a introdução do Eu, passa-se do paradigma da consciência àquele do sujeito; é outra coisa que não diz respeito à consciência.

Vemos como essa questão é absolutamente fundamental para os clínicos, na medida em que o foco passa a ser o sujeito, sua relação consigo mesmo e com os outros e sua relação com sua própria história e tudo o que pode tê-lo constituído. No mesmo trem do narcisismo introduzido por Freud, encontra-se a questão da subjetividade.

Como Freud chegou a isso? Em seus trabalhos anteriores a 1914, ele começou a tratar da problemática da psicose. Em 1911, dedicou-se ao tema por meio do caso Schreber. Estudou uma problemática que mobilizava fundamentalmente a questão da identidade e, portanto, do sujeito. Ele parecia começar a perceber que o modelo com o qual trabalhava – consciente, pré-consciente e inconsciente – evitava a questão do sujeito, de modo que esse modelo talvez fosse insuficiente. Seu modelo de então funciona muito bem relativamente à questão da neurose. Por quê? Porque, para indivíduos suficientemente *neuróticos*, não se coloca a questão do sujeito, eles não se perguntam se são sujeitos de sua própria vida.

Há alguns anos, atendi um senhor de idade que havia feito anos de psicanálise aqui e ali e estava desesperado. Explicou-me que, depois de ter lido meus livros, disse para si mesmo: "Ainda tenho uma chance". Ele tinha 75 anos, e uns quarenta anos frequentando vários divãs, vários psicanalistas. Como leu nos meus livros que certas questões eram tratadas diferentemente, teve vontade de tentar. Na primeira entrevista, ele fala, fala, fala e, de repente, para e diz: "*Je suis hors-sujet*"[1] [estou fora do assunto], querendo dizer que não era nada daquilo que ele deveria ter dito. Entretanto, ao escutá-lo, considerei que, de fato, essa era a essência do que ele tinha vindo me dizer. Ouvi "*je suis hors sujet*" como um apelo: "Ajude-me a voltar a ser ou a me tornar sujeito onde não consegui sê-lo".

Todos nós que atendemos pacientes psicóticos, pacientes que apresentam quadro de autismo, de antissocialidade e os chamados casos limítrofes, somos confrontados com o fato de que eles são sujeitos-limite, que estão em uma espécie de borda ou de tangente entre sujeito e dessubjetivação (Hamlet: "Ser ou não ser, eis a questão"). Ser sujeito é implicar-se na própria vida, mas há aqueles que se retiram à margem, nos limites da vida. Os chamados SDF (sujeitos sem domicílio fixo) se retiram da sociedade talvez para não se retirarem de sua condição de sujeito, para não se retirarem de si mesmos. Vemos que isso abrange uma psicopatologia muito vasta, mas variada.

Portanto, é a problemática do sujeito que está por trás daquela do narcisismo. Por isso, costumo acrescentar à denominação *problemáticas narcísicas* o adjetivo *identitárias*, ou seja, são casos em que são ameaçados o próprio sentimento de identidade, a

---

1 A frase possui duplo sentido: "estou fora do assunto" ou "estou fora do sujeito". *Sujet* é sujeito e assunto em francês [N.T.].

capacidade de ser sujeito da própria vida, das próprias emoções, sentimentos e decisões. São numerosos, por exemplo, os pacientes que, num momento ou noutro do trabalho psicoterápico, descobrem que são incapazes de dizer não e que são completamente comandados pelo desejo do outro. Fazem isso para não serem abandonados, para manterem o vínculo, para serem amáveis, bons e por todos os motivos possíveis e imagináveis. Quando alguém é incapaz de dizer não, como pode dizer *eu*? Ser sujeito baseia-se na capacidade de se diferenciar do outro, e essa capacidade é também aquela de lhe dizer *não*. Ser sujeito da própria vida é, antes de tudo, poder dizer não, o que não significa dizer não o tempo todo. E eu acrescentaria algo que não é indiferente: de que valeria o *sim* se não se pode dizer não?

É claro que não estou adotando um ponto de vista moral ou fazendo algum juízo, apenas assinalando esse aspecto na relação do sujeito consigo mesmo. Se você sabe que não pode dizer *não*, seu *sim* não tem grande valor aos seus olhos. E se o sim que você pronuncia não tem grande valor para você, logo também não terá grande valor para os outros. Você comunica assim, implicitamente, algo de sua incapacidade de dizer não e de ser compelido a dizer sim. E, a partir deste momento, o sim não vale muito.

Voltemos aos textos de Freud e ao processo de seu pensamento, à história de seu pensamento a partir de 1914. No ano seguinte, ele escreve *Luto e melancolia*. Esse texto formula o problema central do narcisismo. Freud chama a melancolia de *neurose narcísica*. Em 1916, ele escreve *Alguns tipos de caráter encontrados na prática psicanalítica*, texto ao qual eu gostaria de voltar um pouco mais detidamente, para introduzir a questão que vai ocupar este capítulo.

O primeiro *traço de caráter* abordado por Freud diz respeito a Ricardo III, cuja posição existencial e identitária é o sentimento de *exceção*, como vimos no capítulo anterior.

48   O NARCISISMO E A ANÁLISE DO EU

Na peça *Ricardo III*, em determinado momento, Ricardo III tenta exercer uma modalidade de sedução absolutamente paradoxal: a sedução pelo abjeto. Ele explica a Elizabeth que, se ele matou seus irmãos, seus filhos e seu marido, esses assassinatos foram tão somente sinais de seu amor por ela, pois eram seus rivais. Apesar de Elizabeth não estar muito convencida no início, seu ódio pelo assassino acaba cedendo e ela se deixa convencer. Ricardo III fica, então, transfigurado, *pôde, portanto, ser amado*, por mais abjeto, disforme que fosse, e sai imediatamente para comprar trajes, além de um espelho para poder se admirar e ver como era belo. Mas esse efeito dura pouco. A rainha Margaret o chama de *cacodaemon* – não pode haver pior desqualificação. Sua mãe lhe conta que a gravidez foi horrível, que se sentiu extremamente angustiada e que teria sido muito melhor tê-lo abortado do que dar à luz esse ser demoníaco. Assim descobrimos aos poucos em que clima relacional nasceu o bebê Ricardo III, o qual sofreu imediatamente uma rejeição corporal primária. Juliet Hopkins (1992), analista inglesa, mostrou que os movimentos de rejeição corporal primária produzem no bebê uma vivência identitária de ser como um *saco de merda demoníaco*. Poderíamos interpretar a expressão de Shakespeare como um *cocô-demônio*. Por quê? Porque o bebê não escapará de interpretar essa rejeição. "O que eu tenho em mim que faz com que minha mãe, meu primeiro objeto, que supostamente deveria despertar em mim o gosto pela vida, o sentido da vida, por que esse objeto me rejeita e por que, em particular, trata todos os meus movimentos de amor como movimentos de hostilidade?"

Há poucos dias, estive em Kiev, na Ucrânia, e assisti a uma versão extraordinária do balé *A Rainha da Neve*. Desde o filme e a versão de Walt Disney, *Frozen* está muito na moda, mas o conto de Andersen é muito mais interessante do que as versões adocicadas que nos são contadas atualmente. Veremos como a história começa e logo compreenderemos a relação que estabeleço com o que afirmei anteriormente.

O diabo quer desafiar Deus. Como desafiá-lo? O meio mais seguro parte do princípio de que Deus é infinitamente bom. Utilizando a estratégia de Ricardo III, o diabo fabrica um *espelho de inversão paradoxal* do tipo *que o mal seja meu bem, que o bem se torne o mal.* Com a ajuda de seus diabinhos, ele aproxima esse espelho diabólico de Deus para desafiá-lo e tentar transformar a sua imensa bondade em uma forma absolutamente negativa, *a infinita maldade.* Porém, diante da imensa bondade de Deus, o espelho sofre uma intensa distorção e acaba se quebrando e se fragmentando em uma infinidade de cacos que se misturam com a neve. Em francês, *miroir* [espelho] é sinônimo de *glace* que também significa gelo: cacos de espelho-gelo se misturam com a neve.

Fim do primeiro episódio, fim do prólogo.

No segundo episódio, descobrimos que Andersen nos permite interpretar o negativismo de Ricardo III e, para além dele, o negativismo observado na clínica dos sofrimentos narcísico-identitários.

Na terra, o pequeno Kai e sua amiga Gerda são crianças adoráveis, amáveis e boas. Um estilhaço do espelho diabólico cai no olho de Kai e ele começa a ver tudo em negativo, tudo o que é bom se torna mau. Ele só vê o mal. Um segundo estilhaço do espelho diabólico cai em seu coração. O coração congela, não sente mais empatia nem se importa com o outro, e esse coração congelado torna tudo afetivamente negativo. Freud escreve uma belíssima frase em *Luto e melancolia*: "A sombra do objeto se abate sobre o Eu". Ele deveria ter dito: *O espelho (do) negativo do objeto se abate sobre o sujeito.* Teria sido mais claro, mas menos poético também. "A sombra do objeto se abate sobre o Eu" – mais poético do que isso seria difícil.

O problema das frases poéticas é que, embora magníficas, às vezes também são um pouco ambíguas, como a frase de Freud: o que significa "a sombra do objeto"? Freud não diz *o objeto*, mas *a sombra do objeto*. Vale a pena nos demorarmos nessa afirmação e fazermos uma digressão por um comentário.

O narcisismo é concebido, muitas vezes, de maneira narcísica, a partir de uma teoria narcísica. Aliás, é a mesma teoria que o Eu formula de si mesmo. Ela é muito simples e cabe na seguinte frase: uma vez que está dentro de mim, sou eu. No entanto, ao clínico caberia, antes, perguntar-se como isso foi parar dentro do "saco" do Eu, pois, se foi por intrusão, por invasão, se o Eu está perfurado por toda parte, é bem diferente de algo dentro do Eu introjetado e integrado. A questão é saber se não há pequenos estilhaços de espelho diabólico provenientes dos objetos que ali vieram se alojar e que determinam a relação do Eu com o mundo.

Passemos ao segundo paradoxo, aquele que está presente no fracasso diante do sucesso. Em nome do princípio de prazer, seguindo a lógica comum, o sujeito busca o sucesso para evitar o fracasso e a decepção a ele associada. Contudo, não é isso que se observa em alguns sujeitos, como ocorre com Rebecca West, o caso estudado por Freud. Ela está muito apaixonada pelo marido de sua irmã, mas, por se tratar da irmã, abstém-se de tentar seduzi-lo. Por sorte ou por azar, não se sabe bem, a irmã morre. O caminho está livre, o marido passa de uma irmã à outra, propondo-lhe casamento, mas, quando o sonho de Rebecca parece se realizar, ela se sente cada vez pior, adoece.

Para explorar essa reação paradoxal, vou contar uma pequena história extraída dos contos das *Mil e uma noites*. As histórias de Sherazade são contos formidáveis. Para se manter viva, Sherazade conta histórias que interessam ao sultão, porque, se parasse, ele acabaria por matá-la. Vou contar, então, a história emocionante e educativa de um pescador – as crianças adoram. Um pescador levanta-se muito cedo para ir à pesca antes de todos e dirige-se para um lugar onde sabe que há muitos peixes. Chegando ao local cedo demais, ainda está escuro, os peixes dormem. Ele lança sua rede, mas não pega nenhum peixe. Depois de tanto esforço, começa a se aborrecer, mas persevera e faz uma segunda tentativa. Novamente, sem pescar um único peixe, sua decepção aumenta e sua raiva também. Apesar de tudo, faz uma terceira tentativa, e, dessa vez, na rede não há peixe, mas uma garrafa. Uma garrafa ao mar com uma rolha e uma espécie de fumaça dentro. O pescador tira a rolha, e da garrafa sai um gênio que lhe diz prontamente: "Vou te matar". O pescador não compreende e pede que o gênio explique por quê. Morrer, vá lá, mas é preciso pelo menos saber o motivo. E o gênio lhe explica o seguinte: "Faz trezentos anos que estou preso dentro desta garrafa. Nos primeiros cem anos, eu disse a mim mesmo que quem me libertasse receberia ouro e prata em troca, mas ninguém veio. Nos segundos cem anos, decidi que também concederia todos os desejos a quem viesse, e ninguém veio. Então, nos trezentos anos, eu disse a mim mesmo que mataria quem viesse me libertar por me ter feito esperar tanto".

Rebecca West esperou muito tempo, e quando finalmente teve êxito, foi tarde demais, o que desejou não valia mais nada, não tinha mais gosto (queria talvez ter sido escolhida, em vez de ser a segunda escolha?). Esse processo é comum, por exemplo, em crianças. Se esperam demais, elas não querem mais o que desejavam. Na vida amorosa, esperamos por um sinal de amor, de ternura, por um sinal de comunicação ou de compreensão etc., insistimos, mas, se não vier, desistimos. E então, se um belo dia acontecer o que estávamos esperando, já é tarde demais, não tem mais efeito. Esse processo foi chamado por Lacan de *forclusão*. Em Direito, a forclusão designa a prescrição de um recurso por estar fora do prazo. O sujeito é forcluído, diz Lacan, que descreve esse processo como central na psicose. Forcluído significa ser tarde demais. Na prática clínica, esse processo é, sem dúvida, subjacente às chamadas *reações terapêuticas negativas*. E, quando examinamos detidamente a problemática subjacente a esse modo de reação, deparamo-nos com processos muito semelhantes àquele do gênio da história do pescador. Uma paciente me permitiu explorar toda uma série de variações. "O que você me dá, o que eu compreendo em análise, é bom, mas não vale nada porque não o recebi dos meus pais." Ou, ainda: "Não vale nada, porque não o recebi no momento certo, no lugar certo, da pessoa certa, do jeito certo". Havia cerca de cem possibilidades que faziam tudo que era bom virar ruim. Vemos que não estamos muito longe dos processos descritos em relação a Ricardo III, mas eles são invertidos. Com Ricardo III, *que o mal seja meu bem*, enquanto, com Rebecca West, *que o bem seja o meu mal*. Por que o bem deveria ser meu mal? Quando descrevemos o paradoxo, permanecemos na superfície das coisas, na aparência: um fracasso diante do sucesso é um paradoxo. Mas, se nos aprofundarmos, não há fracasso diante do sucesso; há um sucesso que chega tão tarde que acaba perdendo o valor, e não só perde o valor, mas também suscita a indagação de saber por que foi preciso esperar tanto tempo ou empenhar tanto esforço. O paciente *hors-sujet*, mencionado anteriormente, dizia-se durante anos: "A vida é assim, não há nada a fazer, devo continuar me submetendo à minha mulher, à minha filha, aos outros". Porém, no trabalho analítico, ele começou a descobrir que poderia ter sido diferente. E 75 anos se passaram. Quanto sofrimento isso causa? "Eu desisti, estava desesperado, acabei me acostumando com o fato de que isso nunca aconteceria, de que era assim, para não sofrer mais pela espera nem pela decepção." Todos os meus esforços possíveis para que ele se tornasse sujeito de sua própria vida – e foram muitos esforços – produziram resultados, mas quanto mais o trabalho produzia resultados, mais ele enfrentava o problema de saber por que havia demorado tanto tempo, por que era tão difícil. Alguém com 15 anos de idade, afinal, pode dizer: "Tenho 60 anos pela frente, vale a pena tentar mudar". Esse senhor tinha 75 anos, não podia sequer dizer: "Acabo de passar pela metade da minha vida".

Quando passamos da aparente formulação paradoxal ao exame minucioso dos processos subjacentes, uma lógica pode ser percebida. Ocorre que essa lógica não é a mesma do princípio de prazer, a qual deveria ser: *antes tarde do que nunca*. Essa foi a lógica à qual tentei recorrer na tentativa de mobilizá-lo, de convencê-lo: "Aos 75 anos, talvez tenha uns dez ou quinze anos pela frente, talvez valha a pena". Graças ao trabalho analítico, consegui remobilizá-lo um tanto, de modo que, ainda vivo, ele tenta desenvolver aos poucos meios para obter mais prazer na vida, para deter mais o comando de sua vida, para ser mais sujeito dela, mesmo que, para tanto, deva ser capaz de suportar o medo de uma eventual decepção por aceitar a espera.

O terceiro traço de caráter observado pela psicanálise, segundo Freud, também pode ser formulado como um paradoxo: *os criminosos por sentimento de culpa*. Freud explica que os criminosos não se sentem culpados por causa do crime que cometeram, ao contrário, cometeram um crime porque se sentiam culpados. Aqui, também, situações como essa são muito comuns no convívio com crianças pequenas.

Deduziu-se uma teoria no seio de uma civilização judaico-cristã, para a qual chamo a atenção, sublinhando a que ponto ela pode ser suspeita no contexto dessa civilização. A teoria do masoquismo proposta é também uma teoria baseada na aparência. O conceito de masoquismo cheira um pouco a enxofre. Freud descreveu um *masoquismo feminino*, o qual significa que *as mulheres adoram sofrer*. Essa questão merece ser arejada com seriedade.

O masoquismo explicaria a existência de sujeitos que *querem* sofrer suplícios, humilhações? Não, a finalidade não é sofrer suplícios, e sim usar o suplício para deter algo que o sujeito não consegue parar de outra forma. Uma vez que tenhamos formulado isso, podemos começar a pensar que talvez haja outra solução além da palmada ou da violência para auxiliar as crianças. Para explorar essas outras soluções, é necessário começar por abandonar a ideia de que sujeitos considerados *masoquistas* querem sofrer suplícios ou castigos, de que *precisam de castigo* – em outras palavras, é necessário sair da descrição psicológica e explorar questões metapsicológicas.

Assim, Freud teorizou, num primeiro momento, o que ele chamou de *necessidade inconsciente de punição*. Mas de onde vem a necessidade de punição? Na verdade, Freud sabia e não sabia ao mesmo tempo. Diante da complexidade da questão, temos de nos colocar no lugar do fundador da psicanálise. De 1916, ano em que ele escreveu sobre o assunto, a 2019, transcorreu um século. Imagine alguém que, em 1916, começou a argumentar que estávamos completamente errados a respeito da criminalidade e dos criminosos. Ainda hoje, sua hipótese é aceita com dificuldade: *criminosos cometem crime porque se sentem culpados e precisam aplacar esse sentimento de culpa*. Se aplicarmos tal hipótese a todas as teorizações sobre o ato, e não apenas a atos criminosos, deparamo-nos com uma série de ideias preconcebidas no meio psiquiátrico e muito além dele.

Uma ideia preconcebida comum no meio psiquiátrico consiste em afirmar que o ato é uma descarga produzida para evitar pensar. No entanto, quando examinamos detidamente os atos, como fazem todos aqueles que estudam os comportamentos antissociais, o modelo a que chegamos é bem diferente: as pessoas cometem crimes porque são confrontadas com irrupções alucinatórias que as dessubjetivam e, para tentarem voltar a ser sujeitos, precisam bloquear a ameaça de invasão e desorganização. O ato oferece um bloqueio, acalma essa irrupção alucinatória e a angústia que a acompanha. Freud compreendeu esse processo um pouco mais tarde, em 1920, a partir das neuroses de guerra. Naquele momento, eram muitos os feridos da Primeira Guerra Mundial, muitos os casos de neurose pós-traumática que davam trabalho aos psicólogos e psiquiatras e que mobilizavam o pensamento daqueles que se ocupavam de cuidar.

Os analistas se confrontaram com um processo estranho que contradizia a teoria em vigor relativa aos sonhos traumáticos. De acordo com o modelo vigente à época, o sonho buscava a satisfação de um desejo ou, pelo menos, uma tentativa de realizá-lo. Os sonhos das neuroses de guerra não se encaixavam de forma alguma nesse modelo. Um sujeito que sofreu um traumatismo durante a guerra não se sentia tão mal durante o dia, mas, cada vez que adormecia, *sonhava* que estava nas trincheiras e na situação traumática vivenciada. Bombas caem por todos os lados, braços e outras partes do corpo humano voam ao seu redor; ele se encontra, durante o *sonho*, em um estado de neurose traumática. Freud se perguntava como isso era possível. Em tese, a repetição se faz em nome do princípio de prazer e o que gera desprazer é evitado, mas, nesses casos, Freud esbarrou na repetição de experiências que nunca resultaram em prazer ou satisfação. Então, como isso é possível?

Essa pergunta levou Freud a escrever *Além do princípio de prazer* e a reformular uma parte da metapsicologia. Certas experiências se repetem além do princípio de prazer, de sorte que, apesar de ele ser fundamental, existem exceções que evidenciam outro processo ainda mais fundamental. Em seu texto, Freud também fez a seguinte observação: certos sujeitos desenvolvem estados de neurose traumática, enquanto outros não. Ele percebeu que estes últimos haviam sofrido uma lesão física identificável. Freud formulou, então, a hipótese de que a dor

56 O NARCISISMO E A ANÁLISE DO EU

corporal identificável em alguma área do corpo evita que o sujeito desenvolva uma neurose traumática.

Lembro-me de uma de minhas jovens pacientes toxicômanas. Quando estava em estado de despersonalização e sob o risco de não se sentir existir, ela apagava seu cigarro sobre o braço: a dor a trazia de volta a si. Outros sujeitos encontram-se em tal estado de fúria que só conseguem contê-lo batendo a própria cabeça contra a parede. Eles se machucam, e chegam até a sangrar, mas a dor corporal faz cessar a dor psíquica. Mais uma vez, a interpretação sob o ponto de vista do masoquismo seria um erro; trata-se, na verdade, de uma tentativa de limitar uma efração interna que, por sua vez, é ilimitada e está ligada à reativação alucinatória de um trauma que ameaça trazer de volta a situação traumática.

Então, insisto, o paradoxo é apenas aparente. Quando sujeitos que se sentem culpados demais cometem um crime, um ato, eles o fazem na tentativa de assimilar um sentimento de culpa atormentador e difuso, um sentimento enigmático inassimilável. O artigo de Freud de 1920 desencadeou uma série de mudanças metapsicológicas essenciais. *Além do princípio de prazer* se impôs pela necessidade de pensar os paradoxos subjacentes às problemáticas clínicas do narcisismo, levando Freud a pensar para além do princípio de prazer, bem como a formular a chamada segunda tópica, que, na verdade, é uma segunda metapsicologia. É em nome da lógica do princípio de prazer/desprazer que os sujeitos descritos parecem paradoxais. É preciso ir *além* desse princípio para compreender sua lógica.

Em 1915, em *Pulsões e destinos da pulsão*, a problemática da pulsão, tida como sempre ativa, foi posta no centro. Por exemplo, diz Freud, para se defender do sentimento de culpa ligado à atividade da pulsão, o sujeito se apresenta como tendo estado em posição passiva. "Não é minha culpa, foi o outro que me forçou."

Assim, o desejo foi realizado, mas, nesse processo de desculpabilização, de inocentar-se, o sujeito sente não ter nada a ver com isso.

Todos os pontos de partida de cada um dos processos de redirecionamento pulsional descritos por Freud em *Pulsões e seus destinos* são semelhantes. O sujeito é ativo, a pulsão é sempre ativa e a defesa contra o sentimento de culpa vinculado à atividade, vivida como atividade, impele o sujeito a *inverter* o movimento em eventual passividade.

Entretanto, a introdução da questão do Eu modifica singularmente a relação com a pulsão. O problema deixa de ser a pulsão e passa a ser a pulsão no Eu, isto é, a introjeção pulsional e a organização da pulsão no e pelo Eu. Entre 1905 e 1915, Freud concebeu a existência de pulsões que ele chamou de *pulsões parciais*. No entanto, a partir da introdução do Eu, o conceito de *pulsões parciais* não é mais necessário. Por quê? Porque o problema deixou de ser a pulsão e passou a ser o modo como o Eu a organiza – esta é a questão nuclear. Freud empregou, então, um termo que não foi muito bem assimilado, mas que se tornou essencial. Ele começou a dizer, por exemplo, *organização* anal da pulsão, não mais pulsão anal, e sim uma pulsão organizada pelo Eu, a analidade. Outra transformação: a questão da pulsão sempre ativa torna-se aquela da posição subjetiva, a do sujeito e, portanto, do Eu em relação à pulsão.

Em 1920, surgiu uma nova problemática completamente diferente: um Eu é atacado a partir do exterior, penetrado pelo que vem de fora, ao que se denomina *efração da paraexcitação*. Freud descreveu um sujeito submetido a um afluxo de excitações que vêm de fora e que ele não consegue conter: o sujeito está em posição passiva. Se conseguimos observar que ele está em posição passiva, porém, é porque sua posição nos interessa. Não faz sentido se o que está no centro é a pulsão, isso somente faz sentido se o sujeito é posto no centro da análise.

58 O NARCISISMO E A ANÁLISE DO EU

Em 1921, Freud redigiu um artigo fundamental que tem como título *Psicologia das massas e análise do Eu*, no qual lançou luz sobre uma problemática essencial: a psicanálise analisou a pulsão, o desejo inconsciente etc., e devemos agora nos ocupar do Eu e da análise do Eu (o Eu, em alemão, é *Ich*, portanto, a análise do sujeito, da subjetivação, da subjetividade). Quando começou a ser traduzido por W. Jankélévitch, há setenta anos, o conceito de sujeito não estava em voga. Alguns filósofos discorriam sobre o sujeito, mas somente os filósofos. Numa famosa frase de 1932, muito comentada por Lacan, Freud formulou o trajeto fundamental do processo psíquico: *Wo Es war soll Ich werden*. A frase foi logo traduzida por: *onde estava o Isso [Id], deve advir o Eu*. Concordo quanto ao Eu. Tudo bem. Desde que se pense que o Eu em questão é o Eu-sujeito, o Eu enquanto sujeito. Outra tradução poderia ter sido: *onde estava o Isso, deve advir o sujeito*. Essa tradução me parece mais adequada. Isso [Id] não é o sujeito, é um estado anterior à subjetivação. O Isso descreve uma formação *sem sujeito nem objeto*, o processo descreve a transformação de uma primeira forma relativamente indeterminada em outra forma que receberá uma inscrição pelo sujeito, uma forma pertencente ao sujeito e dada por ele.

Eu gostaria de fazer, aqui, uma observação sobre o método que adoto na minha reflexão. Meu objetivo é seguir a evolução do pensamento de Freud e as razões pelas quais assim evoluiu, aquilo com o que se deparou. Parece-me essencial recapitular essa história passo a passo não só para evidenciar diferentes problemas clínicos da prática – o que é útil –, mas também para compreender a história do pensamento clínico e o modo como problemáticas de uma época foram superadas na evolução da metapsicologia – o que evita retrocessos. Freud não saiu da *coxa de Júpiter*, não saiu do nada. Um século de teorias da hipnose transcorreu antes dele, e ele é fruto da evolução desse século.

Se Freud fundou tudo, se ele foi o criador absoluto, então, depois dele, tudo acabou, a psicanálise já foi descoberta, tudo já foi dito. Mas se o pensamento de Freud é fruto de uma história, a história pode continuar depois dele, o que é de suma importância para as gerações vindouras. É muito importante que os clínicos atuais possam ter em perspectiva um processo em curso que não está terminado, para que possam continuar as pesquisas em psicanálise, as investigações clínicas: nem tudo foi pensado, mesmo que essa história seja a da longa descoberta de processos, mecanismos, impasses deste ou daquele modelo. As futuras investigações devem se apoiar na trajetória de Freud, em vez de procurar contorná-la, como às vezes acontece, não querendo inserir-se no seu legado metapsicológico. Tal abordagem só é possível se for sustentada pela clínica e por uma leitura atenta não da teoria, mas do processo de teorização. Se Freud deve ainda servir de modelo é no que diz respeito ao processo de seu pensamento, de sua investigação, de sua capacidade de sempre voltar ao trabalho. Até o final de sua vida, ele nunca deixou de investigar, de evoluir. No término de sua vida, exilado em Londres, Freud deixou ainda anotações para trabalhos futuros, as quais podem ser encontradas, em francês, em *Résultats, idées, problèmes*. Ele redigiu cerca de dez pequenos fragmentos que são verdadeiras maravilhas. Poderíamos realizar um colóquio inteiro em torno de cada um deles.

Winnicott escreveu uma belíssima dedicatória em *O brincar e a realidade*: "Agradeço aos meus pacientes que pagaram para me ensinar". Pensadores que são capazes de escrever isso – e acredito que Freud poderia tê-lo feito – nos indicam o caminho.

Em 1920-1921, Freud propôs um novo ponto de partida focado no sujeito em situações traumáticas, mas talvez não somente nestas. Nelas, o sujeito, o Eu-sujeito, é passivo, o que não é uma estratégia de inocentar-se, e sim um fato: ele é passivo, ele atura, ele não é o sujeito. Essa observação deu origem a um novo conceito que foi formulado muito mais tarde. Eu comecei a formulá-lo em meu artigo sobre a vergonha de Édipo, e Green o desenvolveu muito. Trata-se do conceito de *apassivação*, a ser diferenciado da *passividade* e daquilo que Freud propôs quanto à feminilidade, isto é, a pulsão com meta passiva. Segundo ele, a pulsão é ativa, mas a meta é passiva. Desde então, a questão do feminino tem sido aprimorada, e, no último Congresso da IPA (2021), em Londres, que teve por tema o feminino, tratou-se de não mais falar de passividade no que concerne à sexualidade da mulher, mas de receptividade: saímos da oposição ativo/passivo aplicada à diferença dos sexos. Por trás das palavras, há questões em jogo que não são apenas de ordem clínica, mas também de ordem social. Com as atuais denúncias de feminicídios, alguma modificação está em curso em relação à problemática da feminilidade e do feminino em nossa cultura. É ainda mais necessário que todos nós estejamos atentos às nossas formulações para que respeitemos mais a abertura a todas essas questões.

Outra contribuição trazida pelo texto freudiano em 1920 diz respeito à pulsão de morte. Estranha pulsão. Sempre devemos ler Freud detidamente e indagar por que escreve aquilo que escreve, mesmo quando está falando de algo aparentemente distante de seu propósito metapsicológico. Por associação com suas reflexões sobre a pulsão de morte, ele descreve a vida dos protozoários, que, se deixados em seu próprio banho, secretam substâncias e produtos residuais de seu próprio metabolismo que acabarão por matá-los. Pulsão de morte! O ser vivo secreta sua própria morte. Houve quem tentasse encontrar uma versão moderna disso nos estudos de Jean-Claude Ameisen sobre a apoptose, o suicídio celular. Se lermos Ameisen, veremos que não é nada disso que ele desenvolve. Em seu livro intitulado *La sculpture du vivant*, o autor mostra que, para o desenvolvimento da vida, para *esculpi-la*, as células precisam cometer suicídio: a apoptose não é morte, mas vida, é um processo necessário à vida. Estamos nos antípodas da pulsão de morte.

Aliás, o argumento de Freud concernente à pulsão de morte é surpreendente, em se tratando de um autor tão pertinente e lógico quanto ele. Ele afirma que *há um movimento de retorno ao estado anterior.* Sim, mas qual é o estado anterior? Voltar a um estado anterior seria voltar ao estado anterior à vida? Qual vestígio pode existir do estado anterior à vida? Não há vestígio possível, só há vestígio na vida e da vida. Não é possível retornar a um estado anterior a partir do momento em que este já não é um estado de vida. Entretanto, foi o que Freud disse, embora o tenha feito com relutância. Se lermos a análise proposta por Jacques Derrida no livro *Cartão-postal: de Sócrates a Freud e Além,* percebemos os sinais da luta que Freud travou contra a ideia de algo além do princípio de prazer e contra aquela da pulsão de morte assim concebida. E, como veremos mais adiante, ele estava longe de dar sua última palavra sobre essa questão – algo que às vezes foi esquecido. Voltarei a esse ponto.

Em 1920, logo depois de ter formulado tal hipótese, Freud propôs outro modelo: se deixarmos um protozoário mergulhado em seus próprios resíduos, estes o matam, mas se trocado de banho regularmente e colocado em novo banho, ele se torna imortal, como se pôde acompanhar até a 3.029ª geração de sua vida.

Comentário. O protozoário abandonado em seus próprios resíduos é um protozoário *narcísico.* Ele está sozinho. Ele está sozinho dentro de seu banho. Mas se um objeto externo vier tirá-lo dali, então os processos vitais poderão continuar a se desenvolver. Na estrutura da experiência descrita por Freud, a intervenção do objeto o tira da solidão do narcisismo, do *eu sozinho.* No mesmo artigo, ele já havia começado a introduzir o objeto quando se referiu à vesícula de substância *excitável* bombardeada por estímulos externos, por um afluxo de excitações vindas de fora. Ele já havia mencionado um objeto, ainda que de natureza hostil, mas, desta vez, com a menção a um laboratorista que tira o protozoário de seu banho, é de um objeto provedor que se trata. Freud foi adiante, assinalando que as coisas podem também se complexificar: as células podem se agrupar (aqui, novamente, saímos do narcisismo do *eu sozinho*) e se ligarem para formar conjuntos; os protozoários podem se agrupar e, miraculosamente, alguns deles (essa é a interiorização do objeto provedor) tratam os resíduos dos outros e os desintoxicam. Graças à complexificação introduzida por outros objetos *semelhantes*, os resíduos produzidos por algumas das células serão utilizados para sustentar o organismo vivo. O modelo da função alfa de W. R. Bion, portanto, está presente em Freud, mas de forma analógica, sob a forma do ser vivo em estado nascente, desde a origem do ser vivo elementar (um bebê, por exemplo, atendido por sua mãe?). Em 1920, já vemos o objeto aparecer como preparador do experimento, e depois, de forma internalizada, a partir do agrupamento celular.

Vamos prosseguir a leitura de Freud. Em 1921, com a redação de *Psicologia das massas e análise do Eu*, o modelo de Freud continua a adquirir contornos mais precisos. Podemos perceber a *lógica* implícita que conecta os dois textos: depois do agrupamento celular, Freud passa ao agrupamento humano. Para lidar com o problema do narcisismo, ele introduz progressivamente o papel do objeto. Já na primeira página do artigo de 1921, Freud lança uma bomba na metapsicologia: "A psicologia individual é também, desde o início, psicologia social". Não há como conceber o sujeito sem concebê-lo em sua relação com outro sujeito. Esse será o ponto de partida essencial de Winnicott. Um bebê sozinho não existe, só existe quando há um ambiente ao seu redor. E todos os modelos atuais relativos à primeira infância com os quais trabalhamos implicam, necessariamente, a história do encontro com o objeto na própria construção do narcisismo.

Assim, em 1921, é introduzido o objeto, e a psicologia social não deve ser entendida simplesmente no sentido de psicologia de grupos, mas no sentido de um contato social que significa um contato com o outro, um objeto, um outro-sujeito. Todos os trabalhos atuais em neurociência são absolutamente explícitos em relação ao fato de que nosso cérebro é social, de que somos formatados desde o nascimento para nos comunicarmos e nos mantermos em contato com outros humanos. Jean Decety, um lionês que agora vive em Seattle, publicou estudos que evidenciam os primeiros sinais de comunicação às três horas de vida! Se existem sinais tão precoces de comunicação de um bebê em direção a sua mãe, isso significa que, desde o início, o sujeito humano está engajado em comunicação. Com três horas de vida, observam-se os primeiros sinais de comunicação, de imitação, nos bebês.

Estudos em psicologia do desenvolvimento da primeira infância também mostram que, desde o início, os bebês estabelecem uma relação de comunicação com o mundo, com o ambiente. Obviamente, não é uma comunicação tão sofisticada quanto vem a ser mais tarde; é, sobretudo, uma comunicação corporal, uma comunicação mimo-gesto-postural. Ela é muito importante para a relação mãe-bebê, não apenas para o bebê.

Penso, em particular, num estudo realizado por Marie-Aimée Hays, no âmbito de sua tese sobre o pós-parto. Ela se concentrou nas problemáticas do pós-parto, suas causas e seus efeitos. A problemática do pós-parto é um verdadeiro problema de saúde pública, pois atinge 15% da população. Não estou me referindo ao *baby blues* (tristeza no puerpério), refiro-me à depressão pós-parto, um verdadeiro problema coletivo que merece atenção. Partiu-se, de fato, da ideia de que a comunicação da mãe em depressão pós-parto com o bebê não é boa para ele. Mas a tese vai muito além. Hays usou duas escalas, a de Praga e a de Brazelton, que medem o estado *psíquico*

64   O NARCISISMO E A ANÁLISE DO EU

do recém-nascido. No estudo, essas escalas são tratadas em duplo-cego: um clínico visita a mãe e o bebê, aplica as escalas ao bebê e, em seguida, entrega os resultados a outro clínico que conhece bem essas escalas, mas não sabe nada sobre a mãe nem o bebê. Em mais de 90% dos casos, o clínico que conhece bem as escalas identifica os resultados nos bebês de mães deprimidas. Isso é feito aos três dias de vida pós-natal dos bebês.

O problema que encontramos nessa pesquisa sob minha orientação – problema central para a pesquisa clínica – foi a impossibilidade de continuar a investigar a evolução desses bebês, pois isso se tornava insuportável para os clínicos. Testemunhamos todos os esforços do bebê para tentar se comunicar com uma mãe que estava completamente ausente e não percebia tais esforços. Para podermos dar continuidade à pesquisa, sem estarmos em discordância com nossa ética clínica, tivemos que modificar, o mínimo possível, o dispositivo de pesquisa, a fim de proporcionar alguma ação terapêutica. Como a pesquisa era filmada, imaginamos assistir ao filme com a mãe e, aos poucos, chamar sua atenção para os sinais e tentativas de comunicação do bebê, que ela não via. É emocionante observar que, aos poucos, a mãe aprende a restabelecer seu modo de comunicação com o bebê e, para nossa grande surpresa, sua depressão diminui consideravelmente. Depressão pós-parto... será que os bebês estão deprimidos porque as mães estão deprimidas? Certamente. Por que as mães estão deprimidas? Seria porque sentem, inicialmente, fracassar na comunicação com o bebê? Tal hipótese abre perspectivas terapêuticas consideráveis. Quanto mais competente for a mãe, por assim dizer, em *linguagem de bebê*, na comunicação com o bebê, quanto mais a comunicação com ele for satisfatória, menos a mãe se sentirá fracassada, menos se sentirá uma *má mãe* e menos ficará deprimida. Não há juízo de valor das mães nessa abordagem. Mães se sentem impotentes no contato com seu bebê, não sabem se comunicar com ele e, quando isso ocorre, sentem-se incompetentes e ruins. Sentindo-se assim, começam a se deprimir, e quanto mais deprimidas, mais passam ao largo da relação com o bebê.

A psicologia é, desde o início, uma psicologia social, ou seja, a comunicação com o objeto se faz presente desde o início, e sua importância é imediata. Já nas primeiras três horas, nos primeiros três dias, pode-se dizer. Tais reflexões deveriam fazer parte de todas as discussões sobre o autismo. Afirma-se que esta ou aquela criança foi diagnosticada bastante cedo. Sim, mas a criança já tinha pelo menos 7 ou 8 meses. Isso quer dizer, então, que antes de 7 ou 8 meses os bebês não existem? A relação precoce não existe? Os bebês acabaram de nascer? Não estou dizendo que a questão do autismo é simples, apenas que argumentos como esse não se sustentam nem por um segundo. Especialistas que desenvolvem tais argumentos não devem ter nenhum conhecimento a respeito da primeira infância, nem de todos os estudos atinentes a esse mundo.

Os primeiros estudos de Spitz sobre a primeira infância datam de 1949 – já se passaram setenta anos. Seria de esperar que, nos últimos setenta anos, contribuições propostas por pesquisadores sérios pudessem ser levadas em conta.

Passo a Freud em 1922. Ele começou a descobrir que havia um objeto desde o início e uma comunicação com este desde o início, e que não se podia ignorá-lo. Freud concebeu a interiorização do objeto, em 1921, graças ao conceito de *identificação* – conceito central na análise do Eu mediante o qual Freud inseriu na metapsicologia a importância do objeto. Retornarei mais adiante à questão da identificação com suas diferentes formas.

Em 1922, Freud redigiu um breve artigo intitulado *Sobre alguns mecanismos neuróticos no ciúme, na paranoia e na homossexualidade*, no qual narrou uma pequena cena. Ele inicia tecendo considerações gerais sobre a dificuldade do casamento, que se deve ao fato de que o sujeito tem de renunciar a todos ou todas os(as) parceiros(as) que não pode mais possuir. Em seguida, Freud aponta que um consolo para essa frustração pode ser encontrado no *flerte social*. Uma mulher se embelezou para uma noite na qual encontra um homem bonito muito interessado nela e com quem conversa e graceja. Ela fica muito sensibilizada, até mesmo animada, com a presença e o interesse desse homem, mas nada mais acontece entre eles. Seu marido lhe lança um olhar sombrio, mas ela não está fazendo nada de errado, apenas se permite ser cortejada. Ao voltar para casa, enfrenta uma cena de ciúme, o marido reage como se ela tivesse transado com esse homem na frente de todo mundo. Fim da história. O marido trata o desejo – o desejo inconsciente – como um ato.

A reflexão continua em 1923, e reporto-me ao Capítulo 5 de *O Eu e o Id*. Freud se debruçou sobre a melancolia e a neurose obsessiva, a pulsão de morte, a reação terapêutica negativa, entre outros. Às vezes, tentam nos vender uma teoria do Supereu muito positiva, mas, no pensamento de Freud, ela é mais complexa. Ele descreve uma forma de Supereu a qual chama de *severa e cruel*, logo depois de apontar que o Supereu é o herdeiro dos pais. Mais adiante, salienta que os pais sabem somente o que a criança faz, podendo, portanto, puni-la eventualmente apenas pelos atos cometidos. Contudo, a partir do momento em que o Supereu resulta dos pais interiorizados por identificação, ele *conhece* os pensamentos da criança *internamente*. Nesse momento, os pensamentos podem ser tratados como atos, e isso caracteriza o Supereu severo e cruel – cruel porque a criança não tem saída. Em conclusão, nas palavras de Freud, "isso se torna uma pura cultura da pulsão de morte". A referência à melancolia não é por acaso, uma vez que foi "a sombra dos pais que se abateu sobre o Eu" que o sujeito incorporou e que, assim, se inflama contra ele, a ponto de se tornar uma pura cultura da pulsão de morte, bloqueando qualquer saída para o sujeito. Por que uma cultura da pulsão de morte? Mencionei anteriormente o flerte social. Em qual processo ele se baseia? O sujeito realiza um desejo, mas apenas em representação interna, em fantasia, e, em grande parte, inconscientemente. A *solução* é contentar-se com a representação interna, com um *ato interno* – uma saída que permite evitar tanto a frustração excessiva quanto a efetiva passagem ao ato. Trata-se de um tipo de solução que todos nós usamos para satisfazer em representação uma série de desejos ou aspirações irrealizáveis. Por exemplo, não sou um grande sedutor, mas vou ao cinema ver um filme de James Bond; não sou todo-poderoso, mas vou assistir *Capitão América* – eles são super-heróis. No caso das mulheres, é um pouco mais complicado, mas há *Mulher Maravilha*, heroínas românticas, *mulheres fatais*, belas histórias de amor etc. Hoje existem possibilidades, como personagens da Marvel que são mulheres heroínas, seres potencialmente atrativos. Vamos ao teatro, lemos livros, recorremos ao campo cultural no qual a realização de todos os desejos possíveis na e pela representação permite suportar todas as restrições impostas pela vida adulta. Quando bloqueada essa saída, a situação é infernal, como observo, atualmente, com uma de minhas jovens pacientes cujo pai faleceu. Para essa mulher jovem de grande inteligência, a morte do pai foi terrível. No entanto, em sua adolescência, viveu um período de revolta e de raiva em que chegou a pensar que, se o pai desaparecesse, seria muito melhor. Agora que ele está morto, e mesmo durante vários anos antes de sua morte, essa ideia se tornou totalmente impensável. No entanto, tudo o que ela me mostra é como ela é incapaz atualmente de *matar* seu pai em pensamento para iniciar um processo de luto. O pensamento, o pensamento crítico, seria como um ato. Todo o esforço, ao contrário, está voltado para o seguinte pensamento: como ressuscitar o pai?

É complicado ressuscitar um morto. Assim, ela sofre revivescências de cenas que aconteceram com o pai e que ressurgem com grande nitidez. Como minha paciente está presa em um sistema de *tudo ou nada*, a menor crítica ao pai seria uma crítica assassina, um pensamento assassino. Na impossibilidade de crítica à educação recebida e ao sistema relacional em que o sujeito cresceu, cria-se um impasse, pois parte do desenvolvimento do adulto também se apoia na possibilidade de representar que os pais, também, tiveram suas limitações. Eles têm suas qualidades, mas também seus defeitos, e se o sujeito é incapaz de perceber tais defeitos e formulá-los, algo pode bloquear o processo de desenvolvimento e o adolescer.

Vamos adiante na leitura de Freud. Em 1922-1923, Freud voltou à questão da sombra do objeto. Desta vez, contudo, não falou simplesmente da sombra do objeto, e sim da interiorização do objeto com suas particularidades relacionais. São os pais *paranoicos* que se tornam o Supereu severo e cruel. Remontando mais uma vez a 1921, encontramos no complemento à *Psicologia das massas e análise do Eu* uma primeira forma desse processo. Em 1915, quando Freud tentou pensar a problemática da melancolia, o modelo era simples, o ponto de partida sempre era o Eu, o sujeito incorporava o objeto. Quando o objeto é incorporado ao Eu, o ódio ao objeto se volta contra o Eu, uma vez que esse objeto está dentro do Eu. Muitos trabalhos sobre a melancolia, provavelmente a maioria, foram construídos com base nesse único modelo em que o ódio ao objeto está em primeiro plano. Em 1921, no complemento ao artigo, Freud começou a antever outra possibilidade, que merece ser examinada detidamente. Trata-se, dessa vez, do ódio do objeto contra o sujeito que se inflama no Eu quando o objeto é interiorizado. É o que observamos na melancolia, na ameaça de suicídio, no assassinato de si. O assassinato de si advém, então, de *eu mato o objeto dentro de mim* ou de *o objeto me mata em mim*? Eis uma grande diferença quanto à origem do movimento assassino.

Aqui se abre uma nova perspectiva com a ideia do Supereu severo e cruel e a incorporação do objeto – a interiorização do objeto nem sempre é o paraíso. Alguns clínicos defendem a necessidade de interiorização como se esta fosse um grande ganho e como se tudo o que pudéssemos almejar em nosso trabalho clínico fosse que os pacientes desenvolvessem a interiorização. É verdade que existem formas de interiorização, as introjeções, que são totalmente estruturantes, mas nem todas elas são introjeções. A interiorização sob forma de introjeção supõe uma transformação simbolizadora daquilo que o sujeito interioriza, um trabalho de apropriação baseado na simbolização. A incorporação é um fato bruto, que se dá tal qual o objeto foi encontrado, em *identidade de percepção e não em identidade de pensamento*, e o destino não é de modo algum o mesmo.

Assim, por meio desta análise da história do pensamento freudiano, vimos surgir gradativamente o objeto na metapsicologia, os efeitos antinarcísicos ou o narcisismo negativo do objeto, mas dentro do narcisismo. Nas breves notas quase testamentárias redigidas em seu exílio em Londres, à beira da morte, Freud voltou à questão da repetição em termos bem diferentes daqueles que poderia ter usado tradicionalmente para se referir a ela, considerada então como obra da pulsão de morte: repete-se para retornar ao estado anterior, e o estado anterior é o nada. A diferença significativa que ele introduziu (ou evocou com muito mais clareza do que já havia feito antes, porque essa ideia já estava presente silenciosamente) diz respeito ao fato de que aquilo que o sujeito mais repete são as experiências mais precoces. Essa é uma das principais questões vigentes nos atuais debates contra a psicanálise. A ideia de que no homem continuam a existir processos e experiências provenientes da primeira infância é insuportável para muitos críticos da psicanálise.

O que me importa não é saber se isso agrada ou desagrada, mas, sim, saber se é verdadeiro ou não. Freud assume e afirma que as experiências mais repetidas são aquelas mais precoces. Ele explica por quê e, entre parênteses, num estilo abreviado surpreendente, diz: "Explicação: fragilidade da síntese". A nova teoria da repetição assim formulada implicitamente é a seguinte: o sujeito repete aquilo que não integrou (devido à fragilidade da síntese). Não devemos estar muito distantes dos estudos atuais das neurociências sobre a memória. Voltaremos a esse assunto.

Os bebês têm pouca ou nenhuma capacidade de síntese, não são capazes de integrar sozinhos suas experiências. Se o bebê ou a criança pequena tem uma capacidade de síntese insuficiente, esta, portanto, deve lhe ser fornecida, ou pelo menos sustentada *a minima* por seu ambiente primário. Uma das funções do cuidado, das trocas com o entorno maternante primário, de todos aqueles que participam da educação da criança, é auxiliar e sustentar a capacidade de síntese.

Começamos a ver despontar não apenas a questão do objeto tóxico, que libera seu ódio contra o sujeito pela interiorização, mas também aquelas das funções do objeto e do ambiente, as quais são completamente novas e dizem respeito às primeiras representações do ambiente. Novas em relação às que mencionei no capítulo anterior e que são representações essencialmente energéticas. Primeiramente, conforme o modelo do ovo, basta incubar, trazer calor (amor), alimentá-lo para que se desenvolva, cresça etc. Em seguida, de acordo com o modelo do andrógino originário (o mito de Platão), que, secundariamente dividido em dois, buscará reunir as partes separadas. Agora começam a aparecer modelos qualitativos. Em 1914, quando falou da necessidade, Freud não se referiu às necessidades do Eu, mas às pulsões de autoconservação. Ele não escreveu autoconservação *psíquica,* pois o que tinha em mente era decerto, acima de tudo, a autoconservação somática: a alimentação, a higiene, os cuidados puramente corporais do bebê. A ideia da necessidade de cuidar do psiquismo do bebê e de acompanhá-lo, garantindo-lhe certas funções psíquicas e relacionais, levou anos para começar a surgir em Freud.

3. A função do objeto na regulação narcísica

O segundo capítulo foi dedicado a uma reflexão sobre os diferentes modelos freudianos do narcisismo. Com um pensamento evolutivo, Freud não foi o tipo de homem que cria um modelo ao qual se apega em todos os seus aspectos. Ele questionou seu modelo em parte ou em aspectos mais fundamentais, sobretudo sob a pressão da clínica. Em meu percurso pelo processo de seu pensamento, enumerei uma série de problemáticas clínicas relacionadas, em particular, com os paradoxos do narcisismo e sua ligação com paradoxos presentes em quadros clínicos de certas formas de psicopatologia: as exceções, sujeitos que fracassam diante do sucesso e os criminosos por sentimento de culpa. Tentei mostrar que todos esses paradoxos questionam os primeiros modelos postulados por Freud, depois discorri sobre o trabalho de desconstrução que tais modelos impõem e o que há de *narcisista* na teoria do narcisismo. Em termos muito mais sofisticados e eruditos, eu diria que se tratou de desconstruir tudo o que havia de solipsista na teoria do narcisismo, portanto, inclusive a ideia de um sujeito isolado que todos esses modelos implicam e que coloca entre parênteses o contexto histórico, ou o ambiente. É dessa situação que precisamos sair.

Isso começa a mudar em sua obra em 1921, quando Freud argumenta que "a psicologia individual é desde o início psicologia social". A partir do mesmo ano, ele também lança a ideia de que seria necessário realizar uma análise do Eu. E percebemos que Freud começa a trabalhar em tudo o que diz respeito à organização do Eu, ou seja, à organização da própria instância, que supostamente carrega o narcisismo. Disso tratará a segunda parte deste livro.

Entretanto, se é possível dizer, por um lado, que Freud lançou algumas pistas e percorreu alguns trajetos possíveis, não creio, por outro lado, que tenha ido até o fim no que se refere a essas questões. Talvez não tenha ido até o fim porque, de certa forma, não estava totalmente decidido a dar o passo que me proponho a dar agora, aquele que consiste em defender, como diria Winnicott, que *um bebê não existe*. Mas, como faz Winnicott, falta acrescentar: *um bebê não existe sem o ambiente que cuida dele*. O que significa que, para pensarmos o narcisismo de um sujeito, em particular o que Freud chama de narcisismo primário, não podemos isolar o bebê do ambiente em que se desenvolveu e com o qual interage – não se trata de um *ambiente teórico*, mas do ambiente próprio do bebê.

O modelo atual mais pertinente para conceber essa questão – aliás, em grande parte desenvolvido em Lyon pelo professor Jacques Cosnier – é, de longe, a denominada *epigênese interacional*. Esse modelo se desenvolve a partir da ideia de que o período inicial do desenvolvimento humano, e possivelmente além dele, é interacional (intersubjetivo?), e de que qualquer reflexão acerca do desenvolvimento deve incluir as respostas e reações do ambiente no qual o sujeito e seu desenvolvimento se inserem. Eis o essencial do que desenvolverei neste capítulo. Tudo o que vou examinar a seguir visará aprofundar, refinar e explicitar melhor essa proposição.

Veremos, portanto, qual são o lugar e o impacto das respostas e reações do ambiente nos processos de desenvolvimento das primeiras etapas da vida. Tentarei dar alguns exemplos da importância da ideia de que não há como conceber um sujeito independentemente do ambiente no qual vive e viveu. Quanto mais precária a organização psíquica – como é o caso dos bebês, mas também, mais tarde, de sujeitos que padecem de sua organização narcísico-identitária –, quanto mais o sujeito sofre ameaças identitárias, quanto maiores as dificuldades em sua regulação narcísica, mais ele estará exposto a angústias profundas, a angústias primitivas de desintegração, como diz Winnicott, e menos se poderá prescindir de considerar a interação entre o sujeito e suas condições ambientais.

O caso do bebê é exemplar, posto que o entorno é imprescindível à sua sobrevivência. Além dos cuidados corporais de que um bebê precisa, a maneira como são realizados e o modo relacional pelo qual são prestados são fundamentais, até mais do que satisfazer as próprias necessidades corporais. A atenção às necessidades psíquicas envolvidas e interligadas às necessidades corporais é fundamental e tão essencial quanto aquela dedicada às necessidades corporais, e mais ainda, sem dúvida, por transmitir o sentido, o alimento do Eu necessário à vida.

O sentido é determinante desde o início para o sujeito humano e assim será ao longo da vida; o sentido já é transmitido *simbolicamente* no corpo a corpo primitivo, mas também em todas as trocas inter-humanas. Isso é patente em uma série de situações posteriores: morre-se por uma bandeira, a qual não é um objeto necessário à autoconservação, seu valor advém daquilo que ela simboliza. Os camicases também sacrificam suas vidas por um país ou por uma ideia. Por que um sujeito comete suicídio? Alguns têm "tudo para serem felizes" e se suicidam mesmo assim. Em outras palavras, isso não se dá no nível daquilo que o sujeito possui ou não possui, não diz respeito aos objetos materiais, não é da ordem, mais uma vez, da autoconservação biológica, e sim da ordem do sentido vivido, ao nível das necessidades psíquicas essenciais à vida.

Os autores que podem contribuir para a continuidade do trabalho de Freud, que foi o primeiro a dar ênfase à questão do sentido – sentido interno e inconsciente –, são aqueles que se debruçaram sobre todas as problemáticas narcísicas pouco abordadas ou não tratadas por Freud. Isso requer o desenvolvimento de uma metodologia diferente, pois aquela de que Freud dispunha só poderia se apoiar na análise do adulto, com as limitações desta quanto à reconstrução das fases iniciais do desenvolvimento. Freud procedia mediante um trabalho de reconstrução efetuado graças à sua inteligência e às suas qualidades, e assim chegou a certas proposições, apesar das limitações de tal metodologia. É impossível remontar aos primórdios do desenvolvimento com essa metodologia por uma razão que agora conhecemos e que está ligada à própria organização do funcionamento psíquico e cerebral da primeira infância e aos seus limites. Em contrapartida, o trabalho clínico com bebês permite explorar diretamente o que Freud não poderia ter reconstruído. As reconstruções são feitas *a posteriori*, no processo de desenvolvimento. Ocorrem rupturas, modificações, reorganizações que perturbam o trabalho de reconstrução se não tivermos uma representação muito boa das questões em jogo no mundo precoce. Crianças com menos de 2 anos de idade não são capazes de organizar lembranças, seu cérebro não está apto a fazê-lo. Isso não significa que não tenham memória, que não possam registrar engramas de suas experiências; isso quer dizer que não podem organizá-las como lembranças. A memória é apenas processual, ou, como dizem as neurociências, *procedural*. É necessária uma teoria do traço precoce, arcaico, a qual só pode ser modelizada com o auxílio de outra metodologia, com o auxílio de uma clínica direta dos bebês.

Vale ressaltar que, antes da clínica direta dos bebês, aquela da psicose já constituía um primeiro terreno instigante e interessante para essa investigação.

Cabe dizer algumas palavras sobre Lacan e a questão da fase do espelho, com seu impacto na teorização da primeira idade. Recomendo a leitura, em particular, de seu artigo apresentado em 1936 no Congresso de Marienbad, ou melhor, a versão mais acessível reescrita em 1949, porque o original foi perdido. Lacan propõe uma hipótese importante, apesar de cometer pequenos erros temporais: ele situa a fase do espelho aos 9 meses, o que é muito cedo, enquanto os estudos completos de Zazzo sobre o tema indicam entre 18 e 24 meses. O artigo de 1949 sobre a fase do espelho nos dá acesso direto à questão dos processos precoces do narcisismo; ele é essencial e se antecipa a muitos estudos posteriores. Lacan examina a reação de uma criança em frente ao espelho e a importância da descoberta que ela faz ao se reconhecer, o afeto de *assunção jubilatória* que resulta de sua identificação com a própria imagem visual. Esse foi o ponto de partida da concepção do imaginário proposta por Lacan.

Quem se interessa pela questão do reconhecimento da própria imagem pela criança pode se reportar aos estudos de René Zazzo, grande conhecedor dos problemas do duplo e da imagem de si. Em particular em seu livro intitulado *Reflets de miroir et autres doubles*, o autor reúne os resultados de todos os experimentos que realizou para descobrir como bebês e crianças se reconhecem ou não. O que Zazzo mostra nesse livro é certamente relevante para os clínicos. Ao contrário do que se poderia pensar, não existe uma fase do espelho, uma descoberta feita de uma vez por todas, e sim fases do espelho: bebês e crianças pequenas se reconhecem no espelho em determinadas condições e, em outras, não se reconhecem. Para sabermos se um bebê se reconhece ou não, desenhamos um pequeno círculo em sua testa e o colocamos na frente de um espelho; se a criança esfregar a testa, isso significa que se reconhece. Por outro lado, se tocar na mancha no espelho, ou se nada fizer, deduzimos que não reconheceu sua própria imagem. Essa experiência pode ser feita em várias idades da criança. E, assim, descobrimos que os bebês – e aqui, de fato, Lacan tem razão – começam a se reconhecer no espelho em determinado momento durante o segundo semestre do segundo ano de vida – entre o 18º e o 24º mês, mas não se pode dar uma data precisa. O reconhecimento se dá em condições bem determinadas: quando a criança está no colo da mãe e quando aparecem duas imagens no espelho, a sua própria e a da mãe ou a do adulto que a tem no colo. É no vaivém entre os dois rostos e os rostos refletidos no espelho que a criança acaba deduzindo que este reflete a imagem. Em outras circunstâncias, contudo, ela não se reconhece, pois o reconhecimento da própria imagem fora de contexto, como veremos mais adiante, só é verdadeiramente adquirido por volta do 6-5 anos de idade. Logo, é mais complexo do que pensava Lacan.

No que diz respeito à relatividade do reconhecimento de si mesmo ou de suas próprias ações, foi realizado um experimento em Lyon, no Instituto de Ciências Cognitivas, em particular por Marc Jeannerod e Nicolas Georgieff. Tratava-se de tentar trabalhar sobre o reconhecimento da própria ação, portanto, sobre uma forma de reconhecimento de si mesmo como sujeito da ação a partir do visual, em pacientes psicóticos. O experimento consiste no seguinte: veste-se uma luva na mão do sujeito para que ele não reconheça facilmente sua própria mão, para que esta seja *banalizada*, e pede-se que ele faça certos gestos com a mão enluvada. Uma câmera é apontada para a mão e a imagem é transmitida por uma tela de televisão. Sutilmente, a imagem de sua mão é substituída por outra imagem banalizada, a de um experimentador que faz gestos suficientemente diferentes para que uma certa diferença seja perceptível. Em seguida, pergunta-se ao sujeito se a mão que ele vê no espelho é a sua ou a de outra pessoa. Indivíduos considerados *normais* se enganam em 30% dos casos, enquanto pacientes ditos esquizofrênicos se confundem em 60% dos casos. Isso deu origem a uma série de proposições muito interessantes relativas à psicose: a psicose é, antes de mais nada e fundamentalmente, nas palavras de Marc Jeannerod, um problema de agentividade, um erro no reconhecimento de quem é o agente da ação. As alucinações derivariam, pois, de um erro de agentividade.

Convém frisar também, todavia, que, pelo que se pode experimentar ou relembrar de experiências semelhantes, a facilidade com a qual alguém se reconhece no espelho provém do fato de saber o que é um espelho. Em certa época, as lojas que vendiam televisores e diversos aparelhos do gênero acharam atrativo e divertido colocar em suas vitrines uma câmera que filmava as pessoas que passavam. Elas se viam, então, passar na tela de uma das televisões em exibição, mas demoravam muito para se reconhecer. A situação criada é mesmo surpreendente, pois não esperamos ver-nos na televisão – o contexto é diferente daquele do espelho.

Outro exemplo pode ser extraído dos escritos de Freud. No artigo intitulado *O estranho*, Freud descreve uma experiência que lhe aconteceu dentro de um trem. Ele estava se preparando para dormir, colocava uma touca etc. A certa altura, virou-se e disse para si mesmo: "Ah, não estou sozinho neste vagão". Isso o deixou extremamente desapontado, até perceber que havia um espelho que ele não tinha visto e que este refletia sua própria imagem. Não se trata de um bebê de 18-24 meses, ele é um adulto! Ressalto apenas de passagem – discorrer a respeito demandaria muito tempo – que essa falta de agentividade, de reconhecimento do lugar do sujeito na ação, que o impede de saber quem está agindo ou mesmo quem

80   O NARCISISMO E A ANÁLISE DO EU

começou, é um dos grandes problemas de toda a conflitualidade humana. Essa questão está no cerne de muitos conflitos sociais, e até mesmo nas situações cotidianas mais comuns. Quem começou, quem cometeu o primeiro ato? "Se estou fazendo isso, é porque você fez aquilo." "Mas se eu fiz aquilo, foi porque você fez aquilo outro." Ouçam as crianças: "Foi ele que começou". É muito importante saber quem começou, quem foi o primeiro agente. Se foi o outro que começou, é como se eu não fosse o responsável, uma vez que, de certa forma, apenas reagi à ação alheia. Assim, o problema da agentividade que consiste em reconhecer-se ou não como sujeito da ação em sua origem é muito importante em nossa vida relacional.

Feita essa introdução, passemos agora a trabalhos fundamentais que realmente deram contribuições importantes e significativas para todas as concepções atuais concernentes ao que acontece na primeira infância e, portanto, para todas as patologias do narcisismo.

Os trabalhos mais fundamentais, aqueles que realmente vão influenciar as concepções em questão, são anglo-saxônicos. O primeiro autor que quero citar é W. R. Bion, cujo modelo é essencial. Na concepção freudiana, se um sujeito vive uma experiência, necessariamente tem consciência do que está vivendo e, se não tem consciência, é porque recalca ou recusa. Não parece tão simples assim, tampouco são simples as razões para o que Freud chama de recusa. Bion descreve, no que diz respeito à vida do bebê, o que ele chama de *objetos bizarros*, enigmáticos, não assimiláveis e que não podem ser subjetivados dessa forma, os quais denomina elementos beta. De acordo com Bion, o bebê vive muitos de seus estados internos como elementos beta, *objetos bizarros* que não consegue integrar. Integrar supõe um mínimo de inteligibilidade, de domesticação. Por exemplo, se o bebê tem dores abdominais, ele sente a dor sem saber o que está acontecendo, seu único desejo é que essa dor cesse; no entanto, esse estado no qual se encontra está nele. Bion explica que deve haver uma resposta do ambiente maternante para que o bebê possa integrar essa experiência e aceitá-la. Digo ambiente maternante – mesmo que de vez em quando possa dizer a mãe – para evitar que tudo recaia sobre ela. O ambiente maternante inclui todos aqueles que cuidam da criança, que participam de sua educação e que são importantes para ela. Bion ressalta que uma das funções do ambiente maternante seria *desintoxicar* essa sensação desagradável, dolorosa, enigmática, para que o bebê comece a integrá-la.

Mas o que quer dizer desintoxicar um objeto bizarro e como isso ocorre? Bion levanta a hipótese de que uma transformação tem de ocorrer na e pela relação com a mãe, e denominará *função alfa* a função materna que permite realizar essa transformação. De certa forma, as formulações de Bion apresentam dificuldade na medida que são extremamente abstratas: beta e alfa quase não explicitam do que se trata e quais os processos envolvidos. Os bebês vivem de elementos beta, enquanto a mãe produz uma desintoxicação transformando-os em elementos alfa. Como isso ocorre? Bion explica: é a *rêverie* materna que lhe permite fazer essa transformação. Encontramos aqui, contudo, um pequeno problema de tradução, pois *rêverie* não tem exatamente o mesmo significado em inglês e em francês. Se uma mãe começa a sonhar [*rêver*], a devanear quando seu bebê está em profunda agonia, isso não lhe oferece grande coisa. Na realidade, o conceito de *rêverie materna* está provavelmente mais próximo do que poderíamos chamar de *capacidades associativas da mãe*. A mãe estabelece ligações a partir do que percebe de seu bebê e formula algo com base nelas; é esse dar forma [*mise en forme*] que pode desintoxicar o que o bebê está vivenciando. Porém, para todos os clínicos da primeira infância, não podemos nos limitar a êxitos ou dificuldades do ambiente maternante em exercer a função alfa. Outra coisa ainda muito menos observada tem, também, importância considerável na psicopatologia.

Não é simplesmente porque a função alfa está ausente, por exemplo, em pais abusivos, paradoxais etc., que surgem os problemas. Há também comportamentos que são da ordem da intoxicação. Gianna Williams propôs nomear *função ômega* a função inversa da função alfa, logo, a função de intoxicação.

Cumpre também mencionar uma importante contribuição de Bion no que diz respeito à teoria do pensamento e à psicose. Antes de Bion, o modelo vigente era o das pressões pulsionais que ultrapassam os limites do sujeito, portanto, uma teorização da psicose centrada exclusivamente na pulsão, nos transbordamentos pulsionais e nas defesas mobilizadas para conter o transbordamento. Bion apresentou a nova ideia de que o problema da psicose não é a pulsão; as pulsões dos pacientes psicóticos não são diferentes das pulsões de outros sujeitos, o que é diferente é o aparelho para pensar, para metabolizar as pulsões. Ele elaborou uma teoria do pensamento que foi muito bem resumida, em francês, em um livro de Green e Donnet intitulado *L'enfant de ça*. O sujeito pensa com representações que são preconcepções psíquicas – na tradição kleiniana da qual Bion provém, o conceito de representação quase não tem lugar. O pensamento não é simplesmente uma representação psíquica, é uma representação psíquica reflexiva, isto é, que contém um indício de ser uma representação psíquica: "penso algo e penso que penso", "represento algo para mim mesmo e represento para mim mesmo que represento". Isso é o que chamo de simbolização. A simbolização é uma representação psíquica que *sabe* que é representação psíquica, o que quer dizer que a simbolização comporta um elemento em sua estrutura que indica que ela é apenas uma representação, e isso é a reflexividade. Faço essa observação para mostrar que trabalho numa perspectiva diferente da de Bion, mesmo que as problemáticas sejam muito próximas da sua.

Depois de ter mostrado esses pontos concernentes a Bion, eu gostaria de abordar, agora, algumas concepções de Winnicott, outro autor determinante para conceber os processos da primeira infância e, com estes, a mudança de metodologia em relação aos bebês. Winnicott realizou 70 mil consultas da primeira infância, foi pediatra e trabalhou diretamente com bebês, o que lhe deu uma experiência colossal. Ele não trabalhou a partir de uma prática de reconstrução *a posteriori* do mundo do bebê, como fazem aqueles que se baseiam em tratamentos do adulto, mesmo psicótico; sua experiência clínica com bebês foi direta. Trata-se de um psicanalista que também foi pediatra, lidou com o estado de ânimo do bebê, com seus estados afetivos, com a relação mãe-bebê e até mesmo família-bebê. O bebê sobre o qual Winnicott refletia não era um bebê teórico, abstrato, reconstruído, era um bebê que estava presente e com o qual trabalhava para cuidar dele.

Por exemplo, no artigo *A observação de bebês em uma situação estabelecida* (1945), Winnicott apresenta dois casos: uma menina asmática e outra que apresenta crises epilépticas. Ele descreve o tratamento de uma delas, realizado em três sessões de vinte minutos. Três sessões de vinte minutos para um bebê que está num estado de desorganização extrema! Descobrimos algo novo na leitura dos trabalhos de Winnicott. O que ele mostrou de absolutamente fundamental foi o fato de que não há como pensar o que acontece com o bebê e o que virá a ser do que aconteceu sem levar em conta as respostas do ambiente aos seus movimentos e ímpetos. Nesse quesito, ele se aproxima de Bion. Foi revolucionário na época – e talvez ainda hoje o seja para todos os clínicos – tentar compreender o que acontece com um paciente quando são integrados dados do ambiente em que viveu, particularmente aqueles da primeira infância. O que acontece no sujeito foi criado dentro de relações, e não se pode compreender seu funcionamento psíquico negligenciando tais relações. É verdade, porém, que certos sujeitos conseguem

84 O NARCISISMO E A ANÁLISE DO EU

desenvolver organizações psíquicas que lhes permitem libertar-se parcialmente do mundo relacional em que cresceram e das particularidades das interações que os constituíram. Apenas em parte. Observamos, às vezes, em consultórios particulares, mas também na clínica institucional, que é muito pequena a probabilidade de encontrarmos sujeitos que tenham conquistado uma organização psíquica suficientemente individualizada para que possamos determinar relativamente o que vivenciaram em sua história. Sujeitos antissociais, crianças com grande dificuldade, adultos com problemas psicossomáticos, psicóticos, *borderlines* etc., cujo sentimento de identidade é precário e que sofrem com isso, têm um funcionamento, de certa forma, sempre enredado com certas experiências subjetivas precoces ainda ativas. Estas estão ligadas ao modo como suas necessidades foram atendidas, aos seus movimentos pulsionais e aos seus desejos no início do desenvolvimento.

Winnicott fornece mais dois conceitos essenciais, também revolucionários, para a compreensão dos processos psíquicos. No final de sua vida, Freud abordou o assunto em *Construções em análise* ao levantar a questão do delírio. Até então, ele havia pensado que a percepção e a alucinação eram opostas. Em *Construções em análise*, ele refletiu e descobriu que os dois processos não são incompatíveis, que certas alucinações *se disfarçam* na percepção. Freud deduziu disso uma outra modalidade de trabalho com a psicose: deve-se fundamentar o trabalho analítico com a psicose no fato de reconhecer o *núcleo de verdade histórica* presente na alucinação e no delírio e analisar o disfarce que as alucinações, decorrentes da história do sujeito, encontram no presente perceptivo. Trata-se de um enunciado inovador que mereceria longos comentários.

É essa hipótese, aplicada ao mundo do bebê, que Winnicott propõe com aquela dos processos em *encontrado/criado*. Os bebês sentem uma necessidade – por exemplo, a fome – que ativa o traço de uma satisfação anterior, de acordo com o modelo de *identidade de percepção* (Freud), o que produz uma alucinação. Isso é muito próximo do que diz Freud, mas o que ele não havia pensado diz respeito ao que acontece no ambiente, de forma coincidente, em resposta a esse processo. Um bebê alucina, mas quando sua mãe traz o seio ou um equivalente, no momento em que o bebê é capaz de aluciná-lo de forma coincidente, ocorre a sobreposição de sua alucinação e da percepção do objeto percebido, transformando a alucinação em ilusão de autossatisfação. A ilusão se refere ao fato de que o bebê experimenta que é o seu próprio processo que cria a satisfação. Winnicott propõe uma formulação um tanto paradoxal para descrever esse processo: ele o chama de *objeto criado/ encontrado*. Ele propõe, assim, um modelo essencial: a função do ambiente maternante.

Basta irmos a uma maternidade e observarmos as jovens mães primíparas para constatarmos quão difícil é para elas, às vezes, entrar em contato com seu bebê. Algumas não conseguem, fracassam ou lhes falta destreza, outras, pelo contrário, aprendem rapidamente como fazê-lo. É claro que as mães que se ajustam ao bebê não dizem para si mesmas: "ele está alucinando, eu tenho que lhe dar o seio", mas sentem que está na hora, que precisam se apresentar de uma maneira que funcione para o bebê, e que lhes cabe fazer um trabalho de ajuste. Esse ajuste nem sempre é fácil, às vezes demora, e algumas mães, insuficientemente conectadas com o que sentem, não conseguem ou fazem mal.

Winnicott chamou o estado interno necessário para que a mãe se ajuste bem às necessidades do bebê de *preocupação materna primária*, que é o resultado das múltiplas transformações que ocorreram durante a gravidez e que preparam a mãe para o estado interno particular de que necessita, para que desenvolva a sensibilidade necessária. Identificaram-se recentemente

86   O NARCISISMO E A ANÁLISE DO EU

alguns sinais das mudanças neurofisiológicas que ocorrem na mãe durante a gravidez. Como mostrado no capítulo anterior, no início da vida fetal, os fetos sonham durante cerca de 90% do tempo. É essa atividade intensa que permite ao cérebro se desenvolver. A mãe, por sua vez, no início da gravidez, sonha durante cerca de 25% do tempo de sono. É grande a diferença entre os dois. À medida que a gravidez avança, o número e a duração das fases paradoxais da mãe aumentam e as do bebê diminuem. Pouco antes do nascimento, ambos alcançam 40% e estão sincronizados.

Temos, aqui, um exemplo do modo como a biologia prepara a mãe por meio de uma série de modificações internas de seu funcionamento biológico. Contudo, o sonho não diz respeito somente à biologia, tem impacto também na subjetividade, nas representações. Após o parto, e contanto que haja tempo suficiente para a amamentação no seio e possibilidades para a mãe cuidar de seu bebê, essa sincronização continua.

Observação: tais considerações suscitam questões de ordem social. Por quanto tempo as mães devem poder cuidar de forma exclusiva ou prevalente de seu bebê? Quanto tempo de licença-maternidade lhes deve ser concedido? Três meses são suficientes, ou seria melhor seis meses ou um ano?

Não há instinto materno, esse não é o conceito adequado, o que há são modificações fisiológicas e neurofisiológicas na mãe que a tornam potencialmente apta a conectar-se com seu bebê, ao que chamei de *empatia materna primária*, e essa capacidade de entrar em empatia com seu bebê é um efeito da *preocupação materna primária*. Como empatia é um termo empregado atualmente, podemos fazer essa pequena modificação na formulação de Winnicott.

Um exemplo pode mostrar como funciona essa empatia. Estamos na casa de amigos que têm um bebê de 2 meses e meio ou

3 meses, todo mundo está conversando na sala, o bebê dorme no quarto e, de repente, a mãe, que está em alerta, ouve um ruído vindo do quarto, que ninguém ouviu. As mães têm uma conexão muito peculiar durante todo o período da chamada *preocupação materna primári*a, e aquelas que estão suficientemente conectadas consigo mesmas passam por esse processo sem perceber.

Quando estão conectadas com elas mesmas, algo nelas está sempre ligado ao bebê, informando sobre o que está acontecendo com ele, como se estivessem em estado de hipnose com ele, conforme a hipótese apresentada no século XIX. O pai se vira potencialmente bem com o bebê, apesar de algumas peculiaridades. Por exemplo, ele "lança o bebê para o alto", algo que a mãe não costuma fazer – a maioria dos bebês adora. Na Suécia, é possível escolher um ano de licença para a mãe ou para o pai. Há casais em que o pai ganha menos que a mãe, e é ela que volta a trabalhar enquanto ele cuida do bebê durante um ano. Os pais se saem bem na maternagem, mas, quando chega o que Spitz chama de *angústia do oitavo mês* – momento na vida do bebê em que, de repente, angustia-se diante de estranhos –, a capacidade do pai de acalmá-lo é menor, mesmo sendo geralmente capaz de lidar com as angústias do bebê. Embora a mãe trabalhe e o pai esteja mais presente, é ela quem pode realmente aliviar a angústia da criança. Esse é, sem dúvida, um sinal de que existem programações biológicas, talvez relacionadas às experiências do feto durante a gravidez, que determinam o limite da maternagem paterna.

Volto a Winnicott. Ele não se contenta em descrever o *criado/ encontrado* e a primeira apropriação subjetiva – que ainda não é completamente subjetiva, a subjetividade da criança não está totalmente construída, como descreverei mais adiante –, mas essas são as premissas do processo de apropriação. Ele levanta, também, outra questão, a do processo de diferenciação. Em que momento o

88 O NARCISISMO E A ANÁLISE DO EU

bebê começa a descobrir que não é ele quem cria o seio e rompe a ilusão de autossatisfação de suas necessidades? E como ocorre essa descoberta?

Essa questão da diferenciação é muito antiga, já presente em Freud em sua hipótese de uma forma de prova de realidade ligada à frustração da necessidade ou do desejo, a qual desencadearia afetos negativos. A formulação de Freud é bem conhecida: *o objeto nasce no ódio*. Muitos clínicos deixaram por isso mesmo e acreditam que a frustração é a chave para a descoberta da realidade e da alteridade.

Lembro-me de quando eu trabalhava no hospital-dia Minguettes, do hospital Saint-Jean de Dieu, alguns pacientes deliravam que seu pai não havia morrido; os cuidadores os levavam, então, ao túmulo do pai para uma *prova de realidade*: "Seu pai está ali, ele está morto, você pode ver que é o túmulo dele". Eu observei, à época, que isso não mudava muito a convicção delirante.

Na verdade, não é exatamente assim que funciona a prova de realidade, e, nesse ponto, Winnicott trouxe algo fundamental e essencial: não é do ódio nem no ódio que o objeto surge e é descoberto em sua alteridade, e sim devido ao fato de *sobreviver* ao ódio e à raiva destrutiva. Winnicott propõe um modelo para representar aquilo que acontece, segundo ele. Vou descrever suscintamente.

À medida que o bebê cresce, a mãe vai saindo aos poucos do estado de preocupação materna primária. Observação: na realidade, ela sai um pouco desse estado o tempo todo, porque os bebês cansam, são tiranos, exigem tempo integral; em determinados momentos, torna-se intolerável estar sob o primado desse tirano que ela adora; às vezes é um pouco difícil, principalmente quando ela está com sono e tem que acordar no meio da noite para a mamada porque ele está chorando. O pai assume um pouco, eventualmente, mas sempre há pequenas falhas. O processo é cada vez menos criado/encontrado, e cada vez mais criado/(quase) encontrado. É por isso que Winnicott diz *uma mãe suficientemente boa*, o que significa suficientemente adaptada, suficientemente disponível, suficientemente sensível, suficientemente empática. Não é o ideal, felizmente, porque se assim fosse, produziria efeitos catastróficos, o mundo se tornaria *mágico*, o bebê correria o risco de ficar preso à megalomania. Mas, nesse contexto, após certo tempo, o *suficientemente* materno falha.

Tomo um exemplo. É primavera. O bebê está com 6, 7 ou 8 meses, a mãe começou a perder peso e não pode satisfazer plenamente sua libido apenas cuidando do filho. Ela chama sua mãe para vir cuidar dele enquanto vai às compras. Ela quer comprar um belo vestido para valorizar sua feminilidade, sua cintura já se afinou, suas curvas estão voltando a ser harmoniosas e atraentes etc. Sua libido sexual está voltando a se manifestar, em um mundo que tem sido povoado principalmente por preocupações maternas e familiares. As compras se estendem, ela não vê o tempo passar e se atrasa muito em relação ao horário combinado com sua mãe. Chega em casa ofegante. Sua mãe parece nervosa, diz que o bebê não para de chorar e que não sabe como acalmá-lo, como fazia normalmente. É um drama. A avó a repreende, mais ou menos explicitamente, por ter demorado muito para voltar. A mãe enfrenta, então, as *recriminações do bebê* que chora e não se acalma, assim como as recriminações implícitas de sua própria mãe, o que desencadeia certo sentimento de culpa. A forma como administrará esse sentimento de culpa será decisiva para o modo de se reconectar com o bebê.

Se o sentimento de culpa for muito grande, pode provocar uma forma de revolta contra o fato de que faz seis meses que a mãe está a serviço do bebê, dia e noite, e que, pela primeira vez, tira uma tarde para comprar um vestido e o filho lhe faz uma cena:

é um verdadeiro tirano! Uma mulher jovem a quem sua mãe diz "mas o que você fez, por que está voltando para casa tão tarde?" lembra, de maneira mais ou menos consciente, da época de sua adolescência, em que era repreendida por voltar para casa tarde demais. A cena desperta na mãe uma série de traços de uma época em que teve que se desvencilhar da *tirania* dos próprios pais para conquistar sua individualidade de jovem mulher. E agora o bebê entra em conluio com a avó e a repreende por seu atraso, como era repreendida na infância e na adolescência. Tudo isso, evidentemente, é em grande parte inconsciente.

O exemplo permite analisar como se reúnem os diferentes componentes da situação, as diferentes dificuldades com que a mãe deve lidar. Três possibilidades estão à sua disposição e vão organizar sua vivência da situação e a forma como poderá lidar com isso.

A primeira possibilidade é sentir o bebê como um verdadeiro tirano e retaliar sua tirania, como levá-lo para os fundos do apartamento e fechar a porta para não o ouvir mais chorar. Caricatura extrema? Não é apenas caricatura, é um movimento interno que, às vezes, é atuado.

A segunda possibilidade é um intenso sentimento de culpa por parte da mãe, provocando um retraimento afetivo e relacional. Ela se afasta psíquica e fisicamente, não aguenta mais, desiste, abandona internamente o bebê. Ou, em reação contrária, desenvolve uma espécie de supercompensação pelo que aconteceu, tentando absolutamente abolir a experiência que o bebê acabou de viver, convencê-lo de que tudo voltará a ser como antes e que isso nunca mais vai acontecer. Em ambos os casos, o bebê não se encontra, fica surpreso, não reencontra o clima relacional habitual no qual a mãe geralmente não se sente tão culpada. Ele sente os movimentos de culpa da mãe, não como tal, é claro, mas sente algo diferente no mundo, o que lhe dá a impressão de ter destruído, danificado o mundo anterior.

Num terceiro tipo de resposta de retaliação, a mãe começa a gritar mais alto que o bebê. Basta ir a um grande supermercado, numa tarde de sábado, ficar ao lado dos caixas e observar por uma ou duas horas o que acontece. Podemos perceber diferentes reações, choros, gritos com bebês ou crianças pequenas, pacotes de balas ou doces, astuciosamente colocados ao lado dos caixas, que transmitem mensagens paradoxais: "não, porque o açúcar não é bom". Depois de alguns minutos de choro: "aqui, pegue seu pacote de balas e cale a boca". A criança precisa ser calada a qualquer preço, pois o choro mobiliza o sentimento de culpa, principalmente sob o olhar de estranhos, sob a ameaça para a mãe de ser considerada má.

Todos esses comportamentos são naturais, frequentes, até mesmo *normais*. O problema surge quando um deles é excessivo, quando não se mesclam ou não entram em conflito entre si. A reação mais adequada, do ponto de vista do desenvolvimento do bebê ou da criança, ocorre quando o sentimento de culpa não é muito intenso. A mãe consegue, então, inventar um meio criativo de se reconectar com seu bebê, ela *sobrevive*, como diz Winnicott, à destrutividade manifestada pelo bebê. Portanto, não pode haver retaliação em excesso, tampouco retraimento ou abandono em excesso, é preciso, acima de tudo, uma resposta criativa. A mãe precisa encontrar um meio de buscar o contato, de reconectar-se com o bebê.

Por que é necessário ir buscar o bebê? Quando um bebê está furioso, quando experimenta uma raiva tão destrutiva por ter a impressão de não conseguir encontrar a satisfação esperada, quando está sofrendo, a ilusão na qual habitava é destruída e causa um sentimento de impotência e o extremo desamparo que acompanha essas experiências, provocando uma ira devastadora. Bebês em fúria não sentem mais nada, tão intensa é a raiva que não lhes

92 O NARCISISMO E A ANÁLISE DO EU

permite mais perceber que o apaziguamento esperado está novamente presente e disponível. Daí a necessidade de restabelecer o contato com o bebê, para que ele também restabeleça o contato consigo mesmo e com quem ali está.

O que Winnicott descobre e formula é que se a mãe *sobreviver*, isto é, se seu comportamento não for de excessivo abandono, se ela administrar suficientemente bem seu sentimento de culpa, e até mesmo sua raiva, será capaz de se reconectar com o bebê de forma criativa. Algo extraordinário acontece então: o bebê começa a descobrir que, quando antes sentia que era ele quem havia criado o seio, *criado/encontrado* o seio, agora descobre que, na verdade, esse *seio* é provido pela mãe e vem de fora. O bebê descobre a *função sujeito* – de certa forma, o ator, o sujeito, o agente provedor da satisfação não é ele, e sim a mãe. Essa descoberta da existência de sujeitos no mundo, fazendo o bebê sair do mundo da realização alucinatória, de um mundo primitivo *sem sujeito nem objeto*, é essencial e fundamental. O mundo não é assim organizado, existem atores e as coisas não acontecem por si mesmas, por mágica. Isso é muito doloroso para o bebê, que descobre, ao mesmo tempo, ser dependente da mãe, desse sujeito, e que precisa inventar um modo de agir sobre ela, de diminuir essa dependência. Ele terá de desenvolver cada vez mais um sistema de comunicação, de pressão e de sedução para mostrar à mãe aquilo de que precisa, para que ela o reconheça e para que ele obtenha o que busca.

Winnicott efetuou, assim, o que Jean-Luc Donnet chamou de *ruptura epistemológica invisível*: os conceitos que os psicanalistas continuam a usar e o método psicanalítico que rege a prática são aparentemente os mesmos, mas, na verdade, algo mudou profundamente na teoria, no sentido da teoria, no sentido da função da destrutividade e de vários outros conceitos.

Com Winnicott, as questões centrais passam a ser: criar, ser sujeito, habitar o próprio ser e o próprio corpo. Trata-se de uma abertura para outra clínica que já não é mais aquela dos estados neuróticos para os quais todos modelos do pensamento psicanalítico foram criados.

Aconselho fortemente a leitura de uma analista americana contemporânea (ou quase) de Winnicott que se chama Selma Fraiberg. Ela escreveu um livro, *Ghosts in the nursery*, e vários artigos muito importantes que foram publicados em uma revista suíça especializada em primeira infância, *Devenir*. Um de seus artigos versa sobre as primeiras formas de psicopatologias e os mecanismos psicopatológicos na primeira infância.

Selma Fraiberg destacou-se, inicialmente, com um protocolo de atendimento para bebês cegos que foi uma revolução nos Estados Unidos na abordagem da cegueira. Bebês cegos, logo, deficientes no nível perceptivo, apresentavam com frequência um desenvolvimento simbólico deletério entendido como diretamente ligado à sua deficiência. Pensava-se que, por causa desta, esses bebês simbolizavam mal, desenvolviam-se mal, tudo era atribuído à deficiência. Selma Fraiberg mostrou que isso era falso, que a deficiência não é a causa direta das dificuldades da criança e que estas estão relacionadas aos efeitos daquela no sistema de comunicação entre mãe e filho. Não é a deficiência que desorganiza, e sim o efeito da deficiência no sistema primário de comunicação e a agonia das mães diante de um bebê cego. O dispositivo desenvolvido por Selma Fraiberg, que, aliás, ainda está em vigor nos Estados Unidos, destina-se às mães de bebês cegos para que possam restaurar a possibilidade de comunicação com seu bebê. Seus trabalhos serviram de apoio para a tese de Marie-Thérèse Morat, que trabalhou com bebês surdos e exatamente com o mesmo tipo de problema. Bebês surdos, déficit de simbolização, o princípio parecia simples:

como a criança não tem acesso à linguagem verbal, seu modo de simbolização é desorganizado; não era necessário ir mais longe. Para a tese, fomos além e começamos a comparar com bebês surdos cujas mães também eram surdas. Bebês surdos-mães surdas *versus* bebês surdos-mães ouvintes. Percebemos que a desorganização era muito maior quando as mães ouviam. Por quê? As mães ouvintes não sabem como se conectar com o bebê, o que gera nelas afetos depressivos consideráveis, aos quais o bebê reage. Construímos, então, sistemas para ensiná-las a entrar em contato com seus bebês, baseando-nos em um modelo de comunicação compatível com a surdez do bebê.

Considero que esta é, verdadeiramente, a via régia para todos os cuidados relativos à primeira infância: auxiliar e acompanhar os pais para uma compreensão melhor e mais adequada do que se passa com essas crianças. Grande parte dos maus-tratos infligidos às crianças está relacionada ao fato de que lhes são transferidos entraves ligados à história da mãe, ou dos pais, que os impedem de compreender a criança. Essas últimas reflexões nos levam ao título do livro de Selma Fraiberg mencionado anteriormente.

O modelo desenvolvido nesse livro pode ser ilustrado pelo conto *A bela adormecida*. Um lindo bebê acabou de nascer e todo mundo se reúne ao redor do berço, todas as fadas se aproximam para abençoá-lo ou presenteá-lo, mas uma fada que não foi convidada, uma fada má, entra na fila e lança um feitiço mortal: "Ela picará o dedo no fuso de uma roca e morrerá". Felizmente, essa não foi a última fada a intervir e uma outra, apesar de não poder anular por completo o feitiço da fada má, consegue atenuá-lo. Ela diz: "A princesa não morrerá, mas terá de dormir por cem anos, até que um príncipe encantado venha despertá-la".

É a narrativa que se constrói quando toda a família está reunida ao redor do berço. "Ela (ele) tem os olhos da mãe", "ela (ele) tem a boca do pai", "ele já tem o caráter do avô" etc. Esses são os fantasmas que pairam e, às vezes, se abatem sobre o berço. Não são apenas fantasmas, também estão relacionados ao pai, ao avô, com tudo o que os pais desejam ou temem, sendo testemunhas de investimentos positivos ou negativos. Os bebês são o lugar de transferência de toda uma história que, às vezes, é negativa ou tem efeitos negativos. Selma Fraiberg trabalhou essa questão de forma magnífica em seu livro. Ela descreveu situações clínicas, formas da psicopatologia nascente ricas em ensinamentos. Trabalhou com o *lumpemproletariado* no Michigan, com mães muito jovens em situações de precariedade extrema, cujos bebês estão em muito mau estado e precisam de ajuda. É impossível conseguir fazer qualquer coisa com os modelos tradicionais da fase oral, da fase anal. Interpretações descritivas de tipo manifesto como "este bebê é voraz, ataca sua mãe" passam completamente ao largo do que é essencial e mutativo. Selma Fraiberg desenvolveu uma pesquisa extraordinária. Inicialmente, a equipe de pesquisa não entendia nada. À medida que fazia visitas a domicílio, cada dia, por uma hora, ela via situações de urgência. Ainda não compreendia nada sobre o que deixava os bebês tão mal. Decidiu, então, filmar, passando e repassando os filmes até compreender por que não compreendia. O que acontecia entre mães e bebês era tão insuportável para os clínicos que eles não queriam ver, não conseguiam ver. Quando concordaram em ver, perceberam que essas jovens mães viviam em extrema agonia afetiva, muito desorganizadas, apartadas de seus afetos e sem condições de sentir os afetos de seus bebês. A partir dessa experiência, Fraiberg escreveu um artigo cuja leitura aconselho, intitulado *Quelques mécanismes de défenses pathologiques au cours de la première enfance* (revista *Devenir*), traduzido para o francês em 1993.

Quero, por fim, mencionar outro autor, T. G. R. Bower, pesquisador em psicologia do desenvolvimento. Seus trabalhos, também, abalam as teorias dominantes à época relativas à manifestação de

96 O NARCISSISMO E A ANÁLISE DO EU

angústia em crianças pequenas em situações de separação da mãe. De acordo com a hipótese dominante, as angústias de separação do bebê podiam ser explicadas pelo fato de a mãe ser a *caregiver*, a provedora de cuidados, ele estando, portanto, sob sua completa dependência – quando ela se ausenta, ele se angustia. Essa é a principal hipótese diretamente relacionada com a teoria das pulsões e da satisfação das necessidades pulsionais. Bower trabalhou em situações em que duas crianças criadas na mesma família, sem serem gêmeas, com alguns meses de diferença, passam o tempo todo juntas. Ele descobriu que, nessa conjuntura, quando uma das duas crianças está ausente, a outra sente exatamente a mesma angústia de quando a mãe não está presente. No entanto, essa outra criança não é um *caregiver*, não é provedora de cuidado, não prepara o alimento, é simplesmente um parceiro do brincar e da comunicação. Descobre-se, assim, que não é enquanto *caregiver* que a mãe falta e que sua ausência se torna angustiante, e sim como parceira privilegiada de comunicação para as crianças que ainda não falam, na medida em que se estabeleceu entre elas um sistema específico de troca e de comunicação, que a criança não encontra quando a mãe está ausente. E Bower vai mais longe ao assinalar que, assim que a criança começa a ter à sua disposição uma linguagem verbal que não é mais simplesmente a linguagem idiossincrática da família nuclear e dos primeiros contatos, ela começa a falar, a usar palavras, tornando-se, portanto, capaz de se comunicar com estranhos, o que resulta numa redução considerável da angústia.

O autor formula, então, uma nova hipótese segundo a qual, além da importância das mães como *caregiver*, há um dado igualmente fundamental, talvez até mais, mesmo na relação com a mãe, que é a comunicação precoce. Para todos nós, é fundamental e essencial poder compartilhar nossos estados internos e afetos, comunicá-los e tê-los reconhecidos.

Todos esses trabalhos mudam tanto a situação quanto a teoria. Em trabalhos anteriores, o que contava era a pulsão, o modo de satisfazê-la. Daí adveio uma série de teorizações baseadas na quantidade pulsional, em seu transbordamento; grandes quantidades devem ser contidas, premissa sobre a qual muitos modelos foram construídos. A imensa dificuldade encontrada pelos clínicos confrontados com patologias do narcisismo tem uma razão muito simples: essas teorias são aproximativas e muito redutoras. O que eu proponho ao insistir na comunicação precoce é muito diferente. O ser humano, desde o nascimento, tem a necessidade fundamental e essencial de compartilhamento e de troca, de ser reconhecido e ouvido, de poder transmitir seus estados internos. Essa *necessidade fundamental do Eu* mostra que seres humanos em sofrimento são aqueles que não a tiveram suprida de alguma maneira. De certo, essa necessidade também passa por todas as necessidades de autoconservação. Ainda que supridas, o essencial não é tanto a autoconservação em si, mas as mensagens que a sua satisfação transmite ao bebê, mensagens que são sobre ele mesmo e sobre o investimento qualitativo de que ele é objeto.

Isso muda consideravelmente nossa abordagem de todas as situações de cuidado e a orientação do trabalho analítico. Se encontramos sujeitos em grande precariedade, em profundo estado de desamparo, não se pode simplesmente dizer: "fale-me de seu profundo desamparo"; isso não será eficaz, nem mesmo suportável para muitos, pois a comunicação não fora estabelecida de forma suficientemente segura. O ponto determinante, portanto, é a condição prévia para estabelecer a comunicação com eles.

Axel Honneth, sociólogo e antropólogo alemão, escreveu dois livros, cuja leitura eu recomendo. Ele estuda os grandes movimentos sociais, os elementos ocultos em jogo nas grandes greves, interessando-se em compreender por que as pessoas se revoltam ou

98 O NARCISISMO E A ANÁLISE DO EU

por que não se revoltam. Seu primeiro livro intitula-se *Luta por reconhecimento*: *a gramática moral dos conflitos sociais*, no qual desenvolve a hipótese de que, por meio de todas as manifestações, greves, mas também mediante discursos sindicais e reivindicações salariais etc., tenta-se formular uma questão fundamental: a luta por reconhecimento. Se aplicarmos essa hipótese a tudo o que foi dito durante as manifestações dos últimos meses, na França, pelos manifestantes, os coletes amarelos e outros, percebemos que ela lança muita luz sobre o que está em jogo nas reivindicações profundas que assim se manifestaram.

O segundo livro de Axel Honneth, que tem por título *A sociedade do desprezo*, é complementar ao primeiro, certamente porque uma das formas de não reconhecimento é o desprezo. Existe atualmente uma série de análises que convergem para mostrar que uma das necessidades fundamentais do ser humano é o reconhecimento; ser considerado e não ser desprezado é uma das chaves da comunicação humana. A comunicação humana tem seus parâmetros: reconhecimento, compartilhamento, comunicação. Será a partir desse novo paradigma, que diz respeito à consideração das características da comunicação humana, que muitas novas questões surgirão. Por exemplo, como compartilhamos e como foram compartilhados os primeiros estados afetivos? Como saber exatamente como funciona a função alfa de Bion? Para que a função alfa funcione, a mãe deve compartilhar pelo menos parte do afeto do bebê, mas se ela estiver tão angustiada quanto ele, isso não vai ajudá-lo. Assim, não só deve compartilhar, mas também identificar o estado interno do bebê e restituir-lhe uma representação disso, uma forma. Porém essa reflexão deve ser feita de tal modo que o bebê se sinta um sujeito a quem algo é devolvido, que ele se sinta um sujeito considerado importante.

Por meio de todos esses exemplos e dessas aparentes digressões, procuro transmitir a ideia de que encontramos nas patologias do narcisismo – em geral, patologias identitárias, aquelas que ameaçam o sentimento de identidade do sujeito, logo, todas as patologias narcísico-identitárias – déficits significativos nesse primeiro sistema de comunicação que se reproduz ao longo dos anos. Algo começou a descarrilhar na relação primária com o ambiente maternante, por uma série de razões possíveis – não se trata de buscar culpados, mas de compreender os processos, e até mesmo suas falhas. As manifestações sintomatológicas das patologias narcísico-identitárias – os traços deixados por esses primeiros traumas, pelas primeiras experiências daquilo que os sujeitos não conseguiram integrar afetivamente, seus objetos bizarros, suas potencialidades não advindas – aguardam por serem reconhecidas e ter seus efeitos mesurados.

É claro que isso não se faz por um passe de mágica, tampouco é um trabalho fácil poder analisar seus efeitos nas formas tardias encontradas posteriormente, para que se possa reconstruir o que constituiu esses primeiros traços, mas é nessa direção que o trabalho assim delineado deve seguir fundamentalmente.

4. Do narcisismo à subjetividade

Neste capítulo, pretendo continuar minha reflexão acerca do que torna as patologias do narcisismo inteligíveis. Como ocorre esse processo na regulação do narcisismo quando ele acontece suficientemente bem? De que modo isso ocorre? Como pensar o paradigma que descontrói o solipsismo e a maneira narcísica de conceber o narcisismo? O que leva à questão da subjetividade?

No capítulo anterior, comecei a introduzir os primeiros trabalhos, aqueles dos pioneiros, que levaram em consideração o papel do objeto na organização do narcisismo. Isso já pode ser considerado um primeiro passo bastante importante para não mais pensarmos o narcisismo de forma narcísica, ou seja, unicamente na relação do sujeito consigo mesmo. Não se pode pensar o narcisismo do sujeito em si mesmo sem incluir o papel do ambiente maternante, que designamos, de modo mais geral, como o papel do objeto, dos objetos, dos outros-sujeitos.

A função alfa da mãe, em Bion, não é a *rêverie*, no sentido da palavra em francês, é mais uma atividade muito próxima dos processos primários e dos processos de simbolização primária que

102 O NARCISISMO E A ANÁLISE DO EU

estão no centro da organização do sonho. Trata-se de uma atividade criativa que permite à mãe desintoxicar, domesticar, transformar as vivências bizarras da criança, os *elementos beta*, que são elementos enigmáticos e estranhos, para transformá-los em uma forma que possa ser integrada pelo bebê. Tentando sintetizar ao extremo, pode-se dizer que reside aqui, essencialmente, uma das principais contribuições de Bion. Este propôs um modelo geral a partir de sua própria experiência de trabalho com pacientes psicóticos, diferentemente de Winnicott, que teve uma experiência clínica direta com bebês graças com a qual pôde complementar o modelo de Bion, dando *corpo* ao modelo mais abstrato do último.

Winnicott introduziu a importância da comunicação na relação precoce entre o bebê e sua mãe ou seu ambiente maternante, o que foi um tanto revolucionário em termos de pensamento psicanalítico e que permaneceu mais implícito em Bion. Essa importância concedida à comunicação está associada, em Winnicott, à ideia de que o modo de presença da mãe deve levar em conta o que ele denomina *necessidades do Eu*. A revolução atual na abordagem do mundo dos bebês supõe essa vetorização da comunicação pela questão das necessidades do Eu.

Penso nos estudos de Jean Decety, um lionês que trabalha atualmente em Seattle, nos Estados Unidos, e naquilo que este evidenciou em seus trabalhos, por exemplo, a hipótese de que observamos sinais de comunicação e de troca entre a mãe e o bebê com três horas de vida. A problemática da comunicação já se faz ali presente. Além dessa comunicação precoce, já referida, ali presente desde o início, surge um segundo elemento novo: essa comunicação primitiva é pensada em Winnicott como uma comunicação primeiramente corporal: o *holding*, o *handling*, o *object-presenting* devem ser considerados como mensagens maternas transmitidas pelo corpo. Elementos beta, elementos alfa, função alfa etc., todas essas fórmulas são abstratas, são estados internos, mas pouco determinados. Em Winnicott, a comunicação toma corpo e permite acessar o concreto e o corporal da interação precoce entre mãe e bebê. O que acaba por abrir, diga-se de passagem, vias de acesso às clínicas em que a comunicação corporal se torna importante, até mesmo essencial: a clínica da criança, a da criminalidade ou das condutas antissociais e, por exemplo, o acompanhamento de pacientes terminais. Suas proposições abrem um campo clínico absolutamente extraordinário, pois podemos começar a considerar a existência de uma clínica das trocas que passam pelo corpo, pelo ato, pela motricidade, pelo sensorial – e pode-se dizer até mesmo que não existe uma troca verbal que não seja acompanhada de uma troca corporal. A própria voz é corpo: seu tom, ritmo, timbre, toda a sua prosódia etc. Toda a voz é corporal, transmite mensagens corporais. Em todas as nossas práticas clínicas, o corpo se faz presente e é *comunicador*: com as crianças, com os sujeitos que possuem deficiências corporais, com aqueles que sofrem de graves desorganizações referentes à identidade, com aqueles que chamamos de *psicóticos*, mas também, sem dúvida, mesmo que o seja de forma menos nítida, em patologias consideradas *neuróticas*. Em todos os nossos encontros clínicos, uma comunicação corporal absolutamente inevitável e fundamental está envolvida.

Alguns clínicos consideraram que o corpo era desprovido de simbolização e linguagem e que, portanto, não poderíamos trabalhar acerca daquilo que ele manifestava – ele era, assim, desqualificado. Esse não é o caso do nosso centro de pesquisa e da nossa experiência clínica. O ser humano é um ser de linguagem, e a linguagem humana não pode ser resumida somente à linguagem verbal, pois isso seria, na verdade, empobrecê-la consideravelmente, privá-la de sua essência corporal.

O NARCISISMO E A ANÁLISE DO EU

Winnicott explica melhor essa dimensão, descrevendo, particularmente, como o rosto da mãe, sua postura, o seu modo de presença, toda sua expressividade corporal, transmitem mensagens ao *infans*, mensagens que são emitidas ou recebidas como reflexos especulares dos estados internos do bebê. Essas mensagens permitem à criança identificar seus estados internos a partir da imagem refletida pelo seu ambiente. Winnicott descreve um ambiente-espelho, um ambiente que reflete algo no bebê ou, ainda, que é inevitavelmente tratado por ele como um espelho. A problemática narcísica encontra o espelho em sua origem, mas este não é mais o espelho mineral, abstrato, inumano. É um espelho humano que se colocou no centro da questão da organização precoce do narcisismo, é a função espelho humano do ambiente primordial. Selma Fraiberg, que citarei novamente mais adiante, mostra que esse ambiente não é simplesmente humano: ele é, sobretudo e fundamentalmente, afetivo. E os afetos estão no centro da comunicação primitiva e constituem verdadeiramente o cerne das respostas que o ambiente maternante fornece aos bebês.

Baseando-se numa intuição que Freud evoca implicitamente no fim de sua vida, em *Construções em análise*, Winnicott formula a hipótese de que há, no bebê, uma alucinação e uma percepção simultâneas. O bebê alucina o seio ou um equivalente. O milagre ocorre quando o seio se apresenta no mesmo momento em que ocorre a alucinação. O bebê vivencia, então, uma experiência na qual simultaneamente alucina o seio, portanto o *cria*, e encontra aquilo que alucina.

Quando afirmei, anteriormente, que a comunicação passa ao centro, tinha em mente os trabalhos de Fraiberg, que permitem sair, de certa forma, do *em si* por demais simples. Seria simples demais pensarmos que, se não vemos nada, não simbolizamos, ou que não fabricaríamos boas representações de coisas porque estas seriam apenas visuais, ou boas representações de palavras porque boas seriam apenas as auditivas. Permanecer no *em si* seria simples demais, o que explicaria os fracassos da simbolização.

A segunda contribuição de Fraiberg que quero mencionar se refere ao seu trabalho sobre a desorganização da regulação afetiva de jovens mães, que está associada às conjunturas traumáticas as quais vivenciaram em suas histórias. Isso implica a desorganização afetiva dos bebês e, dependendo do tipo de desorganização afetiva, determina o quadro clínico específico de cada um.

Quando trabalhamos com psicopatologias de adultos, não sabemos o que aconteceu com o bebê que eles foram, e é difícil remontar àquilo que ocorreu com o bebê a partir do funcionamento do adulto. Quando partimos do bebê, podemos remontar o tempo para tentar compreender como, pouco a pouco, o adulto se constituiu; dispomos de dados históricos suficientes para tanto, mas é muito mais difícil trilhar o caminho inverso. Contudo, se temos um bom conhecimento acerca do mundo dos bebês, conhecimentos *diretos*, autênticos, comprovados, nossa expectativa de reconstruir uma parte dos dados precoces a partir dos dados atuais é consideravelmente maior. Hoje, podemos assumir essa tarefa muito mais facilmente graças ao nosso saber referente à primeira infância, que é muito mais sólido do que aquele de que dispunham os pioneiros da clínica. É, também, graças à evolução dos paradigmas teóricos que esses conhecimentos implicam que poderemos relativizar consideravelmente proposições importantes sobre as reorganizações *après-coup* em função dos *avant-coup* destas.

A mudança decisiva de paradigma que desconstrói o solipsismo e a maneira narcisista de pensar o narcisismo – maneira em que apenas o sujeito interessa – é o *modelo da epigênese interacional*. De acordo com esse modelo, não é possível pensar o processo do desenvolvimento e da construção do sujeito humano independentemente de

106 O NARCISISMO E A ANÁLISE DO EU

sua relação com o ambiente. Eu acrescentaria, ainda, dando um passo adiante, que não seria possível pensar sequer um sujeito, seja ele adolescente ou adulto, independentemente de suas condições ambientais passadas e atuais. A interação entre nosso sentimento identitário e o que ocorre em nosso ambiente é absolutamente essencial para compreendê-lo.

Faço aqui uma observação referente aos trabalhos de Axel Honneth, contidos em duas obras essenciais. A primeira se intitula *A luta por reconhecimento*, na qual o autor demonstra que não se pode compreender os debates, as guerras, as greves atuais se não levarmos em consideração que uma de suas questões fundamentais é a do reconhecimento. A segunda obra também tem um título que é uma tese por si só: *A sociedade do desprezo*. Nesta, o autor evidencia o lado catastrófico, nos sistemas sociais e relacionais, da generalização das reações de desprezo para com o outro. Axel Honneth seguiu os passos de Habermas, o pai da Escola de Frankfurt, e é winnicottiano. Quando sociólogos e antropólogos passam a ser winnicottianos, essa circunstância resulta em propostas muito interessantes, as *necessidades do Eu* encontram, enfim, espaço em seu raciocínio.

Assim, a epigênese interacional tornou-se o novo paradigma essencial – poderíamos quase chamá-la de *epigênese intersubjetiva*. Pois não é simplesmente na *inter-ação*, em uma ação sobre o outro, mas, talvez, em uma interrogação de um sujeito em relação a outro sujeito que algo essencial se cumpre. Qual é a intenção do outro sujeito? Somente sujeitos têm intenções. Talvez a questão de compreender qual é a intenção do outro, sua intenção consciente e/ou inconsciente, leve à criação de um conceito que poderia ser o da interintencionalidade.

Muitos modelos, inspirados, sobretudo, nos trabalhos de Margaret Mahler, mas também em toda uma parcela dos trabalhos psicanalíticos clássicos, levavam a pensar que o problema central era a separação. Mas todos aqueles que trabalham na clínica perinatal, em maternidades, por exemplo, sabem muito bem que o primeiro e principal problema das mães não é a separação, mas, sim, encontrar-se com seus bebês. Talvez não haja somente a separação e a diferenciação nas problemáticas precoces, talvez haja também um problema basilar anterior, dialeticamente a elas, que é o do encontro com o outro, com o bebê, outro-sujeito em germe que só se tornará *sujeito* se esse primeiro encontro apresentar determinadas características. Toda uma parcela dos problemas que são geralmente tratados em relação à questão da separação pode ser consideravelmente esclarecida se começarmos a indagar como os sujeitos se encontraram, antes de indagarmos como se separam. Quanto melhor a qualidade do encontro, mais fácil é a separação; quanto pior a qualidade do encontro, maior a tendência de colagem ao outro. Quando vemos bebês colados às suas mães, é melhor não pensar que possuem uma relação *fusional* com elas. Esse modelo é equivocado, não se trata de fusão, bem pelo contrário. Os bebês se colam às suas mães porque o sistema de comunicação que se estabeleceu entre os dois não foi concatenado de forma suficientemente boa, restando-lhes apenas a possibilidade de se colarem ao objeto para não caírem em desamparo extremo. Separar-se, diferenciar-se, certo! Mas antes é preciso encontrar-se e, talvez, compreender que, quando o encontro ocorre suficientemente bem, a diferenciação e a separação também são bem-sucedidas.

Uma terceira problemática foi completamente desconsiderada na história da clínica até recentemente. Os *a priori* do pensamento tanto de Freud quanto de Melanie Klein são de que um bebê é um todo, sendo, portanto, sempre o mesmo, sendo *um* desde o início. Entretanto, todos aqueles que se interessam por bebês sabem que um bebê não é sempre o mesmo, que seu estado de humor pode variar consideravelmente em lapsos de tempo muito

108　O NARCISISMO E A ANÁLISE DO EU

curtos. Podemos citar a escola húngara, particularmente a escola Pikler-Lóczy (Emmi Pikler é o nome da pediatra, e a instituição de acolhimento se chama Lóczy). Myriam David, psicanalista e pediatra francesa, escreveu um livro, com a coautoria de Geneviève Appell, que se intitula *Le maternage insolite* e apresenta os trabalhos de Emmi Pikler e de Lóczy. Nesse livro, Myriam David afirma que o bebê é, na verdade, uma *nebulosa subjetiva*. Um psicanalista argentino, J. Bleger, em seu livro *Simbiose e ambiguidade*, já havia apresentado tal intuição, ressaltando que as primeiras formas da subjetividade do bebê são compostas de *núcleos aglutinados*, ou seja, fragmentos de experiências colados e não integrados uns aos outros.

O que quer dizer *nebulosa subjetiva*? Que os bebês não têm uma organização temporalmente estável. Por exemplo, um bebê se encontra em estado de falta, grita, está furioso; poucos instantes depois da chegada da mãe ou depois de satisfeito, ele já está rindo, não sendo mais o mesmo bebê. Passar de um estado a outro com grande facilidade é uma das características de todas as crianças pequenas. Tentemos fazer essa experiência com uma criança de 4 ou 5 anos e perceberemos que não é mais assim, fazendo-se necessário todo um tempo até que a criança possa voltar a si e restabelecer o contato, pois deve realizar, para tanto, todo um trabalho psíquico. Com o bebê, não há necessidade desse trabalho psíquico, pois ele vive em estados sucessivos, sem articulações uns com os outros – exceto, veremos mais tarde, quando a raiva vem carregada de uma vivência de destrutividade intensa diante da qual a mãe deve se mostrar criativa para restabelecer o contato.

Essa particularidade tem motivado várias discussões, controvérsias e debates entre psicanalistas da primeira infância e pesquisadores em psicologia do desenvolvimento. Lembro-me de discussões que tive com Philippe Rochat acerca dessas questões. Esse sofisticado pesquisador em psicologia do desenvolvimento formula hipóteses muito interessantes sobre a primeira infância, mas que contradizem, às vezes, as assertivas dos clínicos. Em discussões que tivemos, foram surgindo, aos poucos, as razões das divergências. Em seus experimentos com bebês, estes não podem estar com fome, nem sujos, nem furiosos, e precisam estar acordados. Nessas condições, obtêm-se descrições dos desempenhos das capacidades dos bebês que são muito diferentes das proposições dos clínicos que não trabalham com os bebês nas mesmas condições. Furiosos, aos prantos, desorganizados, angustiados, os bebês são e não são os mesmos. Isso não quer dizer que os primeiros estejam certos e os segundos, errados. O problema maior reside no fato de que o bebê não é sempre o mesmo.

Dito isso, surge um outro problema: como o bebê reúne seus diferentes estados? Como passa da *nebulosa subjetiva* a um estado mais unificado? Quais são as experiências que vão permitir unir todos os estados do Eu? Trata-se de uma questão central do processo de integração subjetiva que implica outras questões primitivas ou até mesmo mais tardias. Por exemplo, o que chamamos de fragmentação nas problemáticas psicóticas seria uma unidade que se rompeu em pequenos pedaços? Ou seria algo que jamais foi unificado? Uma unidade frágil, pois mal (ou nunca) construída, ou uma unidade adquirida que se desintegra?

Winnicott aborda esse problema salientando que a desintegração não é semelhante à não integração. Em toda uma parcela das patologias atuais com as quais se deparam, os clínicos puderam observar o que chamaram de *personalidades em arquipélago*, em *ilhas*. Nas problemáticas limítrofes, puderam descrever estados de não integração subjetiva, e não estados de desintegração, como podemos encontrá-los, por exemplo, em certas problemáticas psicóticas.

Eis que se fazem presentes novas problemáticas da regulação narcísica que acrescem às problemáticas clássicas (diferenciar-se, separar-se): encontrar-se, integrar-se. Como o problema se apresenta e assentado em quais bases? Veremos que há novidade aqui também. Até recentemente, quando tentávamos levantar o problema do desenvolvimento precoce, tínhamos como implícito que o tempo zero era aquele do bebê já nascido. Isso passou a ser um tanto questionado quando começamos a trabalhar a partir de ecografias e a investigar como era antes do nascimento. Descobrimos, então, que o feto já tinha uma vida complexa, que já vivenciava experiências diversas, o que nos fez rever o peso e a integração dessas experiências em nossos modelos. Por exemplo, pudemos observar gêmeos que brigavam dentro do ventre materno, descobrimos que bebês expulsavam com grandes socos as bolhas de sangue (ou pareciam brincar com elas). A partir do momento em que começamos a estudar a via intrauterina, percebemos que não poderíamos mais ignorá-la e que era preciso começar a refletir sobre o bebê não somente a partir de seu nascimento, mas considerando também sua história precedente. Essa história anterior possui particularidades que talvez sejam importantes para compreendermos o que um bebê espera quando vem ao mundo, o que ele busca encontrar ou reencontrar, quais perguntas ele dirige, digamos assim, ao seu ambiente humano. Este ambiente humano é semelhante ou muito diferente daquele que ele conheceu *in utero*? Como se pode estabelecer uma continuidade entre os dois mundos? Como evitar o *trauma do nascimento*?

Esse problema se fará presente, de maneira significativa, nos primeiros encontros com seu ambiente pós-natal. Se tentarmos descrever as características do ambiente maternante intrauterino, podemos levantar uma série de particularidades interessantes. Quando o corpo humano da mãe funciona suficientemente bem, todas as necessidades do bebê são imediatamente satisfeitas, sem qualquer esforço, de modo natural e biológico; elas são satisfeitas em conjunto e em unidade (através do cordão umbilical), ou seja, sem necessidade de um papai, uma mamãe, uma babá etc., tudo está presente no mesmo todo.

A primeira ilusão, a de um mundo comandado pela lógica do tudo (*tudo, tudo instantaneamente, tudo por si só, tudo em um, tudo junto, tudo até o fim* etc.), nasce, sem dúvida, desde esse primeiro momento. Quando um bebê sai desse mundo, quando chega ao mundo pós-natal, logo após o nascimento, ele é confrontado com o fato de que o mundo não pode mais funcionar exatamente daquela maneira.

Para compreendermos esse problema, precisamos voltar a Winnicott, que cunhou um conceito absolutamente essencial, o da *preocupação materna primária*, a respeito da qual não está longe de dizer que é uma espécie de *doença normal* da mãe. Há uma antiga hipótese, encontrada desde o século XIX, por exemplo, na obra do general Noizet em 1856, de que as mães estão sob a *hipnose* dos bebês. Noizet observa que as características existentes nas relações da mãe com o seu bebê são iguais àquelas encontradas nas relações do hipnotizador com o hipnotizado. A mãe, como o hipnotizado, está completamente *presa* ao bebê; do mesmo modo que o hipnotizado está sujeito às ordens do hipnotizador quando a hipnose é bem-sucedida, as mães o estão às ordens do bebê quando a relação é boa.

Como explicar esse estado particular das mães, esse estado de *preocupação materna primária*? É provável que ele esteja associado a um conjunto de transformações da organização psíquica da mãe durante a gravidez. Como já referi nos capítulos anteriores: um feto apresenta 90% de fase paradoxal no início da gestação, ele *sonha*, portanto, durante 90% do seu tempo. Isso permite que o cérebro se desenvolva, multiplique suas conexões etc. Conforme o feto cresce e até pouco antes do nascimento, ele passa 40% de seu tempo em fases paradoxais. A mãe sonha, quando não está grávida, durante 25% de seu tempo de sono. Durante a gravidez, conforme

112   O NARCISISMO E A ANÁLISE DO EU

se aproxima a data de nascimento do bebê, a porcentagem chega a 40%: o bebê está em 40%, a mãe passa a 40%, e os dois passam por fases paradoxais sincronizadas. Não existe instinto materno, em contrapartida, ocorrem processos fisiológicos extraordinariamente complexos em mulheres grávidas que as preparam para se tornarem o ambiente relacional maternante que deve suceder ao ambiente biológico do corpo da mãe.

Vamos, agora, considerar que nosso bebê nasceu, que ele vive, e tentar compreender o que acontece ali. Em se tratando das experiências anteriores do bebê, Winnicott se engana ao supor que há uma *primeira refeição teórica* somente após o nascimento – a primeira refeição do bebê, a primeira mamada. O problema é que já existiram, antes mesmo do nascimento, aumento de tensão, necessidades, mas o ambiente no qual o bebê estava imerso lhe fornecia tudo aquilo de que necessitava. Ele dispõe, assim, de traços de experiências de satisfação nele inscritos muito antes de seu nascimento.

Portanto, após o nascimento, em caso de aumento de tensão, o traço que o bebê vai alucinar finca suas raízes nas experiências fetais e obedece à *lógica do tudo* vivenciada pelo feto. Assim, enfrentando o aumento da fome, esse bebê espera que suas necessidades sejam satisfeitas *todas, tudo instantaneamente, todas por si sós, tudo junto, todas em uma,* seguindo a lógica do tudo. Agora relacional e não mais biológico, o ambiente maternante é, portanto, confrontado à expectativa; a mãe terá de se *conectar* às necessidades do bebê para tentar atenuar, o máximo possível, o efeito potencialmente traumático do nascimento à vida pós-natal e relacional. As modificações biológicas da mãe, a *preocupação materna primária* descrita por Winnicott, deverão ajudá-la nessa adaptação *sob medida* às expectativas do bebê.

Entretanto, os bebês também ajudam as mães, enviando mensagens referentes às suas necessidades e estados internos. Por exemplo, o choro não é simplesmente um choro de *descarga*, como se pensou e muito frequentemente ainda se pensa. Os choros são mensagens, indicadores das necessidades do bebê. Um bebê não chora da mesma maneira quando está com fome, quando está sujo, quando sente dor, quando se sente muito sozinho e precisa de comunicação. A teorização comum de que *o choro é uma descarga* é muito redutora: muito mais do que uma descarga, trata-se de um apelo que contém uma mensagem. Uma mãe suficientemente conectada em sua relação com o bebê identifica, de maneira mais ou menos consciente, a necessidade do filho a partir da natureza de seu choro ou gritos. Ela ajusta sua resposta ao que identificou da necessidade da criança. Em contrapartida, se a mãe não confia suficientemente naquilo que potencialmente sente, se ela se desorganiza em suas capacidades de empatia, seja por qual motivo for – existem diversos motivos para tanto –, sua resposta não se ajusta à necessidade e o *criado/encontrado* fracassa em maior ou menor medida.

Uma observação: essa questão suscita um grande problema com implicações sociais. Como as mães são acompanhadas em uma sociedade como a nossa, como lhes é dada a possibilidade de adquirir o modo de funcionamento e o estado afetivo adequados para o ajuste às necessidades dos bebês? Por exemplo, os três meses de licença-maternidade concedidos são suficientes? Por vezes, acredito que na França *não gostamos muito dos bebês: três meses não são suficientes. Outra prova de que não gostamos muito* dos bebês é a proposta de um selo para as maternidades: *Maternidades amigas dos bebês.* Haveria maternidades que não seriam amigas dos bebês? Adquirir esse selo é tarefa difícil, pois deve-se cumprir um determinado número de pré-requisitos. Isso coloca o grande problema de todas as maternidades que não são *amigas dos bebês.*

114 O NARCISISMO E A ANÁLISE DO EU

Nos países nórdicos, porém, é diferente. Nesses países, a licença-maternidade dura um ano. Não estou convencido de que três meses seriam suficientes – aliás, não há como não constatar que um grande número de mães se sente de coração partido ao retomar o trabalho após somente três meses. Esse sentimento se deve ao fato de que as mães pressentem que isso não é aceitável, que é impossível para os bebês. Os bebês são plásticos, adaptam-se relativamente bem, mas não sem que traços e efeitos sejam deixados em seu desenvolvimento.

A *preocupação materna primária* dota a mãe de uma forma de empatia específica, a *empatia materna*, que a auxilia em sua capacidade de se manter conectada ao bebê e de responder da maneira mais ajustada possível. Digo a mais ajustada possível, pois não existe resposta perfeita – felizmente, dado que o bebê precisa começar a se habituar ao fato de que o mundo relacional não obedece à *lógica do tudo*. Nem tudo é instantaneamente, por si só, junto; por vezes é quase tudo não instantaneamente, não tudo por si só, não tudo junto, e essa adaptação pode levar um certo tempo para se estabelecer. No entanto, durante todo o período de adaptação, o tempo e o modo de resposta materna não devem exceder as capacidades do bebê de suportá-lo. Decerto, não há como ser diferente, os bebês precisam começar a se adaptar ao mundo pós-natal, que não é mais o mundo fetal, mas sua verdadeira integração mais ou menos bem-sucedida, sem consequências para o resto do desenvolvimento, depende do *timing* dessa passagem e das condições relacionais.

Assim, uma vez esse modelo estabelecido, o *seio é alucinado*, e a mãe o apresenta de tal maneira que a alucinação e a percepção do *seio* se sobrepõem suficientemente. Na tradição da clínica psicanalítica, *escrever o seio* é um atalho. Ele simboliza a resposta materna à necessidade do bebê, mas é verdade que seria necessário sair do modelo do *seio* para passar a um modelo mais apropriado, aquele dos dados da comunicação primitiva do *corpo a corpo.*

Examinaremos mais detidamente como ocorre a experiência do *criado/encontrado*. Novamente, nossos modelos atuais são um pouco mais complexos que o modelo apresentado inicialmente. O modelo de Freud de 1905 é o modelo do apoio: o bebê mama, desenvolve a experiência de satisfação, da autoconservação, e, a partir dessa satisfação, desenvolvem-se o autoerotismo, a sexualidade infantil etc. Na verdade, isso já é um pouco mais complexo em Freud. Podemos fazer uma leitura mais atenta do texto freudiano de 1905. Cito de memória: *a sexualidade infantil não tem objeto, ela é autoerótica e se apoia sobre uma atividade necessária à autoconservação.* Porém, alguns parágrafos antes, lemos outra proposição que também cito de memória: *quem vê um bebê satisfeito se afastar do seio e cair no sono, com as faces coradas e um sorriso beatífico, há de dizer a si mesmo que é o protótipo da satisfação sexual em épocas posteriores da vida.* Ali, há um objeto, a mãe, que não é absolutamente autoerótico, é o *protótipo da satisfação sexual,* o que vai muito além, também, da autoconservação. É, portanto, contraditório: Freud faz, primeiro, uma observação de pai, de homem, e, em seguida, o teórico assume o comando e precisa do autoerotismo sem objeto. Ele deixa de lado o objeto e tenta pensar o sujeito sozinho consigo mesmo.

Quando Freud se coloca como observador, quando ele não é o teórico da psicanálise, mas o homem Freud que vê seu bebê, o que acontece? Vemos um pai pensando que seu bebê acaba de "fazer amor" com sua mulher, e isso é insuportável. Ele efetua uma espécie de sobreposição entre a sexualidade infantil e a sexualidade adulta, uma confusão. Essa confusão continuará a ameaçar, a assombrar toda a teorização psicanalítica. O teórico vai proteger o bebê de uma eventual represália contra essa teoria incestuosa da

116 O NARCISISMO E A ANÁLISE DO EU

vivência do bebê no seio. Mais tarde, Laplanche tentou trabalhar a questão dessa confusão, sustentando a hipótese de um bebê confrontado por um *significante enigmático* em sua relação com o seio, como efeito da distância entre a sexualidade infantil e a sexualidade adulta presente na mãe em sua relação com o seio.

Essas últimas considerações requerem um breve comentário. Laplanche propõe considerar que o modelo do Édipo não é universal e que apenas aquilo que ele denomina a *situação antropológica fundamental*, ou seja, o bebê no seio, é universal. Em *Édipo africano*, o casal Ortigues mostra, por exemplo, que, na África, o Édipo não é estruturado da mesma maneira que em nossos países e que se refere menos ao pai do que ao tio. Em outras palavras, a questão é saber se, de fato, podemos fazer de Édipo um complexo universal. E, ainda, se o pensamos, como concebê-lo?

Na história edipiana de Freud, é a criança que começa: ela quer matar seu pai e deitar com sua mãe ou ela quer matar sua mãe e deitar com seu pai. Contudo, na peça de Sófocles, na qual Freud se inspira, o quadro não é o mesmo. Primeiramente, o pobre pequeno Édipo é desde o início afastado de sua família e condenado à morte. De mãos e pés atados, os pés perfurados – razão pela qual se chama Édipo, pé inchado –, ele é imobilizado, apassivado. Seu destino é ser devorado por animais ferozes. Esse é o problema que Édipo enfrenta em sua origem. E a história começa na geração anterior. Laio, seu pai, cometeu algo muito grave: acolhido pela família de Pélope, ele seduziu e violou o adolescente Crísipo, o filho da família, que se suicidou logo após o estupro. Tirésias, o oráculo, prevê que, se Laio tiver filhos, "ele ou o filho, um dos dois matará o outro". Numa noite de embriaguez, Laio engravida Jocasta, sua esposa. Ao se lembrar do oráculo, decide que o bebê deve ser abandonado no Monte Citerão para morrer. Logo ao nascer, o pequeno Édipo, que nada pediu, já sofre as consequências do comportamento de seu progenitor e do oráculo que deste resultou. Ele é salvo da morte no Monte Citerão e acolhido por um pastor que o leva a Corinto, cujo rei, Políbio, que não tem filhos, o acolhe e educa. Quando Édipo já é um adolescente, o mesmo pastor, completamente embriagado, declara: "Tu matarás teu pai". Édipo ama seu pai, aquele que o educou, Políbio. Ele parte para o exílio para não matar esse pai. No caminho, encontra Laio, seu verdadeiro progenitor, um desconhecido, que impede sua passagem. Édipo o mata para poder continuar seu caminho. Édipo é apanhado pelo destino do qual não pode fugir. Mesmo fazendo todo o possível para tentar fugir da força do destino, quanto mais tenta fugir, mais o destino se aproxima.

Assim, já no mito original de Édipo, o de Sófocles, o modelo proposto é extraordinariamente complexo, incluindo o impacto dos diversos efeitos da história da geração anterior. Trata-se de um modelo universal? Certamente não dessa forma.

Laplanche propõe considerar que a primeira relação com o seio é a situação da qual estamos certos que nenhum bebê no mundo pode escapar, porque dela depende sua própria sobrevivência; ele a denomina *situação antropológica fundamental*. Todavia, para Laplanche, o bebê no seio é confrontado desde o início por uma situação enigmática associada ao lugar que o seio e a amamentação ocupam, para a mãe, em sua economia de mulher adulta sexuada.

Proponho, agora, irmos além desses primeiros marcos referenciais que mencionei para tentarmos compreender melhor e de maneira menos redutora o que acontece quando um bebê está no seio. O modelo que proponho é muito mais complexo e tenta integrar os diferentes elementos da *situação antropológica fundamental*, indo bem além daquilo que Laplanche propôs.

Vou analisar e descrever somente cinco aspectos, para me ater ao essencial. Eles nos darão uma ideia da complexidade da

118   O NARCISISMO E A ANÁLISE DO EU

situação antropológica fundamental com a qual somos confrontados, do ponto de vista clínico e do ponto de vista da teorização, do que ocorre na subjetividade ou na vivência do bebê e com a qual ele terá de se desenvolver.

Comecemos por aquilo que ativa a *situação antropológica fundamental*. O bebê sofre um aumento de tensão provocado pela fome. Ele precisa de uma redução da tensão de autoconservação, mediante a satisfação do que Freud chamou de *pulsões de autoconservação*. Para isso, primeiro, basta que o bebê seja suficientemente alimentado. Um de meus pacientes me contou que, durante mais de um mês, quando era bebê, sua mãe não o alimentou suficientemente, e ele chorava sem parar. Isso durou até o momento em que um médico foi consultado e afirmou simplesmente que o bebê tinha fome. Sua mãe passou a alimentá-lo suficientemente e, da noite para o dia, o problema desapareceu – ao menos este, pois havia ali muitos outros.

Se o bebê estiver suficientemente alimentado, a pulsão de autoconservação será suprida de maneira satisfatória, desde que, evidentemente, ele não sofra de grandes problemas na boca, como fissura labial, fenda labiopalatal, entre outros, ou seja, desde que o sistema bucal funcione bem. Essa satisfação gera, teoricamente, um prazer de autoconservação.

Contudo, a boca é uma zona erógena, todos sabemos, pois faz parte dos traços da sexualidade infantil na sexualidade adulta: o beijo, o sexo oral, a felação etc. O segundo aspecto em potencial da situação é o da satisfação autoerótica, mas, repito, desde que tudo corra bem. Por que reforço isso? Porque, por vezes, na clínica real dos bebês, não funciona assim, a zona bucal não é uma zona erógena, devido a malformações ou problemas somáticos diversos.

Em seguida, é relativamente ao terceiro aspecto do terreno que tento descrever que tudo começa a se complicar. Até agora, ativemo-nos à posição de Freud que se limita a descrever a autoconservação e nela assenta o autoerotismo. Contudo, como mostra a clínica da primeira infância, isso não é suficiente para explicar por que bebês vomitam, sofrem de anorexia ou de qualquer outro problema alimentar precoce. Na verdade, não basta um alívio da tensão de autoconservação para que haja uma experiência de satisfação. Não é a estimulação de uma zona erógena que garantirá uma experiência de satisfação. Algo mais é necessário. Precisamos direcionar nosso olhar para os olhos do bebê e para a forma como a mãe o carrega no colo: há a mãe, seu rosto, seu afeto, sua experiência e os sinais que ela assim comunica. O que vivencia a mãe enquanto o bebê está no seio?

Dada a complexidade da questão, vou simplificar. Se a mãe sente prazer o suficiente – não em demasia, mas suficiente – o bebê percebe no rosto e em todo o modo de presença dela esse prazer e até mesmo o orgulho que ela sente. O rosto e o modo de presença corporal da mãe funcionam como um espelho cujo reflexo permite ao bebê sentir seu próprio prazer. Por outro lado, se, por exemplo, a mãe se aborrece, adormece, ausenta-se psiquicamente, se ela está longe, o prazer potencialmente presente na satisfação da autoconservação e o componente autoerótico não são alcançados e são dificilmente vivenciados pelo bebê. Se, ao contrário, a mãe possui mamilos hipersensíveis, orgásticos, o bebê se encontra diante de uma impressão bizarra, enigmática, na qual não pode reconhecer a forma de seu prazer. Não se trata de um caso excepcional, e várias mães descrevem orgasmos durante a amamentação. Não é surpreendente por uma razão muito simples: o seio que amamenta o bebê é o mesmo do erotismo feminino, e, afinal, um mamilo é um mamilo que, quando estimulado, pode produzir sensações eróticas potencialmente orgásticas. Censuras atuam na mãe

120 O NARCISISMO E A ANÁLISE DO EU

para moderar esse efeito, e uma delas está relacionada àquela que Michel Fain chamou de *A censura da amante*, que esboça a sombra de seu amante, a sombra do pai. Quando digo amante, refiro-me ao amante sexual, aquele com quem ela mantém trocas eróticas. Há, inevitavelmente, na experiência da mãe, o traço do fato de que seu seio ocupa um lugar em sua sexualidade adulta, pois a relação que ela mantém com seu peito carrega o traço das modificações que sua adolescência introduziu em sua relação com seu corpo de mulher.

Contudo, o bebê, que não possui um equivalente do orgasmo (uma especificidade que surge na adolescência) em suas experiências, percebe em sua mãe o afeto de prazer, afeto semelhante àquele que ele pode potencialmente sentir. E, ao mesmo tempo, o prazer de sua mãe, inevitavelmente, contém algo para o qual o bebê não possui correspondente em sua vivência, o que introduz um elemento enigmático. Se não for excessivamente intenso, esse elemento aumenta a curiosidade da criança; se, por outro lado, ocupar muito espaço, torna-se potencialmente desorganizador.

A travessia da adolescência é organizada por aquilo que, em suas modificações corporais, gera uma *potencialidade orgástica*.

Proponho refletirmos sobre uma cena da vida familiar que ilustra essa questão. Todo mundo está à mesa, e, na hora da sobremesa, há bananas. Crianças de 5 ou 6 anos compreendem imediatamente o que a banana simboliza e riem enquanto comem. Olham para a mãe e, depois, para o pai; a mãe descasca a banana olhando para o marido. Nesse contexto, com o riso das crianças e o sentido que todo mundo compreende, podemos imaginar qual sentido isso pode ter para a mãe. Nossa relação com o alimento e com o prazer do alimento é inevitavelmente permeada por conteúdos inconscientes. Se não o fosse, teríamos menos problemas de digestão, de alergia, seríamos como os gatos e os cachorros. Os animais comem seus alimentos habituais e, exceto em caso de envenenamento ou de doença, não têm problemas de digestão. Se a alimentação não fosse permeada por conteúdos inconscientes, não haveria anorexia nem bulimia. Assim, nesse contexto, se a mãe descasca sua banana com o implícito sexual presente, esse ato adquire um sentido bem diferente daquele que assume para as crianças quando riem comendo suas bananas. O sentido para a mãe é permeado por dados de sua sexualidade adulta; para as crianças, o sentido está infiltrado por conteúdos da sexualidade infantil; e a diferença entre as duas formas da sexualidade é o que eu chamo de *potencialidade orgástica* da sexualidade adulta.

O bebê precisa do prazer de sua mãe para sentir seu próprio prazer. Contudo, na medida em que sente o prazer de sua mãe, ele sente, também, que algo lhe escapa no prazer dela, algo que ele não sente e não pode sentir, pois seu corpo não está pronto para tanto; é algo enigmático que remete a algo além da mãe, que atiça sua curiosidade. Esse enigma começa a introduzir progressivamente a ideia de que a sexualidade infantil não é a sexualidade adulta, de que há uma diferença de geração, uma relação adulta com um homem, um amante, o pai, um terceiro da mesma geração da mãe.

Chegamos ao quarto componente, ao quarto aspecto da complexidade da situação antropológica fundamental: o espelho materno envia ao bebê um reflexo de seu prazer, mas esse reflexo está infiltrado por um elemento enigmático que lhe escapa e que leva a outro lugar, à sexualidade da mãe e, consequentemente, ao pai. É o início da curiosidade, do interesse por aquilo que escapa, por aquilo que acontece na cabeça do outro, se, obviamente, o confronto com o enigma não for muito caótico e desorganizador.

O que ocorre no interior do objeto, do outro, do outro-sujeito? Será que posso explorá-lo? Essa pergunta conduz à importância do conceito de *interintencionalidade*, questão fundamental das relações humanas. Passamos nosso tempo interpretando a suposta intenção do outro, o que é, também, uma grande fonte de equívocos. Muitas brigas de casal e conflitos surgem daí, porque interpretamos de uma determinada maneira o comportamento e a intenção subjacentes a um comportamento. Interpretamos, por vezes, muito bem os comportamentos, mas a intenção é inconsciente. Nessa tarde, Marie, uma senhora já idosa, contou-me um conflito com seu marido, uma história de sopa de limão. Ele não queria vinho na sopa, o que a irritou, incomodou, porque, com vinho, a sopa ficaria muito melhor. Ela interpretou essa recusa como um sinal de degradação, ele estaria ficando velho e senil. Isso a preocupava e lhe causou incômodo: ela não queria vê-lo assim... De repente, tudo mudou quando ela acabou por entender a explicação do marido de que, quando era criança, no Egito, nunca se colocava vinho na sopa de limão. Assim, a recusa do marido assumiu um outro sentido para ela, não se tratando mais de tudo aquilo que ela estava começando a pensar e a temer: "ele está envelhecendo, e logo terá Alzheimer". Não se trata mais disso; ao contrário, é a criança que vive nele que continua...

A intenção oculta ou desconhecida – em outras palavras, o sentido – transforma sua relação com o comportamento ou o desejo do outro. Muitos problemas nas relações humanas provêm de uma interpretação equivocada do sentido do comportamento alheio. Desse ponto de vista, o conceito de inconsciente fez muito mal a certos encontros clínicos; psicólogos e até mesmo psicanalistas acreditaram saber de saída qual era a intenção oculta do outro, do paciente, em nome do fato de que havia um sentido inconsciente em intenções manifestas. Um sentido interpretado a partir de um modelo teórico pronto, por vezes pertinente, mas que, em dado momento, não levava em consideração as cadeias associativas do sujeito, as únicas que são determinantes quanto à sua pertinência. É impossível interpretar um conteúdo inconsciente sem levar em conta as associações do paciente. Por exemplo, considerar que o atraso de um paciente quer dizer hostilidade, resistência, transferência negativa etc., em vez de levar em consideração os engarrafamentos inesperados das grandes cidades, pelos quais o paciente lamenta.

Último elemento que faz parte do complexo entrelaçamento da situação antropológica fundamental. O que acontece quando o leite começa a fluir dentro do bebê? O leite o faz sentir e descobrir sua interioridade, seu volume. Essa sensação forma a matriz sensorial da incorporação e da introjeção. Todo o processo cuja complexidade descrevi nos parágrafos anteriores, tudo o que acontece em torno dos lábios, da boca, do rosto da mãe, de seu prazer e de seu enigma penetra pouco a pouco no bebê pelo leite, acompanha o leite, cujo percurso no corpo vetoriza a interiorização. O leite materno contém a expressão do rosto, da voz, dos olhos, das emoções da mãe etc. Ele está repleto disso tudo.

Quando o leite é indigesto, é por ser, às vezes, mal maternizado – embora não se dê leite de vaca aos bebês, pois eles não conseguem digeri-lo. Com muita frequência, o leite é incriminado, mas o indigesto é o seu *sentido*, ou seja, todo o conjunto relacional do qual ele é portador.

Quando mamamos e comemos, comemos o sentido o tempo todo. Na Suíça, foi feito um pequeno experimento para investigar essa questão. Três frangos foram preparados por um mesmo chefe e servidos em lugares diferentes. O primeiro, no refeitório de uma fábrica; o segundo, em um pequeno restaurante agradável de bairro; e o terceiro, em um restaurante gastronômico de Genebra. Depois, os convivas foram convidados a avaliarem os frangos que haviam acabado de comer. As respostas são interessantes. Repito: era o mesmo frango, preparado da mesma maneira, apenas as apresentações mudavam um pouco em função do local. Na fábrica, a resposta foi

124 O NARCISISMO E A ANÁLISE DO EU

muito negativa: "É sempre a mesma coisa, ruim como sempre, sem gosto". No pequeno restaurante do bairro, a resposta foi: "Estava bom, um frango como o que comemos em casa, e sem precisarmos preparar, estava realmente muito bom". Por fim, no restaurante gastronômico, a reação para o frango semelhante aos outros foi muito elogiosa: "Está incrível, é uma verdadeira *poularde demi--deuil* (receita lionesa de frango trufado), é como se estivéssemos no restaurante de Bocuse, é inimaginável o que um grande chefe pode fazer com um frango".

O que comemos? Não há como pensar o ser humano e o que ele sente sem o ambiente, sem o contexto em que está inserido, sem tudo aquilo que lhe dá sentido. É verdade que o frango precisa estar suficientemente bom, caso contrário, não dá certo. Comemos sentido, e o sentido que comemos tem sua origem no ambiente relacional, no contexto e naquilo que ele gera nesse ambiente relacional. Quando a comida é agradável, boa, todo mundo se alegra e digere infinitamente melhor do que se o ambiente estiver tenso, conflituoso.

Então, o último aspecto fornece as bases sensoriais da introjeção e, ao mesmo tempo, faz descobrir a interioridade, o volume interno. Esboço uma matriz associativa interessante: o bebê descobre que deve ser interessante explorar o interior do corpo de sua mãe para saber quais são suas intenções ocultas, encontrando, ao mesmo tempo, o caráter enigmático de certos aspectos desse mundo interno. Na mesma experiência, ele também explora seu próprio mundo interno, o que ele intui de uma vida interna, inconsciente, bizarra, estranha, enigmática.

Somos frequentemente confrontados, mesmo quando adultos, por uma relação um tanto enigmática no que diz respeito a nós mesmos. Por que passamos de um estado a outro? "Não sei o que aconteceu comigo, não entendo por que sinto tanta raiva ou por que estou tão ansioso." De acordo com a situação antropológica fundamental que eu tomo como modelo, quando nos encontramos, compartilhamos algo do prazer do encontro, da troca, mas alguma coisa quase sempre escapa. Entre os namorados, dizer "foi por causa dela" ou "foi por minha causa" tenta encobrir o enigma por uma explicação que nada explica da natureza e do fundamento do amor.

A curiosidade é a vontade de conhecer o outro e de saber o que acontece em seu interior, mas, também, de saber o que acontece no interior de si mesmo e que sempre comporta um aspecto enigmático, a referência a um terceiro elemento. Isso está presente, em muito maior medida, no que chamamos de Édipo, e, fundamentalmente, há sempre um terceiro implicado, um outro. Pensamos, muitas vezes, que não há um terceiro, como no caso de alguns pacientes *borderline* e até mesmo psicóticos, mas ele não está ausente, na verdade, ele está oculto, só não sabemos onde. Em muitos casos, é um erro querer acrescentar um terceiro, pensando que ele está ausente, que a função terceira se faz ausente. É melhor tentar compreender onde ele está oculto. Por vezes, o terceiro está incorporado em uma patologia somática associada a este ou àquele personagem da história do sujeito, por exemplo.

Às vezes alguém me questiona: "Sim, mas onde está a diferenciação?". A diferenciação está sempre presente, uma vez que, a partir do momento em que o sujeito considera ou simplesmente sente que seu prazer é semelhante ao prazer do outro, mesmo que, não obstante, o prazer do outro contenha algo enigmático, algo lhe escapa e introduz a diferença. Tudo isso ocorre no mesmo movimento, em conjunto. Desde a origem, as relações humanas têm características sempre hipercomplexas. É por essa razão que nós, clínicos, precisamos de tempo para tentarmos compreender o que ocorreu na história de um sujeito que busca um trabalho analítico.

126 O NARCISISMO E A ANÁLISE DO EU

Uma pequena história: em dado momento, os terapeutas do CEFFFRAP (Cercle d'Études Françaises pour la Formation et la Recherche) chegaram à conclusão de que, na investigação psicanalítica de grupos, seria bom realizar uma pesquisa exaustiva de uma sessão inteira de grupo, analisando-a detidamente. Para isso, organizaram uma sessão de grupo de uma hora e meia e instalaram microfones e câmeras para gravá-la, visto que uma sessão dessa natureza não é feita somente de conversa, mas também de ruídos e movimentos. Em seguida, assistiram às gravações e começaram a transcrever tudo o que observavam e ouviam. No entanto, pararam após dez ou quinze minutos de gravação, e já tinham 530 páginas de anotações. Era impossível. Registramos um número absolutamente considerável de percepções e devemos confiar em nosso cérebro para registrar, classificar, processar todos esses dados, em grande parte inconscientemente. Muitas vezes, contamos apenas com o resultado desse trabalho das profundezas.

As relações humanas são sempre hipercomplexas. No exemplo anterior, simplifiquei ao máximo uma situação antropológica simples, mas na qual já podemos constatar a complexidade do que ali ocorre.

Para encerrar, falta-me examinar uma questão importante: um bebê no seio já é um sujeito? Um sujeito para sua mãe? Para ele, sua mãe é um sujeito? O que é ser sujeito para um bebê? O que é ser um sujeito? Argumentou-se que haveria uma primeira fase anobjetal, sem objeto. Se não há objeto, poderia haver um sujeito?

Entretanto, tal fase não existe. Comete-se um equívoco metapsicológico quando não se esclarece o que se compreende por *objeto*. Os bebês percebem muito bem que existe um objeto, uma outra pessoa. J. Decety mostrou imitações em bebês com três horas de vida! Em outras palavras, não há uma fase anobjetal, e, sim, fases em que o objeto não foi concebido, construído como sujeito. O que é um sujeito? É uma intenção. É uma intenção que me escapa ao menos em parte, é uma outra intenção, um poder de decisão, de ação, um agente. Outra questão se coloca em seguida, essencial para pensar o narcisismo na medida em que lança luz sobre a questão de suas patologias: como farei para me representar e sentir que existe um outro sujeito e que o objeto, aquele que é visado pela minha pulsão, pela minha necessidade, pelo meu desejo, é um outro-sujeito? Pergunta complementar: posso pensar-me como sujeito se não concebo que o outro pode ser um outro sujeito? Winnicott é essencial para pensarmos essa questão, como explicarei brevemente. À medida que evolui a relação precoce entre o bebê e seu ambiente – que já existe desde o início, mas vai adquirindo cada vez mais importância –, aumentam os pequenos fracassos no *criado-encontrado* primitivo. A preocupação materna primária diminui, e a mãe está menos atenta a propor uma resposta perfeitamente adaptada à necessidade do bebê, o que também está associado à sua percepção de que ele está crescendo e pode adaptar-se às pequenas discrepâncias. Entretanto, o bebê reage a essas pequenas discrepâncias que atacam sua ilusão de autossatisfação e tem o sentimento de que destruiu essa capacidade que resulta da ilusão tornada possível pelo *criado/encontrado*. Ele vivencia, então, um estado de desamparo, sente-se impotente, reage com raiva – uma raiva destrutiva que reforça sua impressão de que destruiu tudo.

Freud propôs a hipótese de que *o objeto nasce no ódio*. Winnicott agregou a essa proposição uma complementação indispensável. Ele enfatiza, sobretudo, a frustração e concebe a descoberta da realidade como um efeito da frustração. Isso diz respeito à consideração do objeto e de suas respostas e reações no porvir da destrutividade e à descoberta da realidade pelo limite da ilusão infantil da autossatisfação.

128 O NARCISISMO E A ANÁLISE DO EU

A mãe é afetada pela reação muito intensa do bebê às suas pequenas falhas na hiperadaptação que caracterizava a preocupação materna primária. Para Winnicott, a continuidade do processo depende de como a mãe conseguirá administrar seu abalo e, em particular, seu sentimento de culpa. Se esse sentimento for excessivamente intenso, o funcionamento psíquico de cada mãe varia desde uma supercompensação, mediante a qual tenta *reparar o mal* fazendo demais, até represálias em que a mãe pode ser violenta, gritar mais alto do que o bebê, sair de um recinto para não mais escutá-lo (há casos em que os bebês são sacudidos), ou provocar um retraimento afetivo, continuando a cuidar do bebê, mas sem estar afetivamente presente. Essas diferentes respostas e reações estão frequentemente presentes e em conflito entre si. Se forem relativamente moderadas, fazem parte das reações afetivas comuns que cada mãe apresenta em determinado momento. O problema é que todas essas diferentes respostas e reações tendem a confirmar a vivência de destruição do bebê, que não encontra mais as características do contato e da relação habitual com sua mãe. Felizmente, se essas primeiras reações não perdurarem e não se implantarem na relação mãe-bebê, surgirá outro tipo de resposta que é muito mais interessante para a evolução e o desenvolvimento do bebê.

Winnicott define essa outra reação como *sobrevivência do objeto*. O objeto sobrevive se não exercer represálias nem sob forma de retraimento, nem sob forma de retaliação ou supercompensação. Propus acrescentar uma característica que me parece necessária para a *sobrevivência*: para que a *vivência* da mãe seja percebida pelo bebê, a mãe deve mostrar-se *criativa* na maneira de restabelecer o contato com ele. Um objeto *vivo* é um objeto *criativo*? Não esqueçamos que, de fato, um bebê furioso não percebe bem o que ocorre externamente. Enfurecido e com fome, um bebê tem muita dificuldade de perceber que o seio está em sua boca ou disponível. É preciso começar por restabelecer o contato relacional para que o bebê comece a perceber que aquilo de que necessita está ali presente.

É nessas condições que o bebê poderá ter uma experiência essencial, cuja característica principal é *a sobrevivência do objeto*. Ele *acreditava* (sentia) ter destruído tudo e descobre (experimenta) que isso não aconteceu e que algo, o objeto, sobreviveu à sua destrutividade, tendo, portanto, escapado dela. Nessa experiência, ele descobre a *função sujeito*, ou seja, que é o objeto que lhe traz e lhe trazia a satisfação que ele tinha a ilusão de prover a si mesmo e que essa satisfação vem do objeto. Ele descobre, portanto, que as coisas não se fazem *sozinhas*, que são produto de uma ação específica, de um agente, de um sujeito. Simultaneamente, ao descobrir a função sujeito de sua mãe, o bebê se descobre, também, como sujeito potencial. Ele pode começar a se tornar sujeito e a mãe, por sua vez, um objeto-outro sujeito.

Portanto, isso ocorre a partir da tomada em consideração da reação do objeto, da experiência de que alguma coisa escapa à sua destrutividade generalizada. E o que lhe escapa é precisamente um outro sujeito, algo que independe dos próprios processos do bebê, alguém que possui suas próprias leis, livre da ilusão primária de onipotência (mas também de sua impotência, que é a outra face). A descoberta complementar de que ele também é outro sujeito do outro sujeito, em que também se descobre como sujeito, produz uma revolução extraordinária e mutativa. Ele adentra o mundo da subjetividade.

Alguns descrevem essa mutação baseando-se no conceito de *objeto total*. Não acho adequada essa formulação que supõe a diferença entre objetos totais e objetos parciais. Assim como não acredito que existam *pulsões parciais* (os dois conceitos estão atrelados), tampouco acredito na existência de objetos totais ou parciais. O que pode querer

130 O NARCISISMO E A ANÁLISE DO EU

dizer, para um bebê de poucos meses, a mãe descoberta como *objeto total?* A *totalidade* da imensa complexidade de sua mãe não é tangível nessa idade, se é que possa sê-lo em algum momento. O problema não pode ser pensado, em termos heurísticos, na oposição total/parcial, mas pensá-lo como descoberta da *função sujeito*, agente da ação, ator, autor – pouco importa o termo que utilizamos para substituí-lo, caso não queiramos dizer *sujeito* – tem grande impacto em nossa prática clínica.

O sujeito é o que Freud chama de *Ich*, em alemão. O termo foi traduzido por *Eu*, mas a tradução francesa (*Moi*) gera ambiguidades, pois o *Moi* pode também ser compreendido como objeto, principalmente em problemáticas narcísicas. Amar a si mesmo é ter-se como objeto, ter seu Eu como objeto. Assim, quem toma o Eu como objeto? A questão do *Eu se tem por objeto* introduz uma forma de circularidade que pode gerar novamente os mesmos impasses e paradoxos que encontramos e tentamos desconstruir em nossos primeiros capítulos.

A segunda parte deste livro, que se baseia nos postulados dos quatro capítulos da primeira parte, irá percorrer novamente o caminho, centrando-se no conceito de *análise do Eu*, proposto por Freud em 1921, ou melhor, de análise do sujeito. Proponho, então, fazer uma nova rodada de reflexões sobre o narcisismo para incluir a trajetória necessária ao estabelecimento do conceito de sujeito, de Eu-sujeito, no centro da problemática.

Segunda parte
Análise do Eu

5. Problemática do conceito de análise do Eu

Gostaria de fazer uma breve introdução para explicar a razão deste tema e do conceito de análise do Eu. Para dizer a verdade, à medida que se desenvolvia minha experiência com supervisão de jovens analistas, ou mesmo com analistas já mais experientes, percebi que eles se deparavam, em dado momento, com um obstáculo na elaboração dos sofrimentos narcísicos, principalmente quando estes repercutiam no próprio sentimento de identidade do sujeito. Por vários anos, fui capaz de refinar minhas reflexões com os diferentes grupos de supervisão e pesquisa e, durante o confinamento,[1] algo me mobilizou e eu decidi que era absolutamente necessário fazer um trabalho de síntese na tentativa de dar uma representação global do funcionamento psíquico do Eu. Eu já havia esboçado essa tentativa em 1995, em meu relatório para o Congresso de Psicanálise de Língua Francesa, 25 anos atrás, e minha concepção não mudou radicalmente, ainda que tenha

---

1 Referente à pandemia da Covid-19 nos anos de 2020 e 2021.

evoluído bastante. O desafio valeria a pena. É um desafio um tanto megalomaníaco tentar uma síntese de tudo o que se pode teorizar sobre os processos psíquicos do Eu. De modo geral, um dos problemas com que nos deparamos é o fato de que, apesar de contarmos com trabalhos de extrema relevância sobre a analidade, o fetichismo, sobre tal ou qual aspecto, nenhum autor, que eu saiba, além de Freud e, em parte, de Laplanche, dedicou-se à tarefa global. De fato, o que nos falta é uma *representação de conjunto do funcionamento psíquico* e também, em se tratando do funcionamento da subjetividade, do funcionamento do Eu.

Primeira consideração: se tomarmos todas as grandes obras pós-freudianas, como, na França, as de Lacan, Anzieu, Piera Aulagnier, Rosolato, Green, entre outros, percebemos que o obstáculo clínico subjacente a todas as elaborações desses autores diz respeito à análise dos sofrimentos narcísicos dos pacientes que nos consultam. Não é apenas um problema francês. Se olharmos para o outro lado do Canal da Mancha, para a Inglaterra, por exemplo, perceberemos que não podemos compreender Bion sem a compreensão de que um de seus pontos de partida é certamente a problemática do sofrimento narcísico-identitário, como em pacientes psicóticos; também não podemos compreender a obra de Winnicott sem termos em mente que ele tenta produzir modelos que auxiliem a organizar e reorganizar os sofrimentos envolvidos nos estados limítrofes ou *borderline*; assim como o fizeram Meltzer e, é claro, Melanie Klein, entre outros. Tem-se a impressão de que, desde a morte de Freud, esse foi o ponto sobre o qual os analistas se puseram a trabalhar. Se cruzarmos o Atlântico, indo muito além da Inglaterra e do Canal da Mancha em direção aos Estados Unidos, a situação é mais ou menos a mesma: grandes teóricos deixaram obras que realmente marcaram e inspiraram muitos trabalhos. Refiro-me, em particular, a alguém como Kohut, que dedicou toda a segunda parte de sua vida a refletir sobre as transferências e problemáticas narcísicas.

Do lado da costa californiana, percebemos que a mesma problemática está no cerne do pensamento de um dos grandes teóricos contemporâneos, seguramente um dos maiores pensadores da psicanálise anglo-saxã, Thomas Ogden, como também está presente no pensamento de Owen Renik, grande teórico da intersubjetividade. Na América do Sul, temos a obra monumental de Bleger, *Simbiose e ambiguidade*, totalmente centrada na mesma questão. Ou os estudos não menos importantes de Madeleine e Willy Baranger e, atualmente, aqueles de R. Bernardi, entre outros.

Diante desse verdadeiro obstáculo no qual a psicanálise tropeça em parte, com avanços consideráveis mesmo assim, falta-lhe, por assim dizer, uma visão de conjunto da problemática narcísica e de como ela pode ser tratada. Na verdade, deve-se reconhecer que, em todas essas diferentes tentativas, como as da França – de Lacan, de Anzieu etc. –, que merecem reflexão, é como se os autores tivessem se sentido obrigados a produzir, eu diria, vieses metapsicológicos, desvios, para o enfrentamento da questão central do narcisismo. Quem mais a enfrentou foi André Green em *Narcisismo de vida, narcisismo de morte* e em todos os seus estudos sobre o negativo. Porém, de modo geral, é como se os autores tivessem julgado melhor abordá-la de forma enviesada e não frontalmente, por razões sem dúvida pertinentes, como explicarei mais adiante.

Dito isso, quem melhor enfrentou, a meu ver, a questão do narcisismo foi Freud. Ele apresentou algumas proposições essenciais que não me parecem ter sido bem assimiladas pelos seus sucessores, não só no sentido do modo como foram tratadas, mas também dos avanços propostos. Tenho me dedicado, já há algum tempo, a ler e a reler Freud, na tentativa de compreender a evolução e a história de seu pensamento, para encontrar e desenterrar aqui e ali toda uma série de pontos de referência que marcam o caminho trilhado, como as pedrinhas do Pequeno Polegar. Às vezes, essas pedrinhas estão debaixo de pedregulhos, outras vezes, misturadas

136 O NARCISISMO E A ANÁLISE DO EU

aos gravetos, ou, ainda, parecem migalhas que os pássaros poderiam ter vindo bicar, como se todas elas estivessem perdidas na história. Assim, parti em busca de todos os delineamentos que Freud poderia ter nos deixado e pensei: se há alguém que assumiu a tarefa de propor "*tudo*" o que seria necessário para termos uma visão de conjunto, esse alguém foi Freud. Quando digo "tudo", entre aspas, refiro-me a vários eixos principais para se ter uma visão de conjunto. É preciso apoiar-se em Freud e seguir a trilha de seu pensamento, aquela da história de seu pensamento. Quando digo história de seu pensamento, é porque adoto um modo peculiar de ler Freud. Leio, é claro, no primeiro nível, ali onde ele quer dizer alguma coisa, mas, sobretudo, mantenho-me muito atento ao seu processo de teorização, perguntando-me: como e quando esta ou aquela ideia surgiu? Relacionada a que tipo de problema clínico? Qual foi sua proposição e como a formulou? De forma metafórica ou de forma desmetaforizada? Ou seja, tento seguir passo a passo o trabalho de sua teorização. Minha infinita admiração por Freud não reside tanto num ou noutro enunciado específico, embora ele tenha alguns lampejos magistrais, obviamente. Ela reside no modo extraordinário como Freud desenvolve seu pensamento, reformulando e sendo capaz de abandonar certas proposições anteriores, nem sempre de maneira categórica, e sem fazer rufar os tambores para anunciar: "atenção, afirmei isso, mas agora vou modificá-lo". Ele flexiona suas formulações que, às vezes, alteram muitas coisas. Percebemos que, na modificação, no surgimento de um novo conceito e de novas formulações, algo evoluiu. Veremos mais adiante um exemplo a respeito da teoria da pulsão, sobre a qual faço aqui um breve comentário. Vemos surgir, em 1926, uma expressão que Freud ainda não havia formulado como tal: *a organização anal da pulsão*. A pulsão não é anal, há uma *organização* anal da pulsão – o que não é a mesma coisa.

Dei aqui uma breve ideia desse método de leitura que consiste em ler Freud tentando identificar qual o processo de teorização implícito em seus diversos textos. É com esse tipo de leitura que certas coisas aparecem e assim se tornam legíveis, levando a considerar posições freudianas que, hoje, não são necessariamente aquelas dominantes nas principais leituras de Freud. Isso não me incomoda. Afinal, se posso avançar, ajudando os psicanalistas e a clínica a desconstruir os impasses das patologias do narcisismo, ficarei feliz. Acima de tudo, se puder ajudar os clínicos em sua prática e no enfrentamento das questões difíceis com que são confrontados, ficarei satisfeito.

Neste ciclo de três conferências dedicadas à questão da análise do Eu,[2] vou começar por apresentar um *roteiro programático* para alcançar uma visão de conjunto. Entendo por roteiro programático o apontamento de tudo o que Freud nos legou. Tentarei trilhar, portanto, o caminho para alcançar essa visão de conjunto e, numa segunda etapa, nas duas próximas conferências, retomarei detidamente cada um dos tópicos. Evidentemente, não vou me basear apenas no esquema implícito que apontei em Freud, mas também em tudo aquilo que seus sucessores trouxeram. Tentarei examinar, por exemplo, em que medida tal ou qual proposição de Lacan, de Winnicott, de Bion, de Bleger, entre outros, articula-se com esse modelo freudiano e de que modo aquilo que outros desenvolveram de forma dispersa pode se encaixar em um processo que nos ajudará a desenvolver uma representação de conjunto.

Por que representação de conjunto? Por que isso é tão importante para mim? Porque não se pode prescindir de uma representação... Quando digo *de conjunto*, é claro que devemos entender a nuance *suficientemente de conjunto*, uma representação suficientemente coerente do funcionamento psíquico em sua vertente

---

2 Segunda parte deste livro.

138 O NARCISISMO E A ANÁLISE DO EU

criativa. Destaquei anteriormente suas vertentes produtiva e transformadora, mas também suas falhas, clivagens, recalque, seus vários mecanismos de defesa. Penso que, sem esse modelo, ficamos muito mais desarmados na clínica e na escuta dos pacientes – é claro que me refiro a uma escuta sem ideia preconcebida – do que se formos capazes de identificar o momento em que algo emerge por meio da associatividade do paciente. Isso nos ajuda a encontrar um elo que venha compor uma representação do ponto em que o paciente se encontra no processo de metabolização de suas experiências, no processo de elaboração de seus sistemas de transformação. Em minha clínica, pelo menos, julgo de grande valia ter à disposição um modelo como esse, no qual encontro, com frequência, dois ou três pontos de referência que serão úteis para destravar uma situação clínica difícil ou em impasse.

O que foi exposto acima requer um comentário sobre o qual me deterei por um momento. A visão de conjunto chama-se, na linguagem de Freud, *análise do Eu*, termo empregado por ele em 1921. No entanto, não se pode apontar a existência de algum grande texto freudiano que se intitule *Análise do Eu* ou contenha esse conceito. Poderíamos pensar que a expressão surgiu por um ímpeto, em 1921, quando Freud estava trabalhando sobre grupos. Na verdade, o conceito de *análise do Eu* não foi proposto num momento qualquer – refletiremos mais adiante sobre esse momento – e não foi apenas um ímpeto. Se lermos "Análise terminável e interminável", encontraremos o marco magistral proposto por Freud concernente a todas as situações-limite da psicanálise, ou pelo menos a todas as suas grandes dificuldades. Freud lança, como que de passagem, uma espécie de preceito essencial: *é preciso alternar fragmentos de análise do Id e fragmentos de análise do Eu.* Isso significa que o conceito está ali presente em 1937. Então, uma pergunta é inevitável: entre 1921 e 1937, quais foram as balizas estabelecidas e como ele continuou trabalhando esse conceito sem nomeá-lo o tempo todo?

Ademais, o que explicaria o fato de que os eminentes psicanalistas que trabalharam sobre a problemática do narcisismo não se apropriaram desse conceito para tentar fazer uso dele? Lanço o desafio de encontrar na literatura francesa ou estrangeira um texto que se intitule *Análise do Eu*, que trate da análise do Eu considerada como um todo, e não de um processo do Eu em particular.

É preciso, então, saber por quê. Achei essa questão importante ao perceber, em encontros com colegas, que alguns se esquivavam quando eu começava a falar sobre uma análise do Eu. Essa formulação não os agradava, por ser identificada a algo muito diferente que se chama *psicologia do Ego*. Tomemos como exemplo Lacan, cujo analista sabemos que foi Loewenstein. Os três teóricos da *psicologia do Ego* são Loewenstein, Kris e Hartmann. Não sei o que foi tratado ou não na análise de Lacan com Loewenstein – na verdade, isso pouco me importa –, mas sei que Lacan foi um de seus críticos ferrenhos, assim como muitos outros que o seguiram – e não sem razão – para dizer que a *psicologia do Ego* nos afastava do essencial da psicanálise. E assim a análise do Eu foi reduzida à *psicologia do Ego*. Pode-se entender essa redução, uma vez que as denominações são próximas, mas não é a mesma problemática. Por exemplo, seria impensável, para Freud, desenvolver o que os adeptos da *psicologia do Ego* conceberam: a existência de esferas livres de conflito no funcionamento psíquico. De fato, nesse sentido, a esfera cognitiva se torna uma proposição central na *psicologia do Ego*. No pensamento psicanalítico tradicional, nada pode escapar do fato de existirem conteúdos latentes, processos inconscientes, conflitos e até paradoxos. É claro que se houvesse uma esfera livre de conflito – o que não existe –, nossa vida certamente seria muito simplificada. A conflitualidade e a sintomatologia

140 O NARCISISMO E A ANÁLISE DO EU

podem se apoderar de qualquer um de nossos funcionamentos, aniquilando-os, inibindo-os e dificultando seu desempenho ao longo da vida. Esse é, então, um primeiro obstáculo importante que precisa ser compreendido. E repito: *a análise do Eu não é a psicologia do ego.* Aliás, veremos, ao longo da minha reflexão, que a análise do Eu nada tem a ver com o que Kris, Loewenstein e Hartmann desenvolveram, tratando-se realmente de algo muito próximo do pensamento de Freud. É inconcebível pensar que Freud possa se situar fora da psicanálise, ou então enfrentaríamos um grande problema se disséssemos que o fundador da psicanálise não é psicanalista. Seja como for, eu nunca me aventuraria por esse caminho.

Uma segunda razão vem frear, em minha opinião, a análise do Eu. Trata-se, também, de uma grande dificuldade, mas esta é particularmente difícil: uma das peculiaridades do funcionamento do Eu é o apagamento constante em seu interior de grande parte dos processos que o animam e que o levam aos resultados alcançados. Freud afirmou com muita clareza, por exemplo, a respeito da consciência, que ela é necessariamente efêmera. Por quê? Porque se mantivéssemos tudo armazenado na consciência, não poderíamos mais funcionar, o que nos obriga a deixar de lado o que por ali passa: a consciência deve permanecer aberta e receptiva, não pode se ocupar dos traços, como Freud aponta tão bem.

Uma analogia interessante permite compreender esse processo. Quem se interessa pela pintura, percebe que uma das características de todos os grandes pintores – pelo menos de todos os grandes pintores clássicos, nem tanto dos pintores contemporâneos – é o apagamento constante dos traços deixados pelo processo de produção. Muitas vezes, é necessário realizar análises altamente sofisticadas, com equipamentos muito modernos, para visualizar as camadas sucessivas. Descobre-se que, por trás de uma pintura, há outras, e por trás dessas outras, mais outras, e que todo um processo se desenvolveu até termos a obra final diante dos olhos, a qual é também produto do apagamento da sobreposição de traços antigos, dos traços do processo que levou ao produto acabado.

Apesar de muito importante e essencial, isso complica o problema, pois significa que os processos mais precoces, aqueles que são necessários para identificar as primeiras modalidades de simbolização, como a simbolização primária, não se evidenciam facilmente. Porque são, muitas vezes, retomados e reorganizados – não o tempo todo, mas mesmo assim com bastante frequência – sob o primado de organizações posteriores, de modo que, embora tenham permanecido, esses traços tendem a desaparecer.

Freud explica isso numa belíssima formulação. Em Roma, se fossem demolidos os prédios atuais, encontraríamos, sob os escombros, prédios mais antigos; as mesmas pedras foram usadas, retomadas, modificadas, mas a arquitetura que se apresenta aos nossos olhos não é a original. E conseguir encontrar as banheiras, as casas de banho da época romana é um trabalho extremamente complexo, porque as mesmas pedras, os mesmos dados foram reutilizados de outras maneiras. A vida psíquica funciona mais ou menos assim. Reaproveitamos fragmentos de nossas experiências interiores e os reorganizamos de acordo com o presente. Essa é uma das características do funcionamento da memória, que sempre *interpreta de forma aproximada*, isto é, os dados, os traços do que nos aconteceu permanecem, mas o sentido e a forma que lhes imprimimos são reorganizados em função de nossa organização psíquica do momento e de nossa necessidade atual. Se nossa memória não tivesse essa flexibilidade, esse jogo, estaríamos sempre desassistidos diante de todas as novas situações. Se isso não acontece, é porque somos capazes de reorganizar nosso modo de interpretar este ou aquele acontecimento do passado para ajustá-lo ao

142 O NARCISISMO E A ANÁLISE DO EU

nosso presente. Quando isso não é feito, há o que denominamos ponto de fixação, ou seja, algo é interrompido; é nesse momento que a compulsão à repetição toma conta e, com ela, nossa adaptação ao presente, ao atual, é dificultada. Há, ainda, um outro ponto paradoxal no que eu vou dizer, mas não esperem que tudo siga sempre na mesma direção, pois há conflitualidade na psique humana.

Existe outra característica que nos auxilia na reconstrução do *passado dos anos esquecidos, apagados, encobertos* (Freud). Comecei a destacar esse outro ponto quando escrevi meu primeiro livro, que se intitula *Paradoxos e situações-limites da psicanálise*. Ao relermos Freud detidamente, especialmente *A interpretação dos sonhos*, veremos que ele destaca que algo importante ocorre quando o aparelho psíquico falha em construir, inventar e produzir o sonho; ele recorre a um último processo que é o de propor um processo de autorrepresentação dos processos quando o psiquismo atinge o seu limite de competências. Foi isso que me levou a usar as situações-limites da psicanálise para analisar aspectos ocultos, mascarados, no enquadre psicanalítico ou mesmo na metapsicologia. É como se nas situações-limites da psicanálise a situação psicanalítica e as situações clínicas fossem levadas ao extremo, e, uma vez levadas ao extremo, algo da própria estrutura da situação passa a ser identificável, um pouco mais ou muito mais identificável, dando a possibilidade de uma metodologia para analisar aquilo que foi mantido à sombra dos apagamentos.

Quais são essas situações-limites que podem auxiliar na análise do Eu? Trata-se do Eu confrontado com situações traumáticas, com o seu próprio limite, com aquilo que o faz falhar, e pode-se pensar que, nesse momento, algo da ordem de uma autorrepresentação dos processos do Eu vem à luz. O caso Schreber, por exemplo, é claramente um modelo disso. Em determinado momento, Freud se detém diante de uma evidência sobre o delírio de Schreber, delírio dos raios divinos, e formula um comentário. Aquilo que Schreber produz em seu delírio diz respeito efetivamente a uma situação-limite, a uma situação extrema da subjetividade, em que o sujeito é obrigado a transformar seu modo de relação com a atualidade sob a pressão dos processos internos que o invadem e que buscam um lugar em seu presente. Freud afirma, então, que a teoria dos raios divinos de Schreber é precisamente sua teoria dos investimentos. Se lermos André Green, por exemplo, em tudo o que ele desenvolveu sobre a alucinação negativa, perceberemos que, para ele, o que Schreber considera como milagre divino (ou o Homem dos Lobos, com a alucinação do dedo cortado) é a *mise-en-scène* de um autoprocesso de representação de processos psíquicos. Piera Aulagnier também desenvolveu muito essa ideia de uma psique que autorrepresenta seus próprios processos.

Portanto, dispomos de um ponto de referência que nos auxilia nesse plano, tanto mais que as neurociências vêm em nosso socorro ao evidenciarem que uma das peculiaridades de todos os processos cerebrais são as *cópias eferentes* – e se isso vale para todos os processos cerebrais, também deve valer para todos os processos psíquicos. Uma cópia eferente em neurociência designa o fato de que, quando um processo se efetua, um segundo processo indica a realização do primeiro, ou seja, há uma autorrepresentação de sua ocorrência. Numa leitura atenta de *Além do princípio de prazer*, veremos que Freud já apresenta esse modelo quando afirma que *a pulsão busca sua satisfação completa*, mas, ao longo do caminho, produz-se uma *boucle de retour* (circuito reverso), para empregar um termo de Geneviève Haag, em que algo retorna, como uma forma de autorrepresentar alguma coisa do processo em curso. Isso levou vários autores contemporâneos a dizer que o problema fundamental não é mais a consciência, a qual é apenas um caso particular de um processo muito mais amplo e fundamental: a reflexividade. Essa reflexividade é particularmente exacerbada em

144 O NARCISISMO E A ANÁLISE DO EU

situações traumáticas. Tomo como exemplo o trabalho de Kurt Lewin sobre o que ele chama de *sonho em branco* (não é *branco*, e sim *em branco* – é o termo *blank*, em inglês, que conta). São sonhos muito peculiares que correspondem à ideia, desenvolvida por Freud e por Green, de alucinação negativa: precisamos de uma tela para projetar as imagens de nosso sonho. O que K. Lewin destaca é o fato de que, em situações traumáticas, quando o sonhador não consegue mais sonhar, ele sonha com a tela, com o processo que lhe permitiria sonhar, e, em seguida, sonha com o apagamento dessa tela, como se tentasse sonhar o fato de não conseguir mais sonhar e de não haver mais tela para isso. Essa tela se enrola sobre si mesma nesses sonhos e realmente desaparece. Poderíamos também descrever, entre outros fenômenos, os de Isakower, mas isso é suficiente para irmos adiante. Quero apenas assinalar que dispomos, assim, de uma metodologia baseada na análise do traumatismo, o qual está sempre subjacente a todos os meus trabalhos. O valor do traumatismo reside no fato de levar o aparelho psíquico ao seu limite, e, ao fazê-lo, alguns processos se manifestam, bastando, então, compreendê-los e tentar situá-los no processo normal, clássico, não patológico e não traumático, o que nos ajudará a refinar a análise do Eu.

Concluída a introdução de minha problemática, proponho, agora, uma incursão pelo terreno a fim de tentarmos identificar todos os pontos de referência, todas as questões que surgem e todos os indícios que Freud nos deixou para tentarmos avançar na análise do Eu. Quando falo em *estabelecer um roteiro programático*, quero dizer que um bom modelo de análise do Eu deve poder incluir, de certa forma, além de muitas coisas a serem certamente trabalhadas, os primeiros traços, os primeiros esboços de todos os tópicos que vou abordar. Aprecio essa ideia de *roteiro programático*, pois é com isso que devemos trabalhar. Nem sempre conseguimos cumpri-lo na íntegra, mas, em todo caso, essa é a exigência epistemológica que pesa sobre quem se propõe a uma tarefa dessa ordem.

Não pretendo fazer freudologia nem retomar quase cinquenta anos de teorizações de Freud – isso demandaria muitas horas. Mas, em se tratando da análise do Eu, não podemos deixar de lado a introdução do narcisismo, em 1914, em seu pensamento, uma vez que ela corresponde à introdução do conceito de Eu. Alguns dirão que Freud já falava do Eu anteriormente. Sim, mas não como um conceito. É efetivamente em 1914 que o Eu adquire *status* de conceito, de conceito metapsicológico. Sem dúvida, não foi obra do acaso o fato de ter surgido depois de Schreber, depois de Freud ter sido confrontado com a problemática da psicose em 1911 – todos os trabalhos da época convergiram para isso. Ao introduzir o narcisismo em 1914, Freud introduziu a questão do investimento e do autoinvestimento do Eu. Vamos agora nos deter neste ponto. Como se diz Eu em alemão? O que Freud escreve? Não existem dois termos em alemão como temos em francês: *moi* e *je*.[3] A mesma palavra pode ser traduzida em francês ora por *moi*, ora por *je*. Ressalto que Piera Aulagnier, por exemplo, usa muito o conceito de *je*. Eu o utilizei no título de um de meus livros: *Le je et l'entre-je(u)*. E penso que esse é o ponto de partida de tudo aquilo que se desenvolveu, desde o relatório de Raymond Cahn, em torno da problemática da subjetividade, ou melhor, da subjetivação, isto é, o processo pelo qual um sujeito se apropria de algo de seu funcionamento psíquico. Essa é a problemática da subjetivação. Isso não é irrelevante se pensarmos que, em 1932, Freud apresentou um esquema muito preciso do trajeto da psique e do trajeto dos processos no Eu. Cito em alemão o que Freud escreveu, em 1932, nas *Novas conferências introdutórias à psicanálise*, para se referir ao trajeto em questão: "*Wo Es war, soll Ich werden*". Numa tradução simples, ficaria assim: "*Ali onde o Isso*

---

3 A diferença entre *moi* e *je*, ambos pronomes da primeira pessoa do singular, reside na categoria gramatical. *Je* é sempre sujeito de um verbo, enquanto *moi* é um pronome tônico e predicativo [N.T.].

146 O NARCISISMO E A ANÁLISE DO EU

está, o sujeito deve advir". Ou seja, *Ali onde o Isso está* (estava) (*Es é o Isso*), "*soll ich werden*" é um imperativo, portanto, *o sujeito deve advir*. Vemos que se trata de um processo, partindo do Isso em direção ao sujeito, isto é, o *Eu-sujeito*. Vou empregar a expressão *Eu-sujeito* para não ter de escolher entre um e outro – e porque o Eu também pode ser tomado como objeto, por exemplo, em certas patologias do narcisismo. Portanto, devemos nos debruçar sobre a problemática da subjetivação, do *vir a ser sujeito*, expressão que indica, implicitamente, que nossa primeira experiência, nossa experiência basal, aquela que colocará o aparelho psíquico em funcionamento, não é subjetivada desde o início. Nossa primeira experiência... é o que Freud chama, em dado momento, de *matéria-prima psíquica*. Adoro essa expressão. Novamente, não foi por capricho que Freud a empregou em 1920: ela já havia aparecido em 1900 e voltará a aparecer em 1923. A ideia de *matéria-prima psíquica* casa com algo pelo que Freud se interessa muito, o trabalho. Por exemplo, o trabalho do sonho, o sonho trabalha sobre uma matéria-prima. Essa matéria-prima da experiência é a experiência tal qual nós a registramos primeiramente. Mostrarei mais adiante um esquema que me parece ilustrar de forma suficientemente clara onde se constitui essa matéria-prima, porque existe uma verdadeira dificuldade tópica e metapsicológica. Uma vez vencida essa dificuldade, abrem-se campos de reflexão e de modelização essenciais.

Wo Es war, soll Ich werden, o Isso estava ali onde estava a matéria-prima psíquica, então, o sujeito deve advir, ou seja, é preciso que o Eu-sujeito seja conquistado por um trabalho de apropriação. E todo o processo da análise do Eu repousa em saber como se dará essa conquista, quais são suas etapas, com que obstáculo se depara, de que precisa. Vamos tentar desdobrar tudo o que há dentro do Eu, um ideal do Eu, o Supereu, o recalque, a tópica, o Id etc. Tentaremos examinar seu funcionamento na perspectiva freudiana.

Feita a apresentação do programa, passamos ao primeiro tópico do *roteiro programático*: qual é o efeito da introdução do Eu na teoria da pulsão?

Em 1914, surge um novo conceito, o Eu, que dará origem à segunda metapsicologia ou, como se costuma chamar, à segunda tópica. A segunda tópica de Freud inclui o Eu, o Supereu, o Id, o ideal do Eu. Uma parte do Eu é inconsciente e a outra é consciente. Em suma, toda essa complexidade é produzida porque existe um Eu [*moi* ou *je*]. Sem Eu, não há Supereu; sem Eu, não há ideal do Eu; sem Eu, não há Id. Durante um período, portanto, a tópica freudiana não diferenciava nada disso. Como funcionava? Ela seguia, por exemplo, o modelo da pulsão de 1905. Em 1905, Freud redigiu *Três ensaios sobre a teoria da sexualidade*, descrevendo a pulsão oral, a pulsão anal etc. Isso fez sucesso em todos os meios de comunicação, os estudantes correram para conhecer, mas, infelizmente, foi maldito. Quantas interpretações distorcidas recaem sobre nós: "você fuma, é sua pulsão oral", "você é avarento, é sua pulsão anal", "você quer sempre ser maior que os outros, é sua pulsão fálica". O que Freud propõe é uma fase oral, o que já é um pouco mais ambíguo e, no início, quer dizer uma fase da pulsão oral. Depois, há uma fase anal que é uma fase da pulsão anal. Não se sabe o que se passou com a pulsão oral, mas temos uma fase anal, depois uma fase fálica e muito mais tarde, com as reorganizações da adolescência, uma fase genital. Às vezes, temos a ideia de encontrar em Freud uma primeira fase genital fálica, como se o fato de ter designado o falo já envolvesse a preconcepção da genitalidade. Esse belo modelo – não se espante, porque vou desconstrui-lo – está subjacente à ideia de que existem pulsões parciais. Existem muitos trabalhos sobre as pulsões parciais. O principal problema relativo à pulsão parcial reside no fato de que ela desconhece, de certa forma, todos os trabalhos de Freud posteriores a 1914, o que é um tanto grave.

148   O NARCISISMO E A ANÁLISE DO EU

Surge, então, um segundo grande problema que diz respeito a toda a teoria da pulsão: como se reúnem essas pulsões parciais? Não há nenhuma teoria da união das pulsões parciais em Freud. Uma teoria dessa natureza virá mais tarde, mas existe uma teoria da reorganização da pulsão parcial, sob o *primado da genitalidade*. As pulsões parciais terão de se reorganizar sob o *primado da genitalidade*, embora não se saiba como isso acontece. Tem-se a ideia de que elas assumirão o *status* de prazeres preliminares na sexualidade. Seria, portanto, a sexualidade adolescente responsável por reorganizar as pulsões parciais sob o primado da genitalidade. Trata-se de um modelo do comportamento e da análise de um comportamento, e não de toda a análise do processo. Como tudo acontece, não se sabe. Isso afeta o cerne de toda a teoria da perversão, uma vez que ela se assenta sobre a ideia de que há uma instrumentalização do objeto (então, ele também é *parcial*) sob a influência das pulsões parciais. Explicarei mais adiante como evolui esse processo, mas, antes, farei uma revisão cronológica.

Em 1914, as primeiras pulsões começam a esmorecer, quando surge uma segunda teoria pulsional – costuma-se atribuir a segunda teoria pulsional à pulsão de vida e à pulsão de morte, mas não é verdade, esta é a terceira. A segunda situa-se em 1914, quando Freud diz que devemos diferenciar pulsões de autoconservação, como a fome, e pulsões sexuais. As pulsões de autoconservação são também as pulsões do Eu – e isso nos interessa. Vemos que é introduzida, nesse momento, a ideia de que haveria pulsões específicas do Eu. Esta já seria uma primeira pedra a trabalhar na construção de uma análise do Eu. Quais são as pulsões específicas do Eu-sujeito? É possível definir, determinar de alguma maneira, uma função específica do Eu? Podemos ter uma pequena ideia quando, dois ou três anos depois, em 1918, Freud começa a inserir uma questão nunca trazida antes e que diz respeito à reação terapêutica negativa, como uma novidade sobre a técnica psicanalítica. Ele diz: há um fracasso da capacidade de síntese. Assim, surge um novo conceito. Até então, predominava a análise com um movimento implícito: era só analisar que a síntese ocorreria naturalmente. Então, sobre a reação terapêutica negativa, Freud diz: a síntese é um processo que pode entrar em pane; pode não ocorrer a síntese; pode desenvolver-se, numa análise, um processo que segue sua desintegração, seu desligamento. E a reação terapêutica negativa aparece como efeito de desligamento sob o peso da análise, porque a capacidade de síntese não funciona ou funciona mal. Freud emite, portanto, a ideia de um processo do Eu que segue em direção à síntese.

Adianto-lhes que isso evolui no pensamento de Freud de tal modo que, ao final de sua vida – e talvez isso surpreenda –, é introduzida a ideia de que um dos sentidos da repetição, seu desafio, é a integração, embora já aparecesse sob formas um pouco diferentes ao longo do desenvolvimento de seu pensamento. Nas breves notas escritas por Freud em seu exílio em Londres, encontramos uma observação essencial e fundamental: *as experiências que mais se repetem são as experiências mais precoces.* Já se tinha uma ideia do que ele queria dizer com experiências precoces, pois já as havia abordado pouco tempo antes, em "Construções em análise": são aquelas que antecedem o surgimento e o desenvolvimento da linguagem verbal, nos dois primeiros anos de vida. Trata-se de uma intuição extraordinária de Freud, porque, atualmente, todos os estudos da neurociência e aqueles dedicados à memória confirmam isto: a memória sofre mutação, transforma-se ao cabo dos dois primeiros anos. Assim, somos incapazes de ter lembranças desse período, estritamente falando, pois o cérebro ainda não está formatado para isso; é somente ao longo do terceiro ano de vida que se desenvolve a capacidade de reflexividade, ou seja, de memória. É muito simples, a neurociência descreve a memória processual, procedural, que não significa ausência de memória, mas que não pode ser lembrada como tal. De acordo com a neurociência, essa

150 O NARCISISMO E A ANÁLISE DO EU

memória não é declarativa, o sujeito não é capaz de dizer nem de lembrar; ele é capaz de fazer, tendo adquirido processos, esquemas e padrões que podem ser encenados [*mise en scène*] corporalmente, *contados* por meio do corpo e do comportamento, mas não podem se constituir em memória. É impossível lembrar, por exemplo, como aprendemos a andar, mas aprendemos de alguma forma e andamos nos dois primeiros anos de vida, embora isso não seja memorizado. Em outras palavras, Freud estabelece uma divisão que corresponde, aproximadamente, à diferenciação que poderíamos fazer hoje entre o arcaico, de um lado, e o infantil, do outro. O infantil corresponderia ao período entre 3 e 6 anos e o arcaico, ao de zero a 3 anos (inclusive, existe uma revista americana intitulada *Zero to three*). Esse período apresenta uma série de características particulares – características cerebrais que dependem da organização e do desenvolvimento do cérebro, ainda desprovido de um sistema de reflexividade realmente desenvolvido. Precisamos de um sistema de memória reflexiva, de reflexividade, para nos comportarmos em relação à representação interna que podemos ter de algo, para dizer que isso é uma lembrança, isto é, uma representação. Isso implica que temos uma relação reflexiva com nossa representação.

Assim, em 1914, Freud introduziu a ideia da pulsão do Eu, que foi também um primeiro esboço das problemáticas de união, integração, síntese, que levou aos poucos àquela da ligação interna. A partir de 1920, a ligação interna se opõe gradualmente à problemática do desligamento. O que começou a ganhar contornos, como vimos, foi uma teoria da relação com a pulsão baseada em um modelo do Eu. A pulsão possui, então, duas faces, sendo composta por uma força de ligação e outra de desligamento, e o que surge em 1920, em *Além do princípio de prazer*, é a oposição entre pulsão de vida e pulsão de morte.

Todos esses elementos são necessários para mostrar como as ideias se transformam e para que nos habituemos a ler Freud como eu o leio, em seu processo de teorização, e não fiquemos presos ao que ele disse nesse ou naquele ano. Não é possível trabalhar com trechos isolados de 1905, de 1925, de 1930. Se isso auxilia os clínicos, não tenho nada a contestar, mas, em se tratando de teorização, não se pode proceder do mesmo modo, pois as mesmas palavras não têm o mesmo significado em 1905, em 1925, em 1939, em 1940. Elas não têm mais o mesmo significado porque a organização global do modelo teórico mudou.

Vou pular etapas. Em 1926, vemos o surgimento de uma nova formulação em Freud, a qual mencionei anteriormente. Freud não diz mais *pulsão anal*, e sim *organização anal da pulsão*. A partir do momento em que há um Eu, o que conta para pensar a pulsão é a relação desta com o Eu e com sua própria organização. Não há pulsão anal, nem pulsão oral, nem pulsão fálica; o que há é o desenvolvimento de um Eu que vai organizar a pulsão seguindo um determinado modelo. Esse fato corresponde à clínica que conhecemos. Se há pulsão oral, vamos agir como se somente a boca estivesse envolvida, como no meu exemplo anterior: "Você fuma, é a sua pulsão oral"? Não. Os olhos devoram – *devorar com os olhos* é uma expressão bem conhecida –, os ouvidos devoram, as mãos devoram. Toda a organização do sujeito segue o modelo da oralidade numa primeira fase – e do tocado/colocado, como veremos mais adiante. Portanto, há uma organização oral da pulsão que, como veremos, coloca-se sob o *domínio do tudo*: tudo imediatamente, tudo por si só, tudo junto etc., ou seja, o sistema do tudo. Veremos a importância desse sistema nos resíduos que podem ficar nos diferentes tipos de funcionamento psíquico. Sucedem, então, uma reorganização anal da pulsão e, mais tarde, uma reorganização fálica. Isso quer dizer que procedemos por sucessivas reorganizações, porque o Eu se desenvolve, enriquece sua experiência, suas

152 O NARCISISMO E A ANÁLISE DO EU

modalidades de tratar a pulsão, em particular, com a passagem de uma organização à outra. Isso foi notavelmente destacado por Robert Fliess e, em Lyon, principalmente por Bergeret, que deu grande ênfase ao que se chamava, à época, *divided line*. A linha que divide está no cerne da analidade e passa pelo que se convencionou chamar de analidade depletiva e analidade retensiva. Embora essas formulações não sejam adequadas, o essencial é considerar que, no período da analidade, ocorre uma reorganização do Eu fundamental e importante, a qual se efetuará por outro modo de introjeção da pulsão.

A organização oral da pulsão corresponde literalmente à lógica do *tudo* que domina o Eu, enquanto a organização anal da pulsão diz respeito à organização do *não tudo* que começa a se tornar possível. Veremos mais adiante por qual operador isso será feito. A organização anal, uma das peculiaridades da introjeção da pulsão (vamos encontrar a chamada pulsão parcial, mas de modo completamente diferente), é o luto do tudo, que Freud aborda em "Luto e melancolia", no qual ele diz que o processo de luto se efetua *detalhe por detalhe* ou *fragmento por fragmento* ou *parte por parte* (dependendo da tradução). Em outras palavras, na organização anal, há uma parcialização da pulsão para torná-la introjetável. Como isso ocorre? Isso se efetua pelo *não tudo, não tudo imediatamente, não tudo por si só, não tudo junto, não tudo em um,* isto é, em todas as formas do *não.* De memória, e voltarei a isso de forma mais detalhada, a emergência do não é o terceiro organizador de Spitz, aos 18 meses. A emergência da fase do espelho não acontece aos 9 meses, como afirma Lacan, que se equivocou em sua leitura de Baldwin, autor do século XIX. Como vimos anteriormente, René Zazzo solucionou, de uma vez por todas, essa questão em um livro que mais uma vez aconselho fortemente a leitura e que se intitula *Reflets de miroir.* Grande especialista do duplo, da imagem especular, Zazzo desenvolveu e complexificou muito essa questão do espelho para mostrar, sobretudo, que não há fase do espelho e que aquilo que se inicia é uma relação muito complexa com a imagem de si mesmo, que se estende do fim do segundo ano ao quinto ou sexto ano de vida. Infelizmente, o período é longo. Não sei se todos se lembram da inquietante estranheza vivenciada por Freud, já um homem velho, e narrada em 1919, se não me falha a memória. Ele embarca num trem, vê um homem estranho e pensa: "Eu queria tanto estar sozinho nesse vagão para ter paz de espírito". Logo percebe que aquele homem estranho é ele mesmo. Freud estava na frente de um espelho e não se reconheceu, mas não era uma criança de 18 meses. Isso significa que a relação com a própria imagem não é algo que se adquire de uma vez por todas. Quando eu era criança, os comerciantes de televisores colocavam uma câmera na rua, e, dentro da loja, televisores ligados mostravam as imagens das pessoas filmadas pelas câmeras quando passavam pela frente da loja. Víamos, então, nossa própria imagem na televisão, mas demorávamos um bom tempo até perceber que éramos nós mesmos. Por que podemos nos reconhecer no espelho? Porque sabemos o que é um espelho e esperamos ver nossa imagem refletida ali. Ver, de repente, nossa imagem passar na televisão causa uma impressão de estranheza, pois não nos reconhecemos de imediato (acabamos nos reconhecendo se não formos muito psicóticos). Esse foi o ponto de partida de estudos muito importantes desenvolvidos no Institut des Sciences Cognitives de Lyon por Marc Jeannerod e Nicolas Georgieff, que rediscutiram a problemática do que eles chamaram de *agentividade* e que nós chamamos de subjetivação. Estamos muito próximos de todas essas questões, como veremos. Os pesquisadores vestiram uma luva na mão de indivíduos comuns e solicitaram que fizessem pequenos gestos diferentes com essa mão, ao mesmo tempo que uma câmera filmava e uma televisão mostrava suas próprias mãos. Sutilmente, substituía-se a imagem da mão de um indivíduo pela mão enluvada de um assistente. Mostrava-se, então, a esse indivíduo uma mão fazendo gestos, diferentes da sua. Em seguida, perguntava-se se a mão que ele via no espelho era a sua ou a de outra pessoa. Resposta: 30% de erros em indivíduos considerados normais e 60% de erros em pacientes ditos psicóticos. Esse experimento levou os pesquisadores a desenvolverem a ideia fundamental segundo a qual o principal problema da psicose reside na agentividade, no funcionamento do Eu, na reflexividade. O grande problema dos pacientes psicóticos não é a recusa da realidade ou algo dessa ordem, mas, sim, um erro de agentividade, um erro concernente à divisão entre Eu e não Eu. Essa fronteira entre o Eu e o não Eu será desenvolvida por Federn. É como se os sujeitos psicóticos não soubessem distinguir se algo está dentro ou fora, se é Eu ou não Eu – compreenderemos por que isso acontece quando examinarmos as peculiaridades dos primeiros envelopes do Eu. Essa incerteza quanto a saber quem é o agente, o sujeito, quem é o ponto de partida do problema, pode ser encontrada em quase todos os inícios de conflitos. Tomemos o exemplo das brigas de família e do discurso das crianças: "foi você que começou", "não, foi você". É impossível saber quem começou. Esse tipo de confusão quanto à origem do conflito é a base da maioria das organizações conflituais. Não me refiro às situações paradoxais, nas quais a origem é ainda mais borrada.

Organização oral da pulsão... Organização anal da pulsão... Aqui, há algo essencial que pode ser observado quando Freud fala a respeito da organização anal da pulsão, revendo, ao mesmo tempo, um de seus enunciados muito problemáticos de *Três ensaios sobre a teoria da sexualidade* (1905). Minha referência é extraída precisamente da tradução francesa sob a direção de Pontalis. Referindo-se ao bebê e sua pulsão sexual, Freud diz o seguinte (citação de memória): "Quando um bebê deixa o seio, saciado e com as bochechas coradas, não podemos deixar de ver nisso o protótipo da satisfação sexual no resto da vida".

Não encontramos nenhum problema nessa página. Há referência ao seio da mãe, ao objeto, à satisfação relacionada ao objeto, sem caráter autoerótico – o objeto está presente. Apenas duas páginas adiante, surpreendentemente, Freud diz (citação de memória): "A sexualidade infantil é primeiramente desprovida de objeto, depois passa a ser autoerótica e, por fim, desenvolve-se por apoio numa pulsão de autoconservação, numa atividade necessária à vida". Isso significa que, entre essas duas páginas, ocorre uma operação em Freud que, de certa forma, apaga o lugar do objeto no desenrolar da sexualidade infantil. Essa operação de apagamento é fundamental e essencial.

Em 1921 – após a introdução do Eu e do narcisismo, portanto –, veremos o retorno do objeto. Na primeira página de *Psicologia das massas e análise do Eu*, Freud afirma, com certo embaraço, que a psicanálise está orientada para o sujeito individualmente, mas que, na realidade, o outro está sempre presente. Em seguida, lemos a seguinte frase que cito de memória: "A psicologia individual também é, desde o início, psicologia social". Aqui, social não quer dizer grupal. Não há como desenvolver uma psicologia que não seja aquela do sujeito em sua relação com outro sujeito, é o que afirma Freud, essencialmente, de forma muito clara.

Procuro mostrar que existe uma lógica e que *Psicologia das massas e análise do eu* não foi redigido por Freud ao acaso nesse período. Isso começou a ganhar contornos já em 1920. Não cabe aqui me estender nesse assunto, mas poderíamos mostrar como, no texto de 1920, o laboratorista e depois o agrupamento celular intervêm como provedores.

Resumo aqui o trecho referido acima. Freud explica que o protozoário é intoxicado pelos dejetos que ele mesmo produz. Do mesmo modo, o sujeito produz algo que o leva à autodestruição – esse é o modelo da pulsão de morte em 1920. Freud acrescenta que, se um

156   O NARCISISMO E A ANÁLISE DO EU

laboratorista tirar o protozoário de seu banho contaminado pelos dejetos e mergulhá-lo dentro de um banho limpo (imaginemos uma mãe que cuida da higiene corporal e psíquica do seu bebê), a reprodução desse protozoário poderá se estender até a 3.029ª geração, isto é, eternamente.

A partir desse momento, Freud começa a introduzir o objeto e apresenta, então, uma segunda proposição. Ele busca, utiliza metáforas, as quais nunca são anódinas; ele simboliza antes de pensá-lo de forma clara; e vai desconstruindo aos poucos a metáfora simbólica para aclarar as coisas. Na etapa seguinte, Freud assinala que, graças ao agrupamento celular, o que é dejeto para uma célula pode servir de alimento para outra. As células agrupam-se. A problemática grupal, social, aparece como solução à pulsão de morte.

A complexificação ou – eu diria, ainda, seguindo o pensamento complexo de Edgar Morin – a organização complexa é o problema de todas as patologias psíquicas. Sempre lhes falta complexidade. Quanto mais elaboramos, mais complexidade desenvolvemos. Complexidade não significa complicação desnecessária, é o que permite pensar organizações cada vez mais complexas em sua complexidade para esclarecê-la (ver a *simplexidade* de A. Bertoz).

Em 1921, Freud reintroduz claramente o objeto. Porém encontra uma dificuldade, porque, desde o início, a psicanálise teve de tentar se distanciar da sugestão e, portanto, do impacto do outro, do objeto. Até então, caberia ao psicanalista nada além de revelar ao sujeito o que há de inconsciente nele, de refletir-lhe algo que o primeiro conseguiu decifrar a partir dos derivados do inconsciente do segundo. Agia-se como se não houvesse operador de sugestão na psicanálise, ela era *científica, objetiva.*

Entretanto, esse modelo não se sustenta mais, de tal sorte que, em 1921, vemos o retorno da questão do impacto do objeto na psicologia coletiva e na análise do Eu – a massa de dois reintroduz a hipnose, a sugestão. O problema de Freud passa a ser: como introduzir o objeto, uma vez que é essencial para pensar o narcisismo, mantendo ao mesmo tempo o foco apenas na dimensão intrapsíquica? Ele precisa de um golpe de gênio, para o qual já havia tido uma intuição em *A interpretação de sonhos*, mas sem fazer dela um conceito – o emprego de um termo é diferente da elaboração de um conceito.

Freud cria, então, em 1921, o conceito de *identificação*, para tentar pensar a questão do objeto no interior do Eu, e um segundo conceito diretamente relacionado ao primeiro, o *ideal do Eu*. A identificação é a emergência do objeto no interior do Eu e de algo relacionado com a particularidade do objeto, ou seja, também com o ideal do Eu.

Se considerarmos o que segue e se dermos uma ideia geral do conceito de identificação, como farei brevemente, quando o nomeamos como tal, sem mais, ele não apresenta dificuldades.

Reli recentemente, para escrever um posfácio, um livro intitulado *Les tourments adolescents*, no qual o problema da adolescência é constantemente relacionado às identificações. Mas nada é dito de muito esclarecedor. Por quê? Porque se fala sobre identificação sem especificá-la. Trata-se de uma identificação narcísica? Simbólica? Incorporativa? Com o agressor? Introjetiva? Projetiva? Histérica? Endocríptica? De empréstimo?

É considerável a distância existente entre, por exemplo, uma identificação narcísica, que é, também, uma identificação incorporativa, e uma identificação simbólica, sem dúvida também uma identificação introjetiva. Quando um conceito atinge um nível de generalização, como aquele de identificação projetiva dos kleinianos – que pode render centenas de páginas e acaba dominando a literatura em determinado momento –, depois de um tempo, não significa mais nada. Isso vale não só

158 O NARCISSISMO E A ANÁLISE DO EU

para a identificação projetiva, mas também para os conceitos de continente ou de envelope; se não especificarmos os processos envolvidos, precisamos de adjetivos e da complexidade de que falei. Eu bani o termo identificação do meu vocabulário, ou quando o emprego é sempre acompanhado do processo que o define. Quando questionamos os processos que o definem, percebemos diferenças significativas:

- Existem processos que são de natureza integrativa: identificação simbólica, identificação introjetiva – a introjeção supõe transformação simbolizante.

- Quanto à identificação projetiva, os objetos internos, como explicam os kleinianos, são *objetos* e não representações – isso é problemático na assimilação do Eu.

- A identificação com o agressor, propõe Ferenczi, não é simplesmente o processo, e sim o que o objeto faz que permite identificar seu impacto – o objeto é um agressor.

- A identificação incorporativa refere-se a que tipo de processo? Um adulto faz identificações incorporativas? O bebê ou a criança o fazem com maior facilidade? Qual é o processo por trás da incorporação?

O essencial é mostrar que Freud encontrou uma maneira de reintroduzir o objeto na vida interna, mas essa introdução, sem alguma forma de processo, gera uma ambiguidade que parece sustentar a ideia de que se pode ignorar suas especificidades na análise do funcionamento psíquico.

Continuo meu percurso e meu *roteiro programático*. A tomada em consideração do objeto suscita, inevitavelmente, algumas perguntas: se o objeto estava *fora*, como é afirmado com frequência, e foi internalizado, por qual processo isso é feito? Como ocorre a passagem da percepção de um objeto externo à representação de um objeto interno? Como o objeto é internalizado? Quais são os processos que o integram? Assim prosseguimos na análise do Eu. Trata-se de um único processo, de vários processos ou de uma sucessão de processos? Como ocorre a internalização, a introjeção, a incorporação? Somos capazes de designar os processos, sempre com Freud?

De fato, Freud nos deixou conceitos muito bem definidos, ainda que exijam desenvolvimentos que ocupam todos os autores contemporâneos. Para introduzir o que espero poder mostrar, apresentarei um esquema que pertence a Freud e que modifiquei um pouco (Figura 5.1).

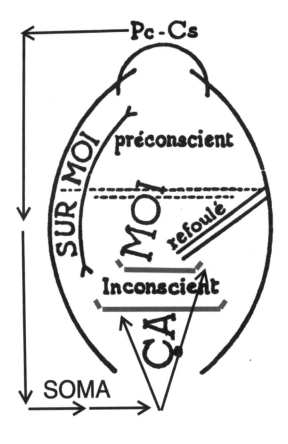

Figura 5.1[4]

Os traçados em azul e em vermelho serão explicados posteriormente.

Esse esquema foi apresentado por Freud em 1932, nas *Novas conferências introdutórias sobre psicanálise*, e a pequena modificação que fiz partiu de uma observação de Freud. Na parte

---

4   Ça = Isso; Soma = Soma; Moi = Eu; Surmoi = Supereu; Préconscient = Pré-consciente; Refoulé = Recalcado; Inconscient = Inconsciente [N.T.].

superior de seu esquema, Freud indica um sistema percepção-consciência (Pc-Cs) que contém a ideia de uma certa semelhança e imediatismo da consciência a partir da percepção. Porém, de acordo com Laplanche, Freud indica em outra ocasião que, na realidade, percepção e consciência estão nas duas extremidades do aparelho psíquico.

Por quê? Porque a percepção é um processo somático, e o soma aparece na parte inferior, próximo ao Isso – trata-se, de certa maneira, de uma primeira forma de psiquização. O que é produzido por mecanismos somáticos terá de ser pulsionalizado, introjetado no Eu sob a forma do que Freud chama de *representação de coisa* e, posteriormente, no pré-consciente sob a forma do que ele chama de *representação de palavra*, antes de poder se tornar plenamente consciente. Em outras palavras, entre a percepção e a consciência, há toda uma trajetória da vida psíquica, o processo percorre a psique de uma extremidade à outra, a percepção que alcança a consciência é o produto das transformações que lhe darão investimento e formas representativas.

Pequeno parêntese de neurociência. Freud pode errar como todo mundo, mas quando lemos o livro *A mente corpórea: ciência cognitiva e experiência humana*, de Francisco Varela, um dos grandes pesquisadores da neurociência – que foi professor do Collège de France, entre outros, mas que é chileno –, encontramos a confirmação da proposição freudiana. Esse livro contém cerca de cem páginas dedicadas à percepção. Varela estuda todos os processos que contribuem para aquele da percepção e assinala que acreditamos ver um objeto tal qual parece ser, de acordo com a imagem fornecida imediatamente por nossos olhos, mas que, na realidade, a imagem que vemos é o resultado de processos muito complexos. A cor de um objeto é processada numa zona do cérebro, a forma, em outra zona, a distância, em uma terceira etc. O objeto é

162   O NARCISISMO E A ANÁLISE DO EU

decomposto em diversos dados que depois serão interligados para formar um mapa, o da representação percebida.

Jean-Pol Tassin propôs o conceito de *bacia atratora* [*bassin attracteur*], uma espécie de mapa que, como todo mapa, é feito de forma, cor, distância, consistência – todos os dados perceptivos são processados em diferentes zonas do cérebro e interligados entre si. Esse é o funcionamento cerebral, como já evidenciado por Hebb, em 1949, que denominou a atividade cerebral uma *assembleia neural* e que se opõe radicalmente à ideia de localização cerebral. A *assembleia neural* pode ser observada quando acompanhamos o processo cerebral: um neurônio é ativado numa determinada operação psíquica e, para cada operação, forma-se uma *assembleia neural* de neurônios ativados em várias zonas do cérebro, todos eles interligados de acordo com o princípio *fire together, linked together*, quando acionados juntos, interconectam-se.

Assim funciona o cérebro, de maneira associativa, e as representações psíquicas são representações associativas. Não foi ao acaso que Freud apresentou a regra da associatividade psíquica, tão fundamental para toda a clínica. Isso já era claro para ele em 1891, em *Sobre a concepção das afasias: um estudo crítico*, no qual apresentou pequenos esquemas da representação, da representação de palavra e da representação de coisa, como conjuntos de perceptos associados.

Quando se diz "esta é a esfera da percepção, não da representação", comete-se um erro epistemológico, a percepção é uma representação. A percepção indica que a psique está às voltas com um processo, não com uma cena – trata-se de um processo que *busca* uma *cena*.[5] Para referências ainda mais recentes, recomendo a leitura de A. Berthoz, um dos atuais professores do Collège de France

---

5   O autor cunha a palavra *scénarisaction*: uma cena que contém uma ação = cena[riz]ação [N.T.].

que redigiu um pequeno livro intitulado *La simplexité*. Nesse livro, o autor explica algo que interessa à nossa reflexão. Em síntese, os modelos biológicos nos ensinam lições importantes: a biologia é chamada a tratar problemas hipercomplexos de maneira simples. Isso é a *simplexidade*, simples e complexo juntos. Berthoz também argumenta que a percepção é um sistema altamente organizado em nível cerebral e que essa organização em nível cerebral é um comando, um organizador. Ou seja, não percebemos de maneira imediata, não há consciência imediata, mas toda uma organização complexa que governa o que percebemos.

Quando eu era um jovem estudante de psicologia, tínhamos um professor de psicologia social que se chamava Guy Durandin, cuja especialidade era o problema do testemunho. Certa vez, ele me confiou a tarefa, como poderia tê-la confiado a qualquer outro estudante, de fazer um relatório sobre um pequeno experimento (um trabalho prático) que estávamos fazendo em grupo. Um filme de menos de três minutos era exibido aos quarenta estudantes presentes em sala de aula, aos quais era solicitado que descrevessem o que tinham visto. Eu fui encarregado de fazer uma síntese de tudo o que tinham visto. Foram quarenta relatos diferentes, quarenta relatos com diferenças significativas, mas todos os estudantes afirmavam: "eu vi com meus próprios olhos", "que eu vi, eu vi".

Se eu contar o que estou contando aqui em qualquer outro lugar – por exemplo, numa praia –, fora de contexto, tudo isso, na melhor das hipóteses, parecerá estranho, se não delirante. A percepção não existe intrinsecamente, ela é sempre contextualizada. Varela aponta, por exemplo, que, em certas línguas, não existe essa ou aquela cor. Quando uma determinada cor não tem nome numa língua, de certa forma, ela não é percebida. Por outro lado, em outras línguas que dispõem de palavras para muitas variantes

164 O NARCISISMO E A ANÁLISE DO EU

de determinadas cores, quando percebemos uma cor, percebemos todas as variantes.

Portanto, a sensorialidade é essencial, razão pela qual comecei a colocá-la em lugar de destaque nos meus estudos. A sensorialidade, a sensório-motricidade, é altamente organizada em nível cerebral. O que acrescento ao esquema mostra que não há acesso imediato à consciência, acesso imediato da percepção à consciência.

Um dos problemas que enfrentamos na análise do Eu diz respeito ao fato de que o Eu apaga os processos subjacentes aos seus dados. O Eu apaga o fato de organizar a percepção, o que é essencial, uma vez que permitirá fazer uma prova de realidade. Outro conceito da análise do Eu, a prova de realidade resume-se à seguinte ilusão: "se eu percebo é porque existe".

Na verdade, a prova de realidade é um pouco mais complexa se considerarmos o modo como Freud a concebe. Ele se pergunta como a criança pequena sabe se a fonte de suas vivências é interna ou externa. Qual é a primeira prova de realidade? A motricidade. Se a fonte acompanhar o sujeito quando este se afasta, é porque ela é interna, se ela se distanciar, é porque é externa. Essa é a definição da prova de realidade dada por Freud em 1913. Mas esse tipo de prova de realidade não funciona com seres vivos que se movem, pois eles podem segui-lo, até mesmo persegui-lo! Freud evoca uma outra prova feita pelo Eu, um pouco mais difícil, que ele chama de prova de atualidade, ou seja, a diferenciação entre o que percebo no presente e o que foi percebido anteriormente, em outro lugar e no passado.

Desse ponto de vista, o que caracteriza as problemáticas psicóticas não é a recusa da percepção. Esse erro foi otimamente apontado por Racamier, que destacou toda a complexidade do conceito de recusa: não se trata de uma recusa de percepção, e sim de um erro de temporalidade. O sujeito toma uma experiência passada por uma experiência presente mediante o que Freud designa como *processo alucinatório*, cujo funcionamento ele descreve com muita precisão ao dizer que a psique funciona por *identidade de percepção*.

Assim, a consciência, a reflexividade, está numa extremidade do aparelho psíquico, e a percepção, na outra extremidade. A consciência é o órgão da reflexividade identificado primeiro. Como o Eu desenvolverá processos reflexivos mais complexos? Qual indicação Freud nos dá, em 1920, para avançar nessa questão?

Freud propõe, primeiramente, uma metáfora da origem: é muito provável que, originariamente, os órgãos perceptivos se situem na periferia e recebam dados provenientes do exterior. Na periferia quer dizer em camada, em envelope. Em seguida, ele acrescenta que essa função se aprofunda posteriormente para formar os núcleos e os primeiros organizadores do Eu. Não pode ser mais preciso seu enunciado segundo o qual *os primeiros envelopes se tornam os núcleos organizadores do Eu*. Em minha primeira tese, de 1977, detive-me muito nessa questão enunciada por Freud para tentar compor uma generalização do conceito de envelope, considerando que cada sentido deve desenvolver seu próprio envelope e, talvez, além dos sentidos, cada processo também pode desenvolver seu envelope.

Entre o Id, lugar de pulsionalização, percepções e experiências perceptivas, e o Eu, encontra-se o núcleo do Eu, os primeiros envelopes do Eu. Como isso funciona? Freud não fornece uma resposta definitiva em 1920. Contudo, ele esboça uma resposta ao propor a ideia de que a primeira urgência do aparelho psíquico é o que ele chama de *domesticação da lembrança*, ou domesticação da pulsão. É preciso domar, assumir o controle, mas ele não diz como fazê-lo, afirmando apenas que, em caso de efração de natureza traumática, (insisto, efrações e traumas são importantes porque revelam o que ocorre), desenvolve-se um sistema de contrainvestimento.

166   O NARCISISMO E A ANÁLISE DO EU

Onde há uma brecha, é preciso tentar encontrar um meio de repará-la, multiplicando os contrainvestimentos, ou seja, tentando desinvestir o que está sendo enfrentado para tentar barrar e debelar a efração traumática.

Um pouco mais tarde, Freud dirá que, em caso de ferida corporal localizada, essa mesma ferida servirá, de certa forma, como abscesso de fixação da efração traumática que protegerá o sujeito de uma efração traumática generalizada que seria completamente desorganizadora.

Como funciona esse processo? É preciso buscar a resposta de Freud onde ela se encontra. Em 1924-1925, ele escreveu um breve artigo que passou despercebido e que quase não lemos, pois não é considerado psicanálise. Esse artigo intitula-se *Uma nota sobre o "bloco mágico"*. Feito criança, Freud descobre um objeto chamado lousa mágica (ou bloco mágico). O que é uma lousa mágica? É uma prancha sobre a qual se pode escrever e depois apagar descolando duas camadas de folhas. Em um único movimento, a lousa volta a ficar absolutamente em branco; é *mágico*, a lousa faz desaparecer a escrita. Mas Freud imagina desmontar a lousa para descobrir como funciona. São três folhas e duas operações. Há uma primeira folha sobre a qual se pode escrever com um lápis, sem rasgar a segunda folha que está atrás – portanto, essa é uma folha paraexcitação, ou melhor, paraefração. A segunda folha é calcada sobre a terceira mediante a pressão de um lápis. As propriedades das folhas permitem que, no ponto em que o lápis toca, fique calcado um traço em preto na lousa. A escrita traçada deixou um rastro, uma forma de impressão. Vale nos determos na primeira operação, aquela de colar. É nessa operação que ocorre uma inscrição, por um processo em que isso cola. Ou seja, ao tocar, isso cola. Anzieu inspira-se nesse exemplo, um tanto tardia e secundariamente, para pensar os processos do *Eu-pele*. O primeiro envelope, se tivermos em mente que Freud busca uma representação metafórica do primeiro funcionamento da psique, é, sem dúvida, o envelope do Eu-pele, que funciona pelo tocar/colar. Uma impressão que se dá pelo tocar, pelo contato, um contato que *cola*.

Resumindo em outros termos a formulação de Freud: o primeiro processo fundamental é o sistema do tudo, isto é, a busca da identidade de percepção. A identidade de percepção é a busca da reprodução interna da experiência com a qual o sujeito é confrontado, a busca do reencontro com a experiência interior, absolutamente idêntica ao encontro atual – a colagem é necessária, é a *identidade de percepção*.

Aparece, aqui, um raciocínio que é uma proposição permanente em Freud, um outro processo de análise do Eu, dos processos do Eu. Freud enfatiza que, se nossa consciência mantivesse traços de tudo, não poderíamos mais pensar; precisamos sempre de um espaço interno de receptividade para acolher novas experiências, o que não significa que experiências anteriores se perdem, apenas que elas são mantidas em outro lugar *sob* a consciência. No bloco mágico, a segunda folha pode ser separada da terceira, mas, se o desmontamos e observamos a terceira folha, percebemos que ela manteve o traço do que foi impresso, embora não seja mais imediatamente visível, sendo preservado apenas sob a forma de um traço interno. De certa maneira, trata-se de um *traço de cera*, material da terceira camada, da terceira folha.

A cera! Em sua segunda meditação, Descartes tenta pensar o que é um pedaço de cera. Se quero saber o que é um pedaço de cera, sua verdadeira natureza, sua essência, tenho de explorar o objeto. Como fazê-lo? Veremos a complexidade de um pedaço de cera. Um pedaço de cera de determinado formato muda de forma se for aquecido, tornando-se líquido. Assim, posso lhe dar outro formato. Descartes começa a transformar o pedaço de cera e acaba concluindo que ela não se caracteriza por esta ou aquela forma,

168   O NARCISISMO E A ANÁLISE DO EU

esta ou aquela textura. De certa maneira, a cera é informe, portanto, pode adquirir muitas formas. Ela nos dá uma excelente definição do *meio maleável* como matéria, uma definição que se alinha ao texto freudiano (e sobre a qual trabalhei muito). Isso significa que a consciência deve estar completamente limpa para receber novas impressões; é preciso descolar-se da experiência depois de deixada sua impressão, e, nesse descolamento, a consciência é tornada receptiva, ao mesmo tempo que se armazena uma memória da experiência interior, porque ela permanece traçada na cera interna, no meio maleável interno do sujeito, isto é, em suas formas de memória. Aliás, pode-se dizer que a escrita é uma forma-movimento; nela, criamos uma forma pelo movimento. Assim aprendemos a escrever, assim dominamos a escrita. Veremos que isso não é muito distante do que começa a aparecer em Anzieu, com os significantes formais; em Piera Aulagnier, com os pictogramas; em Bion, com os ideogramas; em Monique Piñol-Douriez, com as protorrepresentações; em Tobie Nathan, com os continentes formais; ou em Christopher Bollas e o objeto transformacional.

Todos esses trabalhos, tão importantes para a clínica do arcaico, podem ser encaixados em algum lugar no modelo do processo pensado por Freud. O que Freud nos legou foi um modelo com três envelopes, se incluirmos o primeiro que protege o psiquismo da efração, e dois processos dialeticamente ligados. Um primeiro envelope é constituído pelo processo de colagem e um segundo envelope obedece ao processo de descolamento.

Quanto ao colar, percebe-se uma abertura em direção a todos os trabalhos de Anzieu sobre o Eu-pele. No que diz respeito ao descolar, propus o termo em 1977, mas a questão foi muito desenvolvida, especialmente por Guy Lavallée, com relação ao envelope visual, cuja particularidade foi muito bem destacada por Bion, que, embora não dissesse envelope visual, enfatizou a importância da visão binocular. Por quê? Porque a organização da visão binocular coloca o objeto à distância, em profundidade, ela o descola. De outro modo, *toca e cola.*

De acordo com o modelo do primeiro envelope, o envelope de inscrição, tudo toca e cola, como o olhar, quando predomina a primeira organização do colar, ou seja, do Eu-pele. O olhar cola os objetos aos olhos (provavelmente é assim que os bebês enxergam antes da organização da visão binocular, quando *reviram os olhos*), as coisas colam no toque, colam à pele. A linguagem diz tudo isso muito bem: "ele gruda em mim". Ou então: "temos que nos distanciar". O que fazemos quando nos distanciamos? Nós nos descolamos. É assim que começamos a organizar uma cena possível, a fase do espelho, aos 18-24 meses.

Como funciona a primeira organização? O bebê está no colo da mãe, seu rosto toca/cola no dela, confunde-se com o dela, numa primeira identidade adesiva, base dos processos de incorporação. Mais tarde, após a aquisição da visão binocular, no colo da mãe diante de um espelho, o bebê olha para ela, olha para o espelho, descola a mãe da representação dela, descola a sensação percebida da representação. Ele descola o espelho do rosto da mãe do espelho mineral e funda o conceito-coisa de espelho. Ele cria uma cena representativa da cena mostrada no espelho, como descreve Freud, em 1920, em relação ao jogo do carretel. Numa versão desse jogo, Freud diz que a criança brinca de aparecer/desaparecer, faz desaparecer sua imagem do espelho. Por esse jogo com o carretel e com sua imagem, ela vai construindo, aos poucos, a representação de si mesma e a representação da mãe separada. Ela experimenta o espelho do espelho, cria-descobre a cena da função de espelho da mãe a partir de uma posição terceira.

Dei uma demonstração do método que adoto para seguir as proposições de Freud e do modo como as trabalho. No próximo

170 O NARCISISMO E A ANÁLISE DO EU

capítulo, seguirei passo a passo esse processo. A primeira camada do Eu corresponde ao Eu-pele, ao modelo do tudo, cuja origem veremos mais adiante, o tocado/colado e a identidade de percepção. Esse envelope do Eu-pele remete ao que Freud chama de matéria-prima psíquica, a primeira inscrição, mas é também o que ele chama, em outra ocasião, de traços mnésicos perceptivos – não é memória, são traços mnésicos, inscrições, um envelope de primeira inscrição. Quando se diz, por exemplo, *isso é irrepresentável*, o enunciado pode ser compreendido, mas, metapsicologicamente, é desprovido de sentido. Como esperamos que uma experiência produza os efeitos a ela atribuídos se não for representável? Sempre há um mínimo de representação, a qual pode ser traumática, assustadora, terrível, mas é uma representação. Se assim não fosse, não teríamos medo, não ficaríamos aterrorizados nem traumatizados, nada aconteceria. Nosso aparelho psíquico é constantemente construído pela representação, nosso cérebro é construído pela representação. Todo o tempo há representação, mas o problema é como ocorre sua inscrição: existem movimentos anti-inscrição, ou melhor, processos para tentar retirar o investimento da inscrição? Refiro-me, assim, a todas as problemáticas de retirada do investimento, a todas aquelas em que ocorre uma forma de clivagem fundamental e específica, que propus chamar de *clivagem no Eu*, em vez de *clivagem do Eu*. Essa clivagem no Eu ocorre pela retirada do investimento ou pelo contrainvestimento, exatamente o que diz Freud.

Precisamos agora compreender como se faz a passagem para a segunda inscrição, ou seja, de que maneira uma criança acaba se reconhecendo, representando-se no espelho. Seria pela simples existência do espelho: *olho para o espelho e me reconheço*? Ou isso seria o resultado de todo um processo que se desenrolou entre o bebê e sua mãe e que desembocaria em seu reconhecimento como tal? Reconhecer-se como sujeito, como ser inteiro, é o que Lacan define como *assunção jubilatória.* Obviamente, não se trata de pensar em termos de objetos parciais – estranho conceito esse, repito –, nem em termos de pulsões parciais, pois, se assim fosse, tendo objetos parciais, teríamos, portanto, inversamente, objetos *totais.* Entretanto, as pulsões não são parciais, são parcializadas por introjeção; *objetos totais* não existem. O que isso poderia significar? Uma criança, aos 8, 9, 10 meses, teria uma representação de um objeto total que é sua mãe? Uma criança dessa idade poderia ter uma representação da mãe de tamanha complexidade? Não. Não há representação de um objeto total. Sabemos que são necessários anos de análise para alcançar uma representação da mãe que se sustente mais ou menos. Aparece uma primeira representação que muda depois de seis meses, que muda novamente depois de oito meses, e mais uma vez depois de dois anos. Ela muda porque temos experiências múltiplas e complexas que se integram à representação da mãe. A determinação não é a descoberta de um objeto total, e sim a descoberta de um outro-sujeito, logo, a descoberta da *função sujeito.* Esta nos leva a Winnicott e às suas proposições sobre o objeto encontrado/criado e sobre o objeto destruído/descoberto como sujeito, destruído/encontrado. Veremos como tudo isso é concomitante à organização do envelope visual e da analidade, e teremos de trabalhar sobre este enorme problema que é central em toda a clínica da análise do narcisismo: como sair de sistemas em que predomina o *tudo ou nada* para passar a sistemas em que existe a possibilidade de uma negação.

Eu disse: fase do espelho, negação, analidade. Trata-se do mesmo sistema de formas de aquisição de outro processo de organização comandado pela negação. E como isso ocorre, parte por parte, para passar ao *não tudo, não tudo imediatamente, não tudo por si só, não tudo junto, não tudo no centro* etc.? Por quê? Porque o *tudo* corre o risco de se tornar *nada*; o tudo imediatamente ou sempre pode se tornar nunca; o tudo no centro sofre a ameaça de não estar

172 O NARCISISMO E A ANÁLISE DO EU

em lugar nenhum; o tudo junto sofre a ameaça de fragmentação; o tudo no fim pode nunca começar etc.

Portanto, é imperativo vencer o sistema do tudo. E isso acontece porque o encontro da criança com uma vivência de impotência e desamparo, à medida que a adaptação da mãe vai diminuindo e falha, mobiliza uma fúria destrutiva que possibilitará a descoberta da função sujeito pela sobrevivência do objeto (cf. artigo de Winnicott "O uso do objeto", em *O brincar e a realidade*, traduzido em francês por "L'utilisation de l'objet" [A utilização do objeto] e posteriormente retraduzido por Gribinsky sob o título "Usage de l'objet" [O uso do objeto]). Uso é interessante porque remete a usos (costumes), abuso, usufruto. *Usus* faz parte do vocabulário jurídico, mas também é algo que definirá a abertura para todas as problemáticas do simbólico e da apropriação subjetiva.

Um último comentário.

O sujeito tem uma primeira inscrição colada. Com o visual, ele descola, ganha distância. Esse distanciamento permite uma ação, uma cena completa, com um objeto, um sujeito, um outro-sujeito, uma ação, mas ainda sem temporalidade. O tempo e a passagem pela aquisição das primeiras formas de temporalidade levarão ao terceiro envelope, o envelope narrativo, de acordo com Dan Stern. É esse envelope narrativo que dará a possibilidade de começar a narrar. Uma narrativa precisa de um começo e de um fim; há nela uma temporalidade, não é mais o imediato, é algo que vai se desenrolar no tempo. Dispomos, assim, dos dois grandes operadores que Freud atribuiu à organização do Eu, baseando-se em Kant, ao afirmar que a temporalidade e a espacialidade são organizações fundamentais para o Eu. Isso pode ser perfeitamente percebido em seu modelo.

Daqui em diante, minha tarefa consistirá em reunir tudo o que foi exposto em um todo coerente.

6. Dialética e jogo dos envelopes

No capítulo anterior, fiz uma espécie de roteiro programático a partir de um percurso dos referenciais legados por Freud. Identifiquei várias problemáticas que, agora, irei desenvolver, na tentativa de traçar um modelo da penetração das experiências subjetivas no interior do Eu. Trata-se, assim, de um modelo dos processos de integração no Eu. Recapitularei, brevemente, os diferentes pontos que comecei a abordar, assim como o meu roteiro programático, ou seja, o conjunto de tudo que há a ser articulado de modo a concretizar um modelo consistente referente à problemática da integração da experiência subjetiva e, eventualmente, as escalas dessa integração.

Comecei por uma reflexão sobre a modificação da teoria da pulsão em Freud a partir do momento em que ele introduz o conceito do Eu. Essa mudança é considerável, na medida em que o primeiro modelo era antes um modelo biológico, enquanto aqueles que se sucederam abrangiam a integração da vida pulsional no Eu. Esta, por sua vez, é regida por vários princípios. O primeiro foi denominado por Freud *o princípio de prazer/desprazer*. Esse princípio foi progressivamente modificado, mas, inicialmente, Freud postulou que, de acordo com o princípio de prazer/desprazer, repetimos o que nos proporcionou prazer e tentamos evitar aquilo que nos causou desprazer. A partir de 1920, a situação muda e Freud propõe a ideia de um além do princípio de prazer. Esse além do princípio de prazer diz mais sobre o desprazer do que sobre o prazer. *Além do princípio de prazer* significa que certas experiências, apesar de não proporcionarem qualquer satisfação, nem no momento, nem na repetição, repetem-se mesmo assim. Não repetimos apenas experiências de prazer: repetimos, também, experiências de desprazer, ou seja, repetimos o que ocorreu na subjetividade psíquica, na *realidade psíquica*. Para além do princípio de prazer está o princípio da realidade psíquica.

Se acompanharmos o pensamento de Freud, perceberemos que, em seus últimos anos de vida, ele supera essa contradição, essa antinomia, e propõe o que chamarei de *princípio de integração*. Exilado em Londres, Freud afirma que as experiências mais precoces são aquelas que mais se repetem. Por *experiências mais precoces*, deve-se entender que se trata, verdadeiramente, daquelas muito iniciais provenientes dos dois ou três primeiros anos de vida. Ele anota, entre parênteses: "explicação: fragilidade da síntese". Essa explicação contém um implícito: algo se repete quando não foi integrado. Assim, esse outro princípio defendido por Freud, o princípio de integração, não é um princípio de prazer, mas um princípio que chamarei de *princípio de satisfação*, pois a integração no Eu produz um afeto particular, um afeto de satisfação. Este é o ponto de partida: a pulsão, a exigência de trabalho imposta à psique e, portanto, ao Eu, pelo fato de sua conexão com o soma, que também é uma conexão com o mundo exterior na medida em que o conhecemos por meio da percepção e das sensações, ou seja, por meio de dados que são inicialmente somáticos. Os dados somáticos têm de ser investidos, *pulsionalizados*, e essa *pulsionalização* dos dados somáticos é aquela da experiência subjetiva vivida e registrada pelo sujeito, a *matéria-prima* sobre a qual a psique irá trabalhar. Essa pulsionalização representará uma exigência de trabalho para o Eu.

Quando lemos Freud atentamente, não podemos ignorar que existem diversos modelos de satisfação, modelos de busca pela satisfação. Não são modelos da busca pelo prazer. É preciso diferenciar prazer e satisfação: o prazer concerne àquilo que chamamos de *descarga pulsional*; a satisfação, por sua vez, refere-se à integração no Eu. Isso quer dizer que pelo menos dois modelos do princípio de integração devem ser considerados para pensarmos o funcionamento da integração no interior do Eu. O primeiro modelo, e aqui retomo a leitura de Freud, adota um princípio de identidade; é a *repetição ao idêntico* que segue aquilo que ele chama de *identidade de percepção*. A identidade de percepção significa a existência de uma reativação alucinatória, uma busca de atualização de acordo com o modelo alucinatório, e a satisfação é obtida quando, de certa forma, o modelo alucinatório se realiza com uma identidade quase total. Veremos mais adiante que tal afirmação supõe, implicitamente, que não estamos mais diante de uma oposição entre a percepção e a alucinação, pois, se as alucinações se realizam, elas o fazem por meio da percepção, a partir da percepção, instaladas na percepção. Isso implica a reformulação de toda uma parcela das proposições referentes às alucinações psicóticas, em particular.

Esse primeiro modelo baseado na identidade de percepção é um modelo de busca do tudo: eu quero tudo igual, idêntico, e não posso me satisfazer sem que tudo seja igual, idêntico. É notório que esse é o modelo precoce, primordial, mas que não poderá durar a vida toda, pois, evidentemente, o tempo passa, as coisas se modificam e não é mais possível obter a realização posterior de uma experiência anterior de forma totalmente idêntica.

176 O NARCISISMO E A ANÁLISE DO EU

Como isso não é mais possível, não é mais realizável, faz-se necessário, então, um segundo modelo, mais tardio, que se estabelecerá progressivamente a partir daquilo que Freud chama de *identidade de pensamento*. O que é a identidade de pensamento? É a busca de uma identidade semelhante ao primeiro registro, parcialmente idêntica, mas não totalmente. Basta que haja um certo número de traços da nova experiência para que ela simbolize a experiência anterior que o sujeito deseja reproduzir e realizar.

Identidade de pensamento é, portanto, de certa forma, uma identidade na qual, de acordo com o modelo da simbolização, uma parte, o símbolo, vale pelo todo. Cada um de nós simboliza a mãe a partir de alguns traços de seu caráter. Se não somos capazes de encontrar nossa mãe de maneira idêntica em outra mulher, se perdemos a mãe de nossa tenra idade – ela envelheceu, mudou, o tempo passou etc. –, se não podemos reproduzi-la de forma idêntica, algumas de suas características, porém, nos permitirão encontrar o materno eventualmente até mesmo em outra pessoa, pois os traços particulares de nossa mãe podem talvez ser encontrados em outros personagens femininos ou masculinos. Trata-se da identidade de pensamento.

Assim, o que gera nossos afetos – a satisfação, o prazer, o desprazer, a raiva por não encontrar o objeto que se busca reproduzir, a vivência de impotência, o desespero, a agonia, o desamparo, todos são afetos – está estreitamente ligado à busca da satisfação e àquilo que será obtido, ao seu êxito. Podemos obter prazer se alcançamos a satisfação, enquanto o fracasso gera decepção, desespero, um sentimento de impotência ou, no mínimo, desprazer. Essas são as bases do modelo primário. Freud esclarece, mais tarde, principalmente em 1920, em *Além do princípio de prazer*, que as experiências são recebidas pelo aparelho psíquico por meio do sistema perceptivo que se situa na superfície, para depois alcançarem as camadas mais profundas, formando os núcleos mais profundos do Eu. Freud se dá conta, nesse momento, que a percepção, a qual havia situado (como poderemos ver claramente no esquema mais adiante) em um sistema percepção--consciência, é deslocada e encontra sua sede fundamental no soma, a verdadeira fronteira da psique. A percepção é um processo somático; a sensação é um processo somático. Portanto, não há percepção imediatamente consciente ou, se há alguma, ela é consideravelmente modificada, transformada pelo fato de que deverá atravessar todo o aparelho psíquico para se tornar consciente. Mostro novamente o esquema para que possamos memorizá-lo (Figura 6.1).

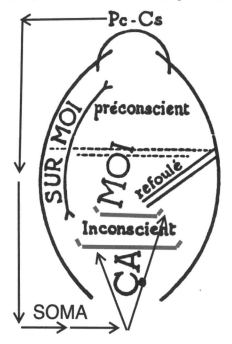

Figura 6.1[1]

---

1 Ça = Isso; Soma = Soma; Moi = Eu; Surmoi = Supereu; Préconscient = Pré--consciente; Refoulé = Recalcado; Inconscient = Inconsciente [N.T.].

Os traçados em azul e em vermelho serão explicados posteriormente, quando tratarei da questão dos envelopes do Eu.

Por ora, gostaria de chamar a atenção para o fato de que desloquei a percepção do sistema percepção-consciência em direção ao soma. Portanto, ela deve penetrar no aparelho psíquico não por cima, mas por baixo. Isso implica algumas consequências. A primeira, como explicado por Freud, é de que a percepção alcança as camadas mais profundas para formar os núcleos do Eu, que são descritos numa espécie de forma paradoxal, em forma de envelopes. Lembremos que Freud foi o primeiro a propor a ideia de que existiam envelopes do Eu e de que estes, caso tentemos situá-los, encontram-se entre o Id e todo o conjunto do Eu. Esse modelo foi esboçado em 1920; em 1924, Freud vai mais longe na nota sobre o bloco mágico, especificando que o modelo dos envelopes, sob a forma de folhas que se colam e descolam, obedece a dois processos. O primeiro é o processo de impressão no qual a experiência se imprime, como na metáfora da escrita sobre a lousa mágica; a impressão ocorre porque a escrita *cola* as folhas uma à outra. Em seguida, uma pequena barra descola a folha profunda daquelas que se colaram à camada de cera que estava ao fundo, o que faz desaparecer o traço visível para produzir uma superfície de recepção novamente virgem. Contudo, o primeiro traço é conservado nas profundezas, na camada de cera, tornando-se memória. Assim, Freud propõe algo absolutamente fundamental: o funcionamento de inscrição e de conservação, a dialética colar/descolar. Se tivermos em mente que aquilo que Freud tenta metaforizar é um modelo do Eu, então, ele está descrevendo um sistema que supõe dois processos: um processo de colar e outro de descolar. Comecei a explicar que isso era muito semelhante ao que foi trabalhado, por autores recentes, em torno da ideia do Eu-pele, de D. Anzieu, e daquela de envelope visual, a qual comecei a formular entre 1977 e 1978 e que, em seguida, Guy Lavallée e outros desenvolveram.

Na verdade, o que é determinante é a dialética de um processo de colagem, o qual não podemos deixar de relacionar à identidade de percepção, isto é, à lógica do tudo. Na colagem, tudo é igual. Mas, em seguida, secundariamente, uma vez realizada a primeira impressão, poderá ocorrer um processo de descolar que introduz a possibilidade de conservação, devido à distância. Esse processo corresponde também àquilo que se desenvolve em torno do visual como capacidade de introduzir a distância (quando se trata, certamente, da visão binocular). Portanto, introduzida a distância, o descolar, torna-se possível a *cenarização*, logo, a passagem à identidade de pensamento. E isso é absolutamente fundamental.

Se combinarmos as duas proposições de Freud, chegaremos a uma terceira proposição que, até onde eu saiba, foi muito pouco comentada e desenvolvida. Há o problema do próprio percepto, que pode derivar da pele, dos olhos, da boca, do gosto, do nariz, do olfato, em suma, de todos os sistemas de sensações possíveis. Mas o que Freud postula implicitamente é a existência de um primeiro sistema, de um primeiro envelope no qual todos os sentidos operam no modelo do tocado/colado: o olho do bebê cola, a pele cola ao tocar, a boca cola, o olfato cola. Assim é mais fácil representar-se – basta observar crianças que levam coisas à boca para logo constatarmos que elas provam, colam, é necessário que haja o toque. O que é difícil observar, embora também saibamos, é o fato de que a visão binocular dos bebês ainda não está estabelecida e que seu olhar, às vezes, é um tanto flutuante, estrábico, mas ele toca.

Esses aspectos podem ser encontrados em alguns funcionamentos arcaicos em pacientes psicóticos ou em momentos arcaicos de outras personalidades. De fato, em determinadas circunstâncias, a distância em relação ao outro, mesmo que ele esteja um tanto quanto longe, pode desaparecer, como se o outro tocasse, penetrasse no espaço interno desses sujeitos. Acredito que é muito importante identificar isso na clínica. É por meio desse primeiro sistema, o sistema de impressão, que o encontro com o mundo se efetiva num primeiro momento, que a *matéria-prima psíquica* se constitui. O encontro com o mundo se efetua, primeiramente, mediante o sistema do tocar/colar, um sistema do igual, do tudo igual. Veremos mais adiante que isso foi evidenciado, principalmente, pelo que Rizzolatti e Gallese chamaram de *neurônios-espelho*, e que o Instituto de Ciências Cognitivas de Lyon (Marc Jeannerod, Nicolas Georgieff, entre outros) preferiu ampliar, ressaltando que, além do cérebro ser dotado de um sistema do mesmo, há também um sistema do tudo igual no interior do aparelho psíquico. Isso não quer dizer que só exista esse sistema, como veremos. Há esse sistema desenvolvido em torno dos neurônios-espelho de Rizzolatti, mas acredito que este vai muito além da simples existência de neurônios-espelho.

Fundamentalmente, uma das funções do aparelho psíquico consiste em se apropriar daquilo a que é exposto, assim como o cérebro, primeiramente devido ao fato de colar-se àquilo a que é exposto, àquilo que o *toca* ou em que ele toca; posteriormente, ele precisará se descolar. Para tentarmos representar qual é a forma dessas primeiras impressões, um autor imprescindível é Anzieu, com o conceito por ele proposto de *significantes formais*. Surgido no fim dos anos 1970, e decorridos mais de quarenta anos, muita água passou por debaixo da ponte, e esse conceito sobre o qual a metapsicologia se desenvolveu deve ser revisado, aprofundado. Chegamos a pensar atualmente que essa primeira impressão ocorre não simplesmente sob a forma de um significante formal, mas sob a forma de *sensação-forma-movimento*: deslizar, cair, perfurar. Não só a sensação, mas uma sensação em movimento que produz uma determinada forma.

Em outras palavras, a primeira inscrição é uma inscrição de impressão, mas essa impressão já transforma o primeiro dado, a própria experiência, em um significante, para usar um termo empregado por Anzieu: significante forma-sensação-movimento.

Aqui, abro um parêntese sobre os trabalhos de um neurocientista chamado Francisco Varela, já referido no capítulo anterior, que propõe que uma das características fundamentais do vivente é ser delimitado por um envelope, mas o que é completamente novo é o fato de que ele não se refere a essa característica somente como envelope, mas como um contorno. Ele afirma que um envelope é um sistema de transformação, ou seja, um sistema que transforma o que advém do exterior em algo compatível com o interior, o *meio interno* (C. Bernard).

Vejam que isso subverte consideravelmente toda a teoria dos envelopes, dos continentes, dos contornos, todos esses conceitos. Não estamos simplesmente diante da hipótese de um envelope; trata-se, ainda, de um envelope transformador, formado por diferentes sistemas (como a pele é formada pela epiderme, pela derme etc.). O que se aplica à pele aplica-se a todos os nossos sistemas de envelope.

Nossos sistemas de envelopes são sistemas de transformação mediante os quais transformamos aquilo com o que somos confrontados, proveniente do exterior, em algo que comece a ser compatível com a psique, compatível com o Eu. A primeira forma é o significante formal: forma-sensação-movimento.

Assim se inscrevem nossas primeiras experiências. Do mesmo modo que as inscrições originárias, sem dúvida, sucedem-se outras inscrições. Contudo, outros sistemas de transformação muito mais complexos se estabelecem mais adiante, assumem o controle e complexificam consideravelmente essa primeira transformação. Inicialmente, por meio desse sistema primordial de transformação, as primeiras experiências dos bebês não se imprimem sob a forma de lembranças, mas sob a forma de processos que são sensações-forma-movimento. Recomendo o livro *Le monde des bébés*, de Philippe Rochat, o extraordinário livro de Daniel Stern, *O mundo interpessoal do bebê* ou *O diário de um bebê*, nos quais os autores tentam representar o modo pelo qual um bebê se apropria do mundo.

Quais são as particularidades dessas primeiras impressões? Elas se caracterizam por serem interfaces, impressões do encontro, da primeira ligação – isso cola, mas já foi transformado pelo próprio processo mediante o qual se efetua a colagem. Em outras palavras, é um misto daquilo com o que eu fui confrontado e de como eu o transformei, ou seja, não é nem dentro, nem fora; é um processo em interface, um processo *entre*.

Pensar que não sabemos de onde vem grande parte das primeiras impressões, ou seja, se é de dentro ou de fora – pois elas vêm de ambos os lados –, e que as oposições dentro/fora se estabelecem muito mais tarde é de extrema relevância e terá uma importância considerável na clínica. Ademais, retomo o que anteriormente salientei sobre a sensação: ela não é monossensorial, mas, sim, plurissensorial, pluriperceptiva. Em seguida, o primeiro impacto será investido pela pulsão, também de maneira multipulsional. Em outras palavras, essas sensações-forma-movimento primárias, esses significantes formais, se quisermos resumir em um termo, são elementos que têm a hipercomplexidade como uma de suas características fundamentais. Eles são condensações. Estamos muito próximos daquilo que Freud começou a pensar em termos de processos primários, quando dizia que estes se caracterizam pela ausência de tempo e espaço: simultaneidade, contiguidade. À medida que são transformadas, na integração progressiva no interior do Eu, as impressões adquirem espacialidade e, posteriormente, temporalidade.

O segundo movimento descrito por Freud é caracterizado pelo descolamento. Presumivelmente, ele se apoia na percepção visual, que, graças às propriedades da visão binocular, é capaz de distanciar os objetos, ao passo que uma visão não binocular os cola ao olho. Não foi à toa que Lacan começou a pensar a fase do espelho, isto é, a possibilidade de perceber-se como um todo. Isso ocorre porque, efetivamente, a distância se aprofundou, ou seja, o segundo processo se efetua por descolamento, desta vez fornecendo profundidade e espaço. Em contrapartida, o rosto da mãe, primeiro *espelho* do bebê, deve, em parte, permanecer no processo identitário do colar.

Portanto, o descolamento está apoiado sobre a visão. Contudo, repito o que ressaltei anteriormente: não se trata somente da visão, mas de toda a sensorialidade que descola. Em determinado momento, o primeiro toque, que funcionava pelo modo da colagem, começa a fazer sentir o outro e, assim, a descolar. O bebê toca o outro e, ao fazê-lo, desfaz-se da confusão entre Eu e não Eu. Num primeiro momento, ele *tocava* a sua sensação, agora, ao *tocar* o outro, *toca* a sensação de uma alteridade. O mesmo ocorre com aquilo que ele come, com o que ele cheira. Se assim não o fosse, seríamos completamente invadidos pelo gosto, pelo olfato, e todo o nosso sistema perceptivo permaneceria colado. O processo psíquico que se apoia nas percepções e as organiza pelo descolamento é o mesmo que permite o corpo a corpo com a pessoa que amamos, sem qualquer confusão identitária, mesmo que *formemos um só*. Formar *um* somente é possível porque dois se encontram.

No que se refere aos sujeitos nos quais esse sistema é muito deficiente, o corpo a corpo não é suportado, precisamente devido à ameaça de perder-se um no outro, como se o sujeito e o outro estivessem excessivamente colados. Saliento a todos aqueles que trabalham com problemáticas psicóticas ou até mesmo *borderline* – apesar de eles bem o saberem – que a distância mantida deve

184 O NARCISISMO E A ANÁLISE DO EU

ser suficiente para que o sujeito não se sinta ameaçado pela proximidade corporal, que significa ameaça de confusão com o outro. O que esse processo de descolamento possibilita? Um distanciamento por meio do qual, progressivamente, poderão advir um sujeito, um objeto, uma ação entre o sujeito e o objeto, uma *cenarização*. Não só Lacan, com a fase do espelho, mas também Wallon e Winnicott, sem esquecermos de René Zazzo, contribuem para o estudo da relação com a imagem de si mesmo no espelho. Deve-se estudá-la na criança de 2 a 6 anos. É notório que Lacan cometeu um erro ao situar o início da fase do espelho aos 9 meses, idade que corresponde apenas ao início do reconhecimento do reflexo de si mesmo no espelho – deve-se situá-lo entre 18 e 24 meses. Estudamos como a criança reconhece a si mesma no espelho fazendo um pequeno ponto em sua testa. Se ela tocar nesse ponto em sua testa, ao se ver no espelho, sabemos que se reconheceu. Portanto, temos um marcador da possibilidade do reconhecimento de si no espelho entre 18 e 24 meses, no quarto semestre de vida, mas esse reconhecimento permanece relativamente indefinido até os 5 ou 6 anos de idade. Os trabalhos de Zazzo a esse respeito são muito interessantes para estudo. Essa indefinição, no entanto, pode até mesmo prosseguir para muito além desse período. Como já vimos anteriormente, no artigo *O estranho*, Freud vivencia um momento de inquietante estranheza quando adentra um vagão de trem e pensa ver ali um intruso, até se dar conta de que está vendo a si mesmo no espelho. Ele não se reconheceu imediatamente, mesmo sendo um adulto.

Pode-se dizer que, na maioria das vezes, nós nos reconhecemos facilmente no espelho porque sabemos o que é um espelho. Os trabalhos do Instituto de Ciências Cognitivas de Lyon sobre a agentividade evidenciam que o não reconhecimento de si é um transtorno grave em todas as áreas de desorganização da subjetivação (o que os neurocientistas chamam de agentividade) e da identidade, nas organizações *borderline* e psicótica, mas esse reconhecimento é bem mais satisfatoriamente adquirido nos outros tipos de funcionamento psíquico. A possibilidade de criar a distância promoverá um trabalho de *cenarização*. A cenarização é a possibilidade de construir uma cena com um sujeito, um objeto e uma ação que *narra* uma história.

A cenarização possui uma particularidade: trata-se de uma forma de linguagem. Freud fala a respeito da linguagem do sonho como uma linguagem cenarizada que se desenrola na instantaneidade da cena, sem a temporalidade da linguagem verbal. Há, por vezes, uma temporalidade no sonho, mas ela se dá pela sucessão de imagens; a própria imagem pode conter algo relativamente fixo, fixado, mesmo se uma imagem fala por si. Encontramos essa particularidade nas mediações com desenhos e em toda uma parcela das mediações utilizadas em nossas práticas, pois, efetivamente, elas fabricam imagens cenarizadas ou que podem vir a sê-lo. É pelo desenho – portanto, do visual – que podemos observá-lo de maneira mais clara. Todavia, no brincar e no criar das crianças observamos todo um trabalho de cenarização: elas dão vida aos objetos e aos desenhos, narram cenarizando. Vemos muito bem como se comportam as crianças no brincar: elas brincam e concomitantemente narram a brincadeira. Entretanto, se uma criança começasse a narrar a brincadeira sem brincar, o efeito seria perturbador. Imaginem uma criança que reproduz o gesto e emite o som de um avião com um objeto qualquer. Agora, imaginem que, em vez de brincar com um objeto, ela apenas reproduz o som. Diremos: "É um autista ou quase, esse menino". Portanto, é necessária a cenarização, na qual, eventualmente, serão introduzidos palavras ou sons, produzindo uma tradução narrativa. A cenarização que introduz a distância possibilitará a introdução da temporalidade. Tornamo-nos capazes de começar a fazer frases; não se pode formar uma frase sem temporalidade, pois toda frase precisa ter um

186   O NARCISISMO E A ANÁLISE DO EU

início e um fim, precisa ser construída. Porém, essa temporalidade primária das crianças não se insere numa temporalidade histórica. Sabe-se muito bem que uma criança de 3 anos não é capaz de dizer: "São 20h de quarta-feira". É somente com 5 ou 6 anos de idade que ela começa a poder dizer em que dia da semana estamos, e só depois aprenderá a ver as horas, por exemplo. Isso se torna possível quando os operadores da diferença de geração se estabelecem, ou seja, não se pode ser o pai de seu pai, a mãe de sua mãe. O tempo segue apenas em um único sentido: ele é cronológico.

O que Daniel Stern chamou de *envelope narrativo* desenvolve--se, progressivamente, no decorrer do terceiro ano de vida, de maneira aproximativa de início, com erros linguísticos. Retomo mais uma vez meu esquema, com ligeiras modificações indicadas pelas flechas e comentários que adicionei (Figura 6.2).

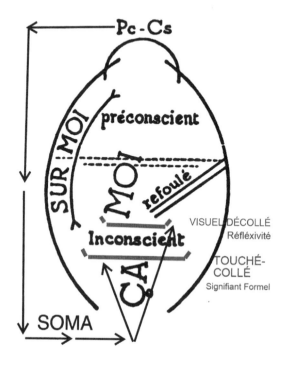

Figura 6.2[2]

A primeira flecha, que alcança a barra vermelha, corresponde à primeira operação: a colagem. Um pouco mais afastado, anotei *tocado/colado, significante formal*. A segunda flecha, que alcança a barra de cor azul, refere-se ao descolado, ao visual. Introduzo ali a reflexividade, pensando no fato de que a criança começa a

---

2 Ça = Isso; Soma = Soma; Moi = Eu; Surmoi = Supereu; Préconscient = Pré-consciente; Refoulé = Recalcado; Inconscient = Inconsciente; Visuel--Délcollé= Visual descolado; Réfléxivité = Reflexividade; Touché-collé = Tocado-colado; Signifiant formel = Significante formal [N.T.].

188 O NARCISISMO E A ANÁLISE DO EU

alcançar uma representação de si mesma como sujeito: a representação reflexiva. Há, aqui, um sujeito e um objeto, e eu sou o sujeito ou o objeto. Assim, complementei aqui a síntese que comecei no capítulo anterior.

Proponho, agora, que entremos na história da construção do Eu a partir da experiência subjetiva. Se tivesse feito isso há alguns anos, eu teria partido do nascimento. Contudo, os avanços acerca da vida fetal, nos últimos anos, têm sido tão significativos que não se pode mais ignorar o que se passa com o feto. Tais avanços nos convencem de que não é mais possível pensar a questão a partir do nascimento; é necessário pensar as origens a partir dos primeiros traços, das primeiras impressões e das primeiras experiências, as quais ocorrem no útero. Seria interessante acompanhar, durante um dia, um ginecologista que mostrasse filmes acerca de tudo aquilo que podemos atualmente observar no que concerne à vida do feto. Em caso de gêmeos, podemos vê-los lutando um contra o outro; quando há uma mancha de sangue, podemos ver, até mesmo, o feto brincar ou boxeá-la. Todos aqueles que conhecem a haptonomia sabem perfeitamente que um feto pode entrar em contato, por exemplo, quando tocamos no ventre da mãe, o feto vem tocá-lo, como se tivesse sido chamado pela mão. Ele ainda funciona conforme o primeiro modelo, o do colar. Não me estenderei mais sobre esse assunto, pois esse não é o meu objetivo, mas gostaria apenas de salientar que não podemos mais ignorar as experiências anteriores ao nascimento, as experiências *in utero;* não podemos mais ignorar que uma série de trabalhos mostram que a alimentação da mãe tem um impacto no desenvolvimento do bebê e que seu estresse, suas angústias e suas emoções passam por ele.

Em outras palavras, o bebê é sensível, desde o início, a uma dimensão relacional, estabelecendo uma relação com a mãe em que, fundamentalmente, todos os fenômenos relacionais passam por uma epigênese interacional biológica, pelo cordão umbilical, por sistemas de transmissões majoritariamente biológicos. Portanto, as impressões ainda não são verdadeiramente impressões, embora algumas já possam ser assim consideradas. Por exemplo, o feto pode apreciar mais certas músicas do que outras, o toque pelo ventre etc. Há, ainda assim, uma interação relacional, mas a maior parte das interações passa pelo cordão umbilical, isto é, pelo sistema biológico.

Uma consequência extraordinária do exposto aqui é o fato de que, *in utero*, o bebê experiencia uma satisfação conforme o modelo do tudo, ou seja, todas as suas necessidades são satisfeitas. Certas características biológicas garantem uma resposta imediata do corpo materno a uma necessidade. Portanto, a satisfação não é somente total, mas, também, imediata, é tudo de imediato. O feto não precisa fazer nada, pois suas necessidades são satisfeitas sozinhas. O feto está totalmente no centro, suas necessidades prevalecem sobre a autoconservação da mãe, e esta deve se submeter, assim como sua biologia, às necessidades do feto. Isso acontece tudo em um, portanto, tudo junto. O que marca a primeira experiência do bebê é um sistema ou uma lógica do tudo: tudo por si só, tudo junto, tudo imediatamente, tudo no centro e, é claro, tudo até o fim, pois, cessando a fome, tudo cessa, enquanto há fome, tudo continua.

A primeira impressão – Winnicott chamou de *primeira refeição teórica* referindo-se ao bebê, numa época em que não existiam muitos trabalhos sobre os fetos –, a primeira *refeição teórica* é, portanto, fetal. Essa primeira impressão estabelece um modelo cuja particularidade é impregnar-se pelo estilo da mãe, conforme sua alimentação, seu estado emocional, presumivelmente seu ambiente – como seu estado emocional não é independente do ambiente, conta a maneira como sua gravidez foi acompanhada pelo grupo familiar e social ao qual pertence. Logo, não apenas a alimentação é fornecida ao bebê, mas, também, as particularidades desta. Não é simplesmente este ou aquele dado puramente biológico que conta; esses dados já estão marcados por aspectos afetivos. Em outras palavras, desde o início, trata-se da epigênese interacional, uma interação entre as necessidades, os arranjos biológicos estabelecidos e a resposta do ambiente. O ambiente é o corpo materno, um ambiente biológico, mas sua biologia já está determinada por uma mãe em particular. A mãe teórica não existe. Uma mãe se caracteriza por seus hábitos alimentares, por sentir determinada emoção, por estar inserida num determinado grupo, num determinado mundo.

Posto o primeiro modelo, o problema, agora, diz respeito ao que ocorre no momento do nascimento. Aqui, não podemos nos eximir de nos basearmos neste extraordinário conhecedor da primeira infância: Winnicott. Ele propõe conceitos absolutamente essenciais e fundamentais para a compreensão do que ocorre nesse período da vida. Primeiramente, o conceito de *preocupação materna primária*, que poderíamos ampliar para preocupação familiar primária, pois, evidentemente, ela engloba o ambiente maternante, que envolve os pais, as avós, a família e até mesmo o grupo social. Felizmente para as mulheres, que não vivenciam essa experiência completamente sozinhas. Assim, o fato de estarem sozinhas ou acompanhadas incide em suas vivências.

No entanto, até o presente momento, ninguém melhor do que uma mãe para ter uma preocupação materna primária. Por quê? Porque, durante a gravidez, há toda uma preparação biológica, psicológica e relacional. Quero dar apenas duas indicações para a compreensão da profundidade do processo. Primeiramente, deixo de lado toda a descrição das modificações na psique materna, embora sejam significativas. Já destaquei em capítulos anteriores, a importância do impacto da modificação biológica que ocorre na mãe. Relembraria que a partir da identificação das fases do sono paradoxal do feto, sabemos que ele sonha durante aproximadamente 90% do tempo; essa função é de extrema importância, pois é a partir dela que ele começa a desenvolver suas capacidades cerebrais. No início da gravidez, a mãe sonha, como qualquer outro indivíduo, durante aproximadamente 25% do tempo. Com base em trabalhos realizados em Lyon, principalmente por Wertheimer, é extraordinário observar a curva de evolução das fases do sono paradoxal do bebê no ventre: de 90%, ela diminui progressivamente até atingir, pouco antes do nascimento, cerca de 40%. E se avaliarmos a curva da mãe, isso ocorre de maneira inversa: ela passa de 25% a 40%. Assim, as fases paradoxais do sono da mãe e do bebê são sincronizadas. Isso permite estimar a dimensão do ajuste que sofre a psique materna.

Um segundo dado, igualmente importante, concerne àquilo que chamamos de *regressão do sensório*. A mãe começa a desenvolver uma hipersensibilidade a um conjunto de perceptos e sensações que a colocam em sintonia com o bebê. A regressão do sensório da mãe sinaliza, também, sua adaptação biológica, de modo a oferecer ao bebê um sucedâneo de continuidade da vida fetal. Falamos muito a respeito do trauma do nascimento, da passagem da vida fetal à vida pós-natal, mas esse trauma é logo consideravelmente atenuado se houver um ajuste suficientemente bom – retomando a expressão empregada por Winnicott – por parte da mãe e do ambiente maternante. Quando falo da mãe, tenho em mente não só ela, mas também, de forma mais ampla, o ambiente maternante: a mãe, o pai, os irmãos, os avós, além do microcosmo no qual uma mãe está inserida – seus colegas, amigos, seu meio cultural, os hábitos desse meio cultural, tudo isso faz parte de um grupo social muito mais amplo. Se dermos à mãe uma licença de três meses, de seis meses ou de um ano, isso faz diferença. O ambiente maternante é também essa possibilidade de dar a ela a chance de cuidar suficientemente de seu bebê durante um período maior. Ressalto que devemos levar em consideração todo o contexto do ambiente maternante. Não é raro que, numa família, o pai ou a avó possam exercer melhor que

192 O NARCISISMO E A ANÁLISE DO EU

a mãe um determinado cuidado ou modo de presença. Isso não pode ser esquecido na clínica, sob pena de nos escapar o que pode ter ocorrido numa idade precoce do sujeito. Lembro-me de uma análise de Michel Fain, Soulé e Kreisler, descrita em um livro, considerado maravilhoso à época (agora ele está um pouco ultrapassado), que se intitula A criança e seu corpo. Dentre outros assuntos, esse livro trata do desencadeamento de crises de asma em bebês. Os autores observaram que uma crise de asma se iniciava sempre que a mãe entrava em conflito severo com o seu ambiente, especialmente com sua própria mãe. Em outras palavras, não podemos esquecer todo o contexto familiar e do grupo cultural de referência da família. J. Guyotat se debruçou sobre esse assunto em seus trabalhos muito inovadores na década de 1970, muito antes de começarmos a falar em transmissões transgeracionais. Ele evidenciou o caráter absolutamente complexo, até mesmo traumático, para as mães, de uma vivência de luto concomitante à gravidez ou após o parto, com um bebê em tenra idade. Essas mães enfrentam um conflito entre o luto pelo seu próprio pai ou mãe, por um ente próximo, e a necessidade de sustentar as potencialidades de vida do bebê. Esse conflito impacta sobremaneira sua capacidade de satisfazer as necessidades do bebê. Sabemos atualmente, e o consideramos na clínica, que um aborto espontâneo ou um luto anterior ao nascimento de um bebê recai sobre esse bebê que está por vir. Isso se fará presente na relação da mãe com o seu bebê: um aborto, um bebê morto, uma mãe afetada pelo luto. Todos esses fatores devem ser levados em consideração para tentarmos compreender e reconstruir o que ocorreu, o que pode ter ocorrido.

Digo *reconstruir*, pois, evidentemente, um bebê de menos de 2 anos não é capaz de registrar sob a forma de lembrança aquilo que enfrentou. Sabe-se que ele ainda não está *cerebralmente* equipado para isso até o fim de seu segundo ano de vida. Portanto, não é obra do acaso que a fase do espelho e a organização da analidade ocorram por volta do fim do segundo ano de vida, pois é nesse momento que novas modificações biológicas de suma importância desenvolvem novas capacidades, uma primeira forma de reflexividade. Essas novas capacidades possibilitam o surgimento da linguagem verbal, mas também a capacidade de representar-se a representação, ou seja, a capacidade de criar lembranças. Se não sou capaz de me representar que me represento, não sou capaz de organizar lembranças. Anteriormente, a memória se efetiva na forma de processos ou esquemas. Esses esquemas foram descritos por Daniel Stern como *esquemas de estar com*, assim como pelos teóricos do apego, como Bowlby, que falou de *modelo interno operante*... Há diversos modelos possíveis, e todas as experiências vividas nesse período pertencem a uma memória que podemos chamar de *procedural* em neurociência e *processual* em psicanálise. São memórias de esquemas, de processos, de significante formal, sob a forma de significante formal, isto é, memórias de forma-sensação, forma-movimento. Proponho, aqui, um modelo mais geral do que aquele simplesmente de alguns significantes formais que podem ser observados na clínica de pacientes borderline, de famílias ou de pacientes psicóticos. Trata-se da possibilidade da reflexividade, de reconhecer-se no espelho, de ver-se no espelho, de ter uma representação de si mesmo, de ter uma representação corporal do Eu, o que torna possível a capacidade de iniciar a reflexividade. Em outras palavras, o início da capacidade de representar-se, de representar que eu represento, de começar a construir as primeiras formas de lembranças mais complexas, produzidas pela psique de uma criança em tenra idade.

Lembremos que, em determinado momento, Freud assinalou que jamais sabemos se as lembranças precoces correspondem ao que aconteceu ou se são produto da imaginação. O tempo lhe mostrou, porém, que as narrações infantis sempre contêm um elemento de realidade, mas essa realidade é tal qual a criança vivenciou, considerando seu aparelho psíquico. Quem conhece bem as

194   O NARCISISMO E A ANÁLISE DO EU

crianças é capaz de identificar os dados de realidade e aquilo que seu aparelho psíquico fez com eles. Freud afirma, em determinada circunstância, que as primeiras lembranças e as primeiras fantasias são *mestiças*. O que isso significa? Trata-se de um núcleo de realidade e uma construção narrativa que está ligada às particularidades da organização psíquica do momento da criança.

Depois de termos discorrido sobre o ambiente maternante, o contexto social e histórico, passamos, agora, ao modelo da preocupação materna primária, conceito de Winnicott. Proponho a ideia de uma preocupação familiar, ou mesmo societal, primária. Essas considerações poderiam gerar, talvez, pressões por parte das mulheres e dos pais para tentarem modificar – se as mães desejarem e quando desejarem – e ampliar os famosos três meses de licença-maternidade, que são realmente insuficientes. Observamos que as mães se sentem dolorosamente divididas quando devem retornar ao trabalho após três meses, mesmo percebendo que o bebê ainda necessita muito de sua presença. Apenas a título de exemplo, na Suécia, as mães têm um ano de licença-maternidade, e os bebês suecos passam relativamente bem. Num cálculo simples do que isso representa para a seguridade social, na minha opinião, o custo de fornecer licenças-maternidade de um ano é bem menor do que pagar pelas consequências das sequelas de uma licença-maternidade insuficiente. Seria necessário fazer cálculos para uma economia de saúde bem-concebida, mas, de toda maneira, o benefício para a felicidade dos bebês é um tanto considerável. Refiro-me a mães suficientemente boas, é claro. Se a mãe é ou se sente tóxica, é melhor que vá trabalhar o quanto antes; contudo, mesmo nesse último caso, o assunto não é tão simples.

Voltamos a Winnicott. Embora não tenha proposto a representação da *refeição* téorica do feto, sua hipótese central é aquela da representação da primeira refeição pós-natal e da inscrição desta na criança. Para Winnicott, isso se chama o *potencial*; para Bion, a *preconcepção*; para alguns de nossos colegas parisienses, o *virtual*. Esses conceitos indicam que o bebê tem uma pré-forma interna daquilo que ele deve encontrar (ou reencontrar). Contudo, depois de crescer durante nove meses no ventre materno e no ambiente que este oferece, o bebê espera encontrar condições semelhantes àquelas que conheceu. Winnicott foi um pioneiro ao ressaltar que, para o bebê, o que importa não é uma *boa* mãe; com Winnicott, passamos do modelo boa mãe/má mãe àquele da *mãe suficientemente boa*. O que a mãe suficientemente boa oferece? Investimento, sim, mas, sobretudo, características relacionais qualitativas, como a que propus denominar *meio maleável*. Ele insistiu, também, na questão da comunicação precoce, aspecto que abordarei mais adiante.

O bebê guarda, em seu interior, um traço do modo de satisfação que experienciou e que deseja reencontrar; ele tem fome, mas sua fome segue um determinado modelo. Considero o modelo de Freud muito pertinente: o bebê vai dotar-se de uma representação daquilo que poderia satisfazê-lo sob a forma de uma alucinação da satisfação; porém não da satisfação. O que é alucinado não é a satisfação, e sim o processo de satisfação, isto é, um tipo de encontro com o objeto e determinados efeitos desse encontro. O que Winnicott propõe é revolucionário: uma mãe suficientemente boa fornecerá à criança a possibilidade de encontrar o que esta é capaz de criar por meio da alucinação. Winnicott diz *criado/encontrado*. O que o bebê cria sob a forma de uma alucinação, ele irá encontrar. Tento introduzir uma pequena nuance em relação a Winnicott: *criado, quase encontrado*. É preciso dizer *suficientemente*, pois não tenho certeza de que uma mãe que fornece magicamente ao bebê o que ele está alucinando seja muito boa para ele. Uma pequena discrepância é bem-vinda. É bom que o bebê já comece a trabalhar para tentar fazer a ligação entre aquilo que ele conheceu e aquilo que ele encontra agora. Não obstante, suas capacidades não podem

196 O NARCISISMO E A ANÁLISE DO EU

ser excedidas, sob pena de ele cair no vazio. Se a oferta for próxima, entretanto, mas não perfeitamente idêntica, apenas quase igual, se o bebê receber quase tudo, ele é capaz de realizar o trabalho que consiste em aperfeiçoar o processo em criado/encontrado.

O processo de fazer o bebê trabalhar foi ressaltado por Freud muito cedo, desde 1895. Ele diz a sua maneira: o bebê viu o seio de frente, mas quando este se apresenta de perfil, depois de ter sido visto de frente, o bebê pode associar as duas imagens e, assim, reconhecer o seio, mesmo de perfil. Freud aponta que é a associatividade no bebê que lhe permitirá transformar o *quase tudo* em algo semelhante ao tudo. Portanto, quase tudo, quase imediatamente – um bebê não pode esperar durante horas, pois isso o levaria a se desorganizar, a enfurecer, e essa vivência de impotência torna-se traumática. Quase sozinho, pois ele nutre a ilusão de que é a sua alucinação que produz a resposta adequada da mãe. Quase totalmente no centro, basta observar um bebê dentro de uma família para percebermos que ele é colocado no centro. Por exemplo, estamos na casa de amigos e um bebê dorme no cômodo ao lado; a mãe está conversando, mas se mantém alerta e, subitamente, ouve o choro do bebê; ninguém mais o ouviu além dela, graças à regressão sensorial que a mantém *conectada* ao seu bebê. Ela escutou o choro, reconheceu e foi buscar seu filho, porque ele está no centro, apesar da presença dos amigos. Uma mãe que deixasse seu filho chorando durante horas sob o pretexto de estar com amigos estaria ignorando as necessidades do bebê. O bebê precisa receber quase tudo, quase tudo imediatamente, precisa estar quase totalmente no centro. Ele precisa ter a ilusão de que é sua alucinação que produz a resposta.

Essa ilusão é importante, pois se uma alucinação não produz nenhum efeito, ela se degenera. E caso isso se repita diversas vezes, acarretará fenômenos patológicos, não devido ao fato de se tratar de uma alucinação, mas por ela não ter um impacto na realidade. Entretanto, se a alucinação do bebê vier acompanhada por uma satisfação, ele terá a ilusão de que foi sua alucinação que produziu a satisfação. A satisfação, portanto, transforma-se em um processo que é o da ilusão. Esta foi magnificamente descrita por Freud no início de *O futuro de uma ilusão*, em seu diálogo com Romain Rolland a respeito do que ele chamou de *sentimento oceânico*. O que estou descrevendo é esse sentimento oceânico: quase tudo, quase tudo imediatamente, quase tudo por si só, quase totalmente ao centro, quase tudo em um, quase tudo até o fim. Isso é absolutamente essencial, mas por quê? Porque possibilitará uma continuidade de ser nas primeiras experiências do bebê, entre aquela de sua vida fetal e a de sua vida pós-natal. *Mas é também essencial devido ao fato de que ele não pode renunciar ao sistema do tudo se este não foi suficientemente experienciado; o bebê é, assim, submetido à exigência de fazer advir o que não aconteceu, o suficiente para poder eventualmente fazer seu luto.*

O trauma do nascimento é consideravelmente atenuado se esse processo puder começar a se estabelecer. Winnicott tem razão quando diz que o papel da mãe consiste em tornar a ilusão possível, mas tudo se complica se na mente dela vigorar uma teoria contrária, como: "não devo responder imediatamente, ele se tornará mimado"; ou, ainda: "é bom para ele que chore um pouco, duas ou três horas por dia, isso desenvolve os pulmões". De acordo com Laurence Pernoud, uma hora de choro por dia, no máximo. Sabemos bem como os fenômenos culturais, a microcultura em que a mãe vive, estão igualmente presentes dentro dela, em sua história, em sua *teoria* do que é bom para o bebê. Como foi sua própria mãe com ela quando era um bebê? Como viu seus irmãos menores serem cuidados? Com qual modelo familiar de criança ela cresceu? Como seu marido tolera ou não tolera determinadas particularidades do bebê? Como ele ajuda a mãe a se ajustar? Como ele a

198 O NARCISISMO E A ANÁLISE DO EU

critica ou, ao contrário, a apoia: "siga sua intuição, você encontrará em você mesma algo que permitirá compreendê-lo".

Em seus livros e conferências na BBC, Winnicott nunca deixou de repetir que era preciso parar de criticar as mães e tentar ajudá-las a se conectarem com seus sentimentos, que esse seria o segredo. Certamente, se as reações de uma mãe forem totalmente distorcidas, se ela for esquizofrênica e desorientada, tudo se complica. Mas é sempre necessário ajudá-las a se conectar o máximo possível com o que sentem, mais do que com o que pensam, e, eventualmente, ajudá-las a sentirem, mesmo sem saber exatamente o que sentem. Em minha experiência de acompanhamento de jovens mães em análise, tenho tentado mostrar-lhes como eu poderia, também, ajudá-las a melhor sentir o que se passa com o bebê e a se conectarem um pouco melhor àquilo que poderiam experienciar e sentir. As mães – aliás, todos os seres humanos – têm, em seu interior, uma espécie de medidor, uma empatia fundamental; o problema é que, por vezes, essa empatia sofre a interferência de fenômenos culturais, de teorias higiênicas, de diversos conflitos. Contudo, se conseguirmos restabelecer a comunicação possível da mãe consigo mesma, geralmente sua comunicação com o bebê também melhora, uma vez que alguma coisa nela percebe justamente a necessidade do bebê.

Aponto, agora, duas consequências ao estabelecimento do *criado/encontrado* ou do *criado/quase encontrado*, isto é, o estabelecimento da lógica do tudo. A primeira diz respeito ao fracasso desse processo quando o ajuste não é suficientemente bom, e o bebê é confrontado por algo que excede suas capacidades de transformação do quase tudo em suficientemente tudo. Há a ameaça de uma interrupção em um sistema que funciona em tudo ou nada.

Quando o processo do quase tudo não funciona, surgem, no bebê, afetos de desamparo, de agonia, de impotência, de terror, de sofrimento, que transformam o fracasso do encontro com o tudo em uma vivência de aniquilação, isto é, de nada, de vazio. No capítulo anterior, tentei mostrar como encontramos, em *Além do princípio de prazer* e em tudo aquilo que Freud desenvolve a respeito da pulsão de morte, a contrapartida daquilo que fracassa na lógica do tudo.

Em *Luto e melancolia*, Freud vislumbra a lógica do tudo, mas não diz que a alternativa é o nada. Contudo, em *Além do princípio de prazer*, se lermos o que ele desenvolve tendo essa ideia em mente, constataremos o quanto ela esclarece tudo aquilo que Freud apresenta; ele retorna a essa questão. Quando diz *retorno à morte*, ele se refere ao vazio, ao nada. Não se trata de um retorno do nada de antes da vida, e sim de um retorno ao nada, a uma experiência subjetiva do nada na vida – essa é a vivência do bebê, a de pender para o lado do nada e do vazio.

Essa ameaça pode ser frequentemente encontrada na clínica como o preço de decepções narcísicas primárias – a aniquilação. Winnicott o formula de maneira interessante, afirmando que *isso provoca uma agonia. Agon*, em grego, significa luta. A agonia é a luta do bebê para não cair no nada. Caso isso ocorra, a única solução para sobreviver é se retirar da experiência, clivar-se dela, clivar--se de algo que, não obstante, está inscrito em sua psique, de algo que deveria ser integrado, mas que o bebê não pode integrar por lhe causar um sofrimento, um terror, um desprazer que ultrapassam sua capacidade de suportar.

Para resumir o primeiro ponto: se não for tudo, o risco é de cair para o lado do nada e provocar uma compulsão à repetição. Fragilidade da síntese, diz Freud, a respeito das experiências que se repetem. A compulsão à repetição é a *compulsão a tentar fazer surgir aquilo que era esperado e jamais chegou*. A espera de uma experiência de sentimento oceânico que não acontece ou que é insuficiente provoca uma forte pressão interna, um automatismo que leva a buscar criar aquilo que não pôde ter *lugar* interno, que não pôde ser integrado. Fazer advir o tudo para um bebê no ambiente maternante não é tão difícil. É muito mais complicado fazê-lo acontecer posteriormente, na idade adulta, porque não pôde ser feito em seu tempo. O que me direcionou para essa hipótese em meu trabalho clínico foi a constatação de que, apesar de todo o trabalho que poderia ser feito, certos pacientes permaneciam presos à lógica do tudo, que neles voltava à carga incessantemente.

Crianças maltratadas que se mantêm o tempo todo próximas de um pai ou de uma mãe abusiva nos fazem compreender que uma forte pressão interna as leva a tentar criar algo que não ocorreu com esse pai ou essa mãe abusiva. Isso pode ser chamado de masoquismo, mas não faz avançar a análise, tampouco leva à superação do problema.

Um de meus pacientes, que apelidei *Pedrinho, o Louco* em um artigo, tinha uma mãe maníaco-depressiva. Não vou entrar nos detalhes da análise, mas, em determinado momento de seu tratamento, ele começou a frequentar casas noturnas e encontrou o que chamava de *cortesãs*. Eram mulheres jovens do Leste Europeu que trabalhavam como acompanhantes nessas boates. Ele começou a me contar – já tínhamos três ou quatro anos de análise – que *enlouquecia* com elas, soltava-se ao máximo dançando. Certo dia, apaixonou-se por uma dessas cortesãs e a levou para a cama, ali, também, fazendo *loucuras* sexuais. Fiquei um tanto quanto preocupado, dado que ele frequentava locais sinistros, mas eu não podia fazer muito a esse respeito. Talvez ele estivesse em perigo, mas não me cabia controlar nada; assim, eu acompanhava o processo. Depois, começamos a compreender as relações com as atitudes de sua mãe. Ele não podia *fazer loucura* na presença de sua mãe, nunca podia *se soltar*. Ela o excitava em um movimento maníaco e, desde que ele começava a se excitar um pouco, logo pendia para o lado transbordante e deprimente de uma mãe depressiva, e assim seu *élan* era freado. Pode-se dizer que havia uma excitação pulsional, que deveria ser acolhida para lhe permitir se desenvolver, se transformar, introjetar, mas o processo era rompido. Ele nunca pôde fazer loucuras, ser *sem limites* ou experimentar o sentimento oceânico; o que se permitia fazer agora, e o que me descrevia sobre a dança ou as relações sexuais com a cortesã era uma maneira de criar esse sentimento oceânico não advindo. Certamente, relacionei seu comportamento desenfreado às fases maníacas de sua mãe, mas sem nenhum efeito. Isso não deixava de estar certo, mas era necessário ir além para compreender sua necessidade, sem barrá-lo e repetir as reações de sua mãe. Assim, eu me mantive vigilante, pois temia, como muitos, o mundo da noite que ele frequentava. Ele beirou duas ou três situações perigosas, mas tudo correu bem. Foi transformado por essa experiência mutativa e conseguiu finalmente encontrar um meio, agora, de realizar uma experiência nunca advinda quando ele era bebê e que minava sua vida, obrigando-o sempre a se controlar, a conter seus impulsos. Não precisou mais correr riscos ou inibir-se; encontrou a espontaneidade, a alegria; em suma, houve uma verdadeira modificação de todo o seu humor. Ele conheceu uma mulher fora do mundo da noite e casou-se. A análise terminou.

Sobre algo importante não advindo exerce-se uma pressão interna para que possa advir. Dei o exemplo de um adulto, mas não é impossível que aquilo que não ocorreu aos 6 meses, 8 meses, 1 ano ou 2 anos de vida possa ocorrer aos 4, aos 8 anos ou, eventualmente, durante a adolescência. Talvez essa necessidade possa ser encontrada em certas problemáticas adolescentes, por exemplo, nos comportamentos no *limite*, ordálicos, extremos. Talvez a vida possa oferecer outras oportunidades, mas, em muitos casos, as únicas oportunidades se apresentam ao longo da análise. Esses sujeitos necessitam de nosso auxílio para fazer advir o não advindo, agora, em sua vida atual, e sem que esse processo seja muito desorganizador.

A razão é muito simples: para fazer o luto do tudo, é preciso tê-lo conhecido. Primeiro enunciado: pressão para fazer advir aquilo que ainda não foi integrado. Segundo enunciado: só é possível fazer o luto de algo que tenha acontecido. Não é possível fazer o luto de algo que não ocorreu. Terceiro enunciado: quanto ao destino dessas experiências, uma das dificuldades a serem enfrentadas reside no fato de que não se pode fazer subsequentemente tudo igual àquilo que se vivenciou ou não se vivenciou quando bebê.

Será necessário, portanto, encontrar uma maneira de fazê-lo agora. Por quê? Porque as experiências são vividas plenamente pelo bebê em seu mundo, com um ambiente que permite fazê-lo e que o acompanha. Como fazê-lo posteriormente? Como não é possível fazer tudo de uma vez só, será necessário fazê-lo, de acordo com a proposição muito pertinente de Freud, *seguindo modalidades parciais, parte por parte*, fragmento por fragmento, detalhe por detalhe. É muito mais frequente fazê-lo, no trabalho analítico, quando os pacientes são capazes de encontrar, em seu presente, uma modalidade de satisfação na qual realizam uma pequena parte do todo, e depois outra, e quando são capazes de realizar parte por parte uma experiência que se assemelha suficientemente ao quase tudo que faltou para que pudessem superar a busca do todo primordial.

Acabei de descrever a colagem primordial e as consequências posteriores, o colar. Devo, ainda, esclarecer que o modelo tradicional é o do bebê ao seio, mas esse modelo não diz respeito somente ao bebê ao seio, mas à comunicação primordial como um todo. O criado/encontrado de Winnicott vale para o seio, para a apresentação do seio no momento em que o bebê é capaz de aluciná-lo, mas vale, também, por exemplo, para os afetos. Volto a me referir àquilo que disse anteriormente: o ambiente maternante fez o bebê esperar um pouco além do tempo, deixando-o enraivecido, furioso; tomado por esse sentimento de impotência, de sofrimento, de desamparo, sua raiva destruiu tudo, ele destruiu todo o mundo. Como transformar essa experiência em algo útil para o bebê? Diversos fatores devem ser considerados nessa situação complexa. O primeiro fator é a produção de eco do afeto. A mãe é capaz de restabelecer o contato com o bebê que se encontra em tal estado extremo se ela conseguir devolver-lhe uma imagem, uma representação do estado de raiva extrema que tudo destruía. Como fazê-lo? O modelo foi muito bem descrito por um húngaro, Georges Gergely. Antes de examinar o que esse autor propõe, quero fazer uma observação metodológica. Na psicologia experimental da primeira infância, o problema é que, para poder participar dos experimentos, um bebê precisa estar em relativo silêncio pulsional, sem fome, limpo, calmo etc. Caso contrário, não é possível realizar um experimento. Existem outros tipos de trabalhos de observação de bebês que se assemelham àqueles conduzidos na clínica do bebê e que nos permitem estudá-los em condições próximas àquelas da vida cotidiana, nas quais estão presentes os movimentos pulsionais e as interações mãe-bebê. Por exemplo, em excelente artigo publicado na revista *Devenir*, Miguel Hoffmann descreve os efeitos perniciosos de uma mãe que imobiliza o braço do bebê quando o amamenta. O bebê é apassivado, não consegue se apropriar do seio ou da mamadeira, não pode participar de sua alimentação por estar imobilizado. Fabricamos um futuro pequeno Édipo: exposto no Monte Citerão, com pés e mãos atados, apassivado. Retomemos o que descreve Gergely: se a mãe é capaz não somente de restabelecer o contato com o bebê, mas também de lhe fornecer uma representação daquilo que ele vivenciou, algo extraordinário pode acontecer; o bebê verá no rosto dela uma representação de sua emoção. Relembremos o que Winnicott escreve, em *O brincar e a realidade*, a respeito do rosto da mãe

204 O NARCISISMO E A ANÁLISE DO EU

como primeira forma de espelho. Ele afirma que o bebê vê a si mesmo quando olha para o rosto da mãe. O primeiro espelho não é mineral; é o rosto humano, o rosto da mãe. Assim, imaginemos uma mãe que se aproxima de seu bebê com uma expressão que demonstra sofrimento, raiva, e diz: "como estava furioso o meu bebezinho, a mamãe, malvada, não estava aqui". Ela vai lhe mostrar uma representação, mas o fará sob um modelo diferente daquele do bebê. Diferentemente dele, que se agita, grita e chora, ela não vai gritar ou chorar, mas, em seu rosto, haverá uma representação do afeto de raiva ou de fúria. Pode-se imaginar que o bebê vê no rosto de outro uma imagem de seu próprio afeto. Isso quer dizer que o outro é capaz de experimentar o que ele experimenta e de refletir-lhe. Portanto, o afeto ou a sensação não estão colados no interior, uma vez que podem ser compartilhados, restituídos. Assim, pode-se dizer que o começo do descolamento ocorre a partir do espelho materno.

O descolamento a partir do espelho se deve ao fato de que a imagem ali reflete algo de si no rosto da mãe, algo do afeto do bebê. Se ela pode refletir algo do afeto de seu filho, quer dizer que aquilo que *cola* ao corpo também pode ser compartilhado pelo outro e, dessa forma, começa a se descolar. O compartilhamento é bem o que a palavra quer dizer: *afeto compartilhado, descolado em parte*. Assim, não deve haver qualquer ambiguidade ou confusão. Se a mãe está realmente com raiva porque o filho chora, grita, gesticula, o efeito não será o mesmo; ao contrário, o efeito será de confusão. Como se a raiva do bebê lhe fosse devolvida consideravelmente amplificada por um imenso adulto. Vamos resumir o postulado principal de Gergely. A mãe deve transmitir ao bebê duas mensagens: a primeira concerne ao afeto visto no rosto como representação do afeto presente. Uma segunda mensagem deve significar: "esse afeto não é meu, ele é seu; eu sirvo de espelho, psicodramatizo o que você vivencia". O processo que eu estou descrevendo faz parte daquele descrito por Winnicott como processo de sobrevivência do objeto.

Proponho chamá-lo de *destruído/encontrado*. Por quê? O modelo é o de uma fúria destrutiva vivenciada em uma lógica do tudo que tem como efeito para o bebê uma vivência de destruição total, de aniquilação, de caos sideral. Em filmes de ficção científica, essa problemática é muito frequente. Uma ameaça recai sobre o mundo: a Terra será explodida por uma bomba atômica, e tudo será destruído etc. Essas são autorrepresentações da vivência de destruição total. Mesmo que o bebê tenha destruído tudo, a mãe deve aparecer e não deve exercer represálias. Se o fizer, sua raiva retorna como um bumerangue para o bebê, amplificada, aterrorizante. A retirada da mãe reforçaria a crença do bebê de que ele efetivamente destruiu tudo, até mesmo o vínculo com algo do qual ainda não detém uma representação separada, embora sinta os efeitos potencialmente presentes e detectáveis. Assim, o afastamento corrobora a destruição e condenará o sujeito a repetir as experiências destrutivas que não foram levadas a cabo, que levaram tão somente à destruição, à impossibilidade de continuar a ser, à rejeição. Eis, então, uma proposição fundamental: *o que está em jogo na destrutividade não é a destruição; pelo contrário, é a experiência da consistência do objeto, sua resistência e sua capacidade de sobrevivência.*

Ao contrário, se a mãe é capaz de reproduzir um eco e efetivamente se conectar com o bebê, encontrá-lo, algo essencial acontece. Recomendo o artigo de Winnicott intitulado "The use of an object", que foi traduzido para o francês sob o título "L'utilisation de l'objet" e depois retraduzido por "L'usage de l'objet". O que Winnicott propõe de essencial é que, nesse momento, a mãe é descoberta. Mas o que isso quer dizer? Algo resistiu à destrutividade, e a mãe é descoberta como aquilo que resistiu à destrutividade, o que quer dizer que ela escapa à onipotência do sujeito. Se ela escapa à onipotência do sujeito, significa que existe outro sujeito. Não acredito no que se escreve acerca do objeto parcial e do objeto total: *a mãe como objeto total*. Não posso imaginar que uma criança dessa idade possa descobrir a complexidade da totalidade da mãe. Não entendo o que querem dizer quando dizem *objeto total*. Não se trata de um objeto total, mas de um sujeito, um outro sujeito. O bebê descobre a *função, a categoria sujeito*, o que a neurociência chama de *agente*. Os trabalhos de Philippe Rochat mostram a coextensividade da percepção do outro como outro sujeito, do mesmo modo que eu sou um sujeito. Em outras palavras, outro sujeito e sujeito se constituem ao mesmo tempo. Essas considerações são importantes para a análise da problemática da criminalidade: a *vítima não é um verdadeiro outro*, porque o próprio sujeito não é um verdadeiro sujeito no momento do ato, é coextensivo. A partir do momento em que a potencial vítima vem a se fazer sentir como sujeito, surge uma pequena chance de permitir que o agressor se restabeleça em sua função de sujeito. De toda maneira, vale a pena tentá-lo, pois talvez essa seja a única chance de sobreviver.

Primeira descoberta: *o outro é um outro sujeito*. Segunda descoberta: "eu o tinha destruído, ele sobreviveu", eu descubro a tópica, posso ser completamente destrutivo em meu mundo interno, mas isso não destrói o objeto-outro sujeito. Em fantasia, posso matar o objeto, destruí-lo, danificá-lo, mas nada disso terá qualquer incidência no objeto real. Isso é muito importante, pois descola a representação do objeto do próprio objeto. É por esse motivo que sou contra a formulação do objeto interno kleiniano, que gera uma confusão; não se trata de um objeto interno, mas, sim, de uma representação do objeto. Se falarmos em objeto interno, isso significa que não há diferença entre o objeto e a representação do objeto e, nesse caso, não haveria tópica, sem a qual o pensamento estaria em perigo.

Winnicott prossegue afirmando: "você sobreviveu, eu o amo".
É extraordinário: o amor despertado por um objeto que sobrevive.
Esse é o tema de *A megera domada*, que inflige horrores ao homem
que sobrevive, mas será *cativada* e se apaixonará. Essa cativação se
realiza por meio da problemática da sobrevivência. Se o objeto é
capaz de sobreviver, então: "objeto, eu o amo, mas posso destruí-lo
em meu mundo interno". A partir do momento em que o objeto
é reconhecido e amado, algo terrível acontece: descubro que sou
dependente dele e que, se ele não estiver ali, sinto sua falta; e sentir
sua falta me fere; se isso me fere, tenho raiva dele. Eu o amo, sou
dependente, a dependência me fere, a ferida desencadeia a raiva e
a raiva ataca o amor, mas o amor também deve poder sobreviver.
A organização do conflito de ambivalência se realiza se o amor sobreviver à raiva e se a raiva sobreviver ao amor; amar alguém não
impede de sentir raiva do ser amado. Pelo contrário: a raiva modera o amor e evita a paixão devoradora e desorganizadora, enquanto
o amor modera a raiva e evita a destrutividade. Logo, voltamos ao
mundo da conflitualidade. A sobrevivência do objeto consistiu em
um não, um não em ato contra a onipotência da destrutividade
que cria um objeto ideal, o objeto que sobrevive. Esse objeto ideal
será investido, e, por ter sobrevivido em ato, esse não que será dito
à criança nas práticas educativas terá um valor. Há mães e pais que
dizem aos filhos: "Eu lhe disse que não", mas esse não é desprovido
de qualquer valor, pois o objeto não sobreviveu. Ou, ainda, a criança obedece, mas é por pavor ou ameaça de abandono, duas formas
de ameaça de aniquilação. Quando a mãe sobrevive, ela é investida
como objeto ideal, suas palavras adquirem um peso – não só as
palavras da mãe, as do pai também. O seu não se tornará o pivô de
toda uma parte da educação, seu valor vindo, justamente, de um
objeto que é objeto de amor por ter sobrevivido.

7. Em direção ao envelope narrativo

Refleti muito acerca de como introduzir esta parte que será dedicada à problemática da linguagem, não apenas à linguagem verbal, mas à linguagem em geral, à linguagem do humano, que é polimórfica. Pensei que talvez pudesse apresentar globalmente o tema, que pode sofrer uma evolução mais adiante. Uma expressão me parece resumir bem meu propósito: essas reflexões fazem parte de algo que eu me inclinaria a chamar de *ecologia psíquica da clínica do vivente*, reforçando a ideia de que a ecologia inclui o meio ambiente, mas também a ideia de um passo a passo, de um processo dinâmico analisado passo a passo – um processo vivo e não um passo a passo de uma natureza morta.

O objeto de uma ecologia clínica seria a vida psíquica em situação, e sua finalidade, ressalto, é realmente tentar entender o vivente em seu processo, o qual supõe que determinadas condições sejam atendidas; é o que poderíamos chamar de condições de possibilidade. Tento também, é claro, identificar quais são as características do funcionamento psíquico, do processo psíquico. Quando digo *vivente*, adoto uma certa concepção geral a partir do

210   O NARCISISMO E A ANÁLISE DO EU

que o caracteriza fundamentalmente. Parece-me possível afirmar, no que diz respeito tanto às características biológicas e somáticas quanto às características psicológicas e relacionais, que o vivente se alicerça nas trocas e na circulação. Isso vale para a circulação interna, pois nossos processos somáticos operam em sistemas dessa natureza: os sistemas cardíaco e respiratório, o trânsito intestinal etc. Todos os nossos sistemas se alicerçam em uma dinâmica de circulação interna, de modo que, quando essa circulação é interrompida, o vivente para.

Não sei se todo mundo se interessa tanto quanto eu pelo fato de que todas as zonas consideradas *pulsionais* são zonas de troca entre dentro e fora – trocas de fora para dentro ou de dentro para fora. Por exemplo, a fala passa pela boca, que também é o ponto de partida da alimentação, do sistema respiratório etc. Todas as nossas zonas erógenas são zonas de trocas, e poder-se-ia pensar que, de fato, há algo na erogeneidade que só pode ser bem concebido na e pela troca que resulta da troca. Poderíamos até ir um pouco mais longe e dizer que são zonas de comunicação entre o dentro e o fora. O problema é que essas trocas, essa comunicação – que comecei a abordar no capítulo anterior ao falar das hipóteses de Varela – pressupõem envelopes, os quais devem ser concebidos como sistemas de transformação. Tudo o que entra em nosso interior deve ser transformado em uma forma que seja compatível com nosso funcionamento interno. Se for biológico, deve ser transformado em uma forma compatível com nosso funcionamento biológico; se for mais relacional, psicológico, devemos transformá-lo em uma forma compatível com nosso funcionamento psicológico ou psíquico, isto é, em representação,[1] até mesmo em representações reflexivas.

---

1   Tentei mostrar anteriormente como o vivente funciona, desde o início, com as mesmas características da psique. A primeira operação do DNA é dar uma representação de si mesmo, a dupla hélice fabrica um duplo e, em seguida, os RNA são chamados de mensageiros e transportadores. Isso não é inventado!

Isso também corresponde a todas as nossas trocas com o mundo externo. Elas só podem ser bem feitas se transformarmos o que emitimos em uma forma compatível com a troca com os outros, ou seja, em mensagens, em comunicação. Isso vale para tudo o que é psicológico, muito mais do que para o biológico. A palavra que dirijo aos meus interlocutores é uma mensagem feita para eles; transformo minha reflexão em uma mensagem endereçada que tentarei tornar o mais clara possível. Todos os nossos sistemas de comunicação são contextualizados. Quando queremos emitir uma palavra, uma mensagem, algo que seja importante para nós, somos obrigados a transformar isso em uma forma comunicável, transferível e mensageira para os ouvintes, e que esteja ao seu alcance. Essas formas são animadas pelo que Freud chamou de pulsão; a pulsão é mensageira, transporta mensagens. Retomaremos isso mais adiante.

Vocês conhecem as diferentes formas que ressaltamos em relação à pulsão. Em primeiro lugar, a pulsão busca a satisfação e tem uma conotação essencialmente narcísica. Paul Denis propôs um segundo formante da pulsão, assim chamado por ele, que se dirige ao objeto, mas numa modalidade de domínio exercido sobre esse objeto, de poder sobre ele, em que a pulsão age sobre ele. Proponho um terceiro formante, uma terceira característica fundamental, ao afirmar que a pulsão é mensageira e que vetoriza as mensagens endereçadas ao mundo externo, aos outros-sujeitos. O que também significa que não podemos pensar o ser humano sem pensá-lo como um ser fundamentalmente, em todas as esferas, marcado pela linguagem e pela comunicação. Relembremos esta célebre formulação de Lacan: *O inconsciente é estruturado como uma linguagem.* Não apenas o inconsciente, mas também todo o nosso sistema de expressividade se estrutura como uma linguagem, e assim é desde o nascimento até a morte. Ressalto, de passagem, que Lacan nunca afirmou que o inconsciente era estruturado como

O NARCISISMO E A ANÁLISE DO EU

a linguagem verbal; ele disse *estruturado como uma linguagem*, e seus leitores atentos sabem perfeitamente que ele não se referiu somente à linguagem verbal. Por exemplo, no que diz respeito à histeria, ele descreveu a sintomatologia histérica a partir da metáfora dos monumentos, os quais são linguagens e se destinam a outros seres humanos. Outro postulado sobre a ecologia da vida psíquica concerne ao fato de que essas transformações se baseiam em uma dialética, em uma dupla polaridade dialeticamente oposta. Essa dupla polaridade, a qual examinei detidamente no capítulo anterior, consiste na dialética do colado/descolado ou, ainda, do idêntico-diferente. Isto é, trata-se de uma dialética na qual há tanto um movimento de aproximação, de colagem, quanto, ao mesmo tempo, um movimento de descolamento, de distanciamento. Isso parece ser essencial e, como veremos, está permanentemente presente na atividade psíquica. Colado/descolado significa a dialética ativa entre um processo que Freud denominou identidade de percepção e outro que chamou de identidade de pensamento. Na identidade de percepção, estamos do lado do colado; na identidade de pensamento, do lado do descolado, mas esse descolado produz o semelhante, não o idêntico, adotando uma forma simbólica.

Afirmei anteriormente que a pulsão é mensageira. Quero, agora, explicar melhor minha afirmação. Freud descreve a pulsão como se apresentando na forma de três sistemas de representância: o representante-afeto, o representante-representação de coisa ou representação-coisa, dependendo da tradução, e o representante-representação de palavra. Contudo, o que ele descreve vai muito além das palavras e, às vezes, ele especifica *aparelho de linguagem*, isto é, um sistema de representante-representações que transfere as representações de coisa para um aparelho de linguagem verbal. No entanto, um aparelho de linguagem verbal não é simplesmente feito de palavras, frases e enunciados, é também constituído por todo um sistema de enunciação, no qual todo o corpo é dotado de linguagem, está engajado e vai mobilizar um conjunto de características corporais na enunciação. Falar aos gritos não é a mesma coisa que falar em voz baixa. Meu corpo, então, produz voz e o fato de dar voz transmite uma determinada mensagem, ainda que o mesmo dispositivo de linguagem verbal tenha sido utilizado. Quando examinamos mais detidamente os três representantes da pulsão que caracterizam o aparelho de representância apresentado por Freud, verificamos que existe inicialmente o que poderíamos chamar de linguagem do afeto.

Primeira linguagem, portanto, é a do afeto. Quem já trabalhou com bebês sabe que a linguagem do afeto é de suma importância para eles. Um bebê que chora está expressando que não está bem, que está se sentindo mal, que está com dor, que não está feliz etc., enquanto um bebê que sorri transmite a seguinte mensagem: "Estou satisfeito, o ambiente que me oferecem me agrada e eu gosto deste ambiente". Em outras palavras, o bebê envia muitas mensagens. O sorriso é uma mensagem. Refiro-me aqui aos sorrisos verdadeiros, é claro. Sabemos que um sorriso de verdade mobiliza 28 músculos e podemos imaginar o número de combinações possíveis que podem ser feitas com todos esses músculos nas diferentes formas de sorriso. Alguns sorrisos são falsos. Para saber se um sorriso é verdadeiro, não olhe para a boca, mas, sim, para os olhos. Trata-se do chamado *sorriso de Duchenne*.[2] Já um sorriso sem olhos é um sorriso falso. A linguagem do afeto passa pela expressão do rosto, pelo tom da voz, pelo seu timbre e, também,

---

2 O sorriso de Duchenne é um tipo de sorriso que envolve a contração do músculo zigomático principal, que eleva os cantos da boca, e do músculo orbicular do olho, que aumenta as bochechas e forma os pés de galinha ao redor dos olhos. Duchenne constatou que, quando uma pessoa expressa um sorriso genuíno, alguns músculos específicos são ativados, razão pela qual, na fisiologia, o sorriso autêntico é chamado de sorriso de Duchenne [N.T.].

214 O NARCISISMO E A ANÁLISE DO EU

por todas as mímicas, gestos, posturas, por todas as formas de expressão corporal.

A segunda forma de linguagem é a das representações-(de)--coisas, que Freud também denomina linguagem do sonho (1913). Porém, não é apenas a linguagem do sonho, é igualmente a linguagem da arte e de todas as formas de expressão que emitem e enviam mensagens sem usar a linguagem verbal: desenho, jogos, escultura, música, pintura etc. Quando analisamos o desenho de uma criança, é muito importante termos em mente que essa criança está enviando uma mensagem, que ela está contando uma história através de seu desenho e que está encenando um fragmento de seu mundo interno, um episódio vivido de sua história.

Uma das particularidades da representação-(de)-coisa reside no fato de que ela constrói cenas, mas ao mesmo tempo age. Cunhei uma palavra para designá-la: *scénarisaction* [*cenariza-ação*], que assinala uma cena em ação. Sentimos isso ao longo de toda a nossa vida erótica. Por exemplo, estamos nos comunicando com nosso bem-amado que está muito longe, estamos carentes sexualmente e começamos a trocar fantasias, sentindo imediatamente o efeito disso. Não são simplesmente palavras, são palavras que agem sobre nós: a fala é ação. Tudo o que pode ser dito sobre a *pseudopassagem* ao ato merece ser consideravelmente revisto com base nesses dados muito simples. Devo a Jean Didier-Vincent a ideia que me inspirou a *scénarisaction*, a ideia de que os sistemas de representações humanos são *représentaction* [*representa-ação*]. A representação atua, sendo uma forma de ação. Muitos trabalhos seguem nessa direção para mostrar que a representação não é um processo que se opõe radicalmente ao ato. Assim, é preciso diferenciar os atos, em vez de opor a representação ao ato, pois há atos de fala, atos de pensamento. Aproveito para compartilhar algumas referências. A primeira referência, essencial, diz respeito ao filósofo da linguagem inglês chamado John Austin. Ele escreveu um livro que hoje está fora de moda. Há muito tempo que não ouço falar dele nas conversas entre clínicos, mas, quando seu livro foi publicado, há vinte ou mesmo trinta anos, causou um grande rebuliço nas ciências humanas. O título desse livro é *Quando dizer é fazer*, fala é ato. Vale muito a pena lê-lo, principalmente para todos aqueles que se ocupam da clínica dos sofrimentos narcísicos identitários em instituições onde os atos são muito estudados e onde somos tentados a opor a fala ao ato.

Isso não quer dizer que fala e ato sejam absolutamente iguais, mas significa que tanto o ato como a fala enviam mensagens, tentam contar, e muitas vezes contam com o corpo: conta-se em atos o que não se pode contar em palavras. Isso não significa que não contamos, mas, sim, que passamos pelo sistema de comunicação de que dispomos, dependendo do estado de desenvolvimento, da conflitualidade interna, do paradoxo interno de cada um, bem como do ambiente, do contexto em que cada um está inserido.

O afeto não é uma *cena em ação*, é uma experiência, um estado, uma linguagem, mas uma linguagem que diz: "é isso o que sinto". Ele se dirige ao outro, age sobre o outro, mas por meio das sensações. As diferentes formas de afeto são a sensação, o sentimento, a emoção, poderíamos acrescentar o humor (mesmo que Freud não o evoque), e, por último, o afeto passional, a paixão. Todos os afetos sempre contam uma história. A paixão diz: "é irreprimível"; já a emoção exprime um estado interno: "estou com raiva", "estou triste", "estou nostálgico"; a sensação diz outra coisa: "é assim que meu corpo é afetado"; e o humor: "é assim que me sinto hoje", "este é o meu estado geral". Todos esses afetos enviam ao outro uma mensagem sobre o estado interno do sujeito.

A representação-coisa ou a representação de coisa envia uma mensagem que é dinâmica, inevitavelmente estruturada por um

216 O NARCISISMO E A ANÁLISE DO EU

sujeito, um verbo, um objeto, um complemento de objeto, um outro sujeito. Assim, as representações-(de)-coisa são sempre representações cenarizadas, elas contam uma cena, uma situação, uma postura. Quando sonhamos, podemos contar o sonho ao acordar, porque, mesmo que ele se desenrole em uma espécie de instantaneidade, ao narrar, vamos desdobrá-lo, assim como já havia se desdobrado ao ser vivenciado, contando alguma coisa. Então, existe de fato uma cena que é dinâmica.

O terceiro representante-representação é o que Freud chama de representação-(de)-palavra. Prefiro quando ele o chama de *aparelho para linguagem* ou *aparelho de linguagem*. Este é feito de representações, mas essas representações também agem sobre o outro. Se eu não tivesse a esperança de agir sobre vocês, sobre o seu pensamento, eu nunca teria começado a lhes falar, pois, tentando convencê-los da pertinência do modelo que apresento, eu ajo. Quando se diz que a psicanálise abandonou a sugestão, isso me faz rir, pois, uma vez que passa pela fala, o paciente sugere muitas coisas ao seu analista. As intervenções e as interpretações do analista ou do terapeuta também são sistemas de ação, logo, de sugestão. Na sugestão, não há apenas a intenção ou uma forma. Se não agíssemos, se não pensássemos que a palavra age, não haveria psicoterapia, não faria sentido tentar curar pela palavra. Se existem psicólogos, é porque se acredita efetivamente que, com a fala, é possível modificar algo, mas é impossível modificar sem agir. A exemplo da palavra *scénarisaction*, tentei criar *verbalisaction* [*verbaliza-ação*], embora não seja uma palavra muito bonita aos ouvidos, ao menos para mim.

Vamos resumir o que foi dito sobre a pulsão. Ela é linguageira e os três sistemas de representância da vida pulsional estão organizados como três linguagens. A pulsão é mensageira em suas formas de manifestação. Por analogia, digo que a pulsão é linguageira porque ela transporta e endereça a mensagem. Ela é a energia necessária para endereçar uma mensagem, mas a mensagem endereçada é polimórfica, tendo uma forma afetiva, outra mais *cenarizável* e outra, ainda, mais verbalizável.

Retomo, aqui, reflexões anteriores, mas, desta vez, pelo ângulo da linguagem, o que me levará à transição para a última etapa de meu desenvolvimento que será reservada ao envelope narrativo. O aparelho para linguagem ou de linguagem é também um envelope do Eu, que envelopa o seu funcionamento, correspondendo ao que Freud chama de sistema secundário. Os três envelopes, sua dialética colado/descolado, transformam gradativamente a matéria-prima psíquica em um sistema de representação cada vez mais refinado e complexo, cada vez mais eficaz para as trocas humanas.

Não devemos esquecer que os três envelopes são necessários. O envelope visual não faz desaparecer o envelope tátil, seu funcionamento ideal o pressupõe e, por sua vez, o envelope narrativo, para funcionar bem, pressupõe o bom funcionamento dos dois outros. A linguagem que se estabelece no colado, no tocado/colado, é necessária a outra linguagem, a qual se baseia mais no descolamento a partir do visual, da cena visual – ela lhe dá um lastro. A diferenciação tópica entre o Eu e o sujeito – tudo aquilo que desenvolvi a respeito da capacidade de sobrevivência do objeto – permitirá a descoberta, pelo sujeito, de que o objeto é um outro sujeito e de que ele mesmo é um sujeito que se relaciona com esse outro sujeito. A descoberta de si mesmo como sujeito é coextensiva àquela do outro também como sujeito (P. Rochat). Esse primeiro tocar, essa primeira colagem, primeiro impacto da experiência subjetiva sobre o Eu, confere afeto a todo o processo de transformação pelos envelopes.

A primeira forma produz significantes formais que, retrabalhados à luz de tudo o que desenvolvi nos últimos vinte ou trinta anos, parecem ser, agora, como uma sensação de forma-movimento.

218 O NARCISISMO E A ANÁLISE DO EU

Uma sensação que poderíamos chamar de afeto forma-movimento: algo escorrega, cai, bate, perfura. Não há sujeito nem objeto, apenas um afeto que surge do encontro entre algo que vem de fora, percute, acaricia, toca, entra em contato com o envelope do meio interno e que ali se imprime de uma forma compatível com esse meio interno. Uma sensação-forma-movimento que se situa na interface do entre o dentro e do fora, no entre-dois, sendo a forma do encontro. Portanto, ela é a zona de contato entre um e outro, mas que cola e, assim, poderá se imprimir e deixar seu traço.

Em seguida, o traço poderá ser *projetado* numa forma visual que tornará possível uma *scénarisaction*. Isso se aproxima muito do que Freud chamou de sistema primário, que se caracteriza, relembro, pela contiguidade (pelo tocado, não há espaço), pela simultaneidade (o tempo inexiste): trata-se do mesmo tempo e do mesmo espaço em contiguidade e simultaneidade. A terceira característica, descrita por Freud, é a condensação. Podemos dizer, então, que as primeiras experiências se caracterizam por serem condensadas, complexas e, sem dúvida, enigmáticas devido a tal complexidade. Nelas se misturam movimentos pulsionais, dados perceptivos, dados sensoriais, o dentro e o fora, e o conjunto produz um significante formal que é relativamente enigmático.[3] Freud escreve, ao se referir ao Isso [Id] no início de *O Eu e o Id, que este não é suscetível de passar à consciência sob esta forma.* É uma forma do inconsciente, mas não se trata de uma forma qualquer do inconsciente; não é um inconsciente recalcado que pode retornar à consciência na forma que tinha no momento do recalque. Freud fala de um inconsciente cuja própria forma, a própria estrutura, não pode se tornar consciente como tal. Para passar à consciência e se tornar reflexiva, essa forma do inconsciente terá de se transformar, de se desdobrar, de se descondensar, terá de se descolar da primeira experiência, senão

---

3 Em sentido diferente daquele que Laplanche confere a este termo.

ela se apresentará como uma reativação alucinatória, ou seja, uma representação não reflexiva. Em caso de reativação alucinatória, o sujeito não consegue diferenciar uma alucinação de uma percepção atual. A alucinação é uma representação não reflexiva, uma nova representação, com as propriedades da presentificação inicial; ela é uma representação perceptiva interna que se atualiza. Portanto, sem sujeito nem objeto, ela conserva as características mencionadas há pouco: hipercomplexidade, simultaneidade, contiguidade, todas as características da primeira inscrição no sistema primário. Ou seja, de fato, o primeiro traço é um *traço mnésico perceptivo*, como Freud o denomina em 1896. Quando se manifesta o que Freud chama de *fueros*, é porque algo aconteceu, fazendo com que o primeiro traço fosse conservado como tal, mantendo o *privilégio* (*fueros* significa privilégio) de conservar uma forma sem transformação, que será reativada no modo da identidade de percepção, isto é, numa alucinação. A alucinação, neste caso, não é uma representação alucinatória do desejo, mas a reativação de um traço traumático inscrito na psique que não encontrou um estado interno suficientemente tolerável para ser integrado ao processo. Portanto, uma espécie de alma penada, de morto sem sepultura, de fantasma, uma experiência passada que não encontrou lugar para se alojar *no curso dos acontecimentos psíquicos*, a fim de evoluir e ser datada, e que virá assombrar as alcovas psíquicas do sujeito em busca de integração. O sistema primário está preso – esta é sua característica principal – a uma lógica do tudo, tudo imediatamente, tudo junto. Tudo imediatamente significa que não há tempo, não há *prova de atualidade* (Freud, 1915); tudo junto quer dizer que tudo permanece condensado. A experiência é reativada quase automaticamente quando não está integrada e não sofreu os sucessivos rearranjos fornecidos pela ação dos outros envelopes de transformação, ativando-se, portanto, *totalmente sozinha*, sem sujeito. Não há outro, não há sujeito, não há objeto

220 O NARCISISMO E A ANÁLISE DO EU

(o qual será construído pelo segundo envelope, aquele que cenariza); se não há objeto, se não há outro, então, também, é *totalmente sozinho*. É uma outra maneira de dizer que ela é narcísica. Ela está, também, fora do tempo. O sistema primário está fora do tempo, estando *todo o tempo ali*, e a lógica do tudo que o habita é constantemente ameaçada por uma inversão, uma reversão interna: se não é tudo, o tempo todo, sempre, não será nada, nunca. Se não for imediatamente, pode nunca ser. Se não for *totalmente sozinho*, significa que não pode ser feito ou que nada será feito. Se isso (eu) não estiver bem no centro, significa que (eu) não estou em lugar nenhum. Se não for tudo junto, se estiver condensado, a ameaça será a de fragmentação, de dispersão, de despedaçamento. Se eu não estiver no centro, não estou em lugar nenhum, é como se eu nunca tivesse advindo (a construção da função sujeito não ocorreu, ela depende do segundo envelope).

Quero lembrar que, em 1926, ao descrever as primeiras formas de afeto – o afeto toca, perturba, emociona, move, movimenta, pulsa, nos faz pulsar –, Freud diz que essas são *abalos traumáticos de todo o ser*. Nessa definição, o afeto é tomado na lógica do tudo, diferentemente de uma outra forma que Freud introduz gradativamente: o afeto como sinal de alarme. O sinal de alarme não está mais em uma lógica do tudo, mas em uma lógica do sinal, do signo, do apelo, da linguagem – ele é muito mais simbolizado, mensageiro. O afeto sinal de alarme é um afeto simbolizado, reduzido em sua intensidade. O afeto primordial é um afeto passional, um afeto *abalo traumático de todo o ser*, potencialmente desorganizador. O sistema primário, portanto, sofre ameaça de reversão, como podemos ler no artigo de Freud *Além do princípio de prazer*. Recorrendo a uma metáfora, Freud explica que os protistas secretam resíduos que os destroem; seus próprios resíduos (os traços não integrados) se voltam contra eles e os destroem, mas se houver alguém que troque a solução dentro da qual estão imersos, um laboratorista, por exemplo, eles podem durar e sobreviver. Em outras palavras, o que Freud introduz é a necessidade de um objeto externo para tentar remediar a reversão do afeto em afeto destrutivo, negativo. Podemos dizer que o efeito da pulsão de morte, um afeto de destrutividade, uma negatividade em ação, diz respeito a todas essas formas de aniquilação que são aquelas do nada, do nunca, do fragmentado, do disperso, do lugar nenhum, do não advindo etc., que estou tentando descrever. O que Freud procura pensar por meio do conceito de pulsão de morte é a ameaça do nada, da vivência de aniquilação, que surge quando a aspiração ao tudo falha.

Freud não vai muito mais adiante no que se refere ao que esse objeto deve fazer para garantir a sobrevivência do protista. O que deve fazer o objeto diante de um bebê? Mas talvez, também, o que nós, clínicos, podemos fazer, mesmo com sujeitos mais velhos, qual técnica devemos desenvolver para que eles possam sair do inferno da dominação do sistema primário, da ameaça do nada? Porque é do inferno que se trata quando todos os esforços são direcionados para tentar encontrar o tudo, imediatamente, por si mesmo. O tempo todo sob a ameaça de tombar no vazio, no nada, porque ter tudo, realizar tudo, não é possível, ou, pelo menos, não é possível imediatamente, por si mesmo, tudo junto, tudo de uma vez, totalmente no centro. Talvez seja possível com o tempo, talvez seja possível adiar, sobretudo se aceitarmos tentar esperar, se aceitarmos que seja feito parte por parte, como o fruto de uma lenta conquista da busca pela identidade de pensamento que implica a simbolização, o pensamento simbolizante. Talvez isso não possa ser alcançado, mas serão alcançadas partes suficientes para nos aproximarmos cada vez mais. Essa é a solução mais eficaz, a solução que Freud propõe em relação ao luto, um luto jamais possível. Relembro a frase que ele escreveu a Ferenczi: *Vou lhe contar um grande segredo: nunca renunciamos a nada; apenas trocamos uma coisa por outra.* Freud é muito claro. O luto é impossível, é preciso fazer o luto do luto; só é possível trocar uma coisa pela outra. A troca será feita de acordo com a *identidade de pensamento, parte por parte, fragmento por fragmento*, o que supõe, portanto, ir além da lógica primordial do tudo, do tudo imediatamente, do tudo por si mesmo, tudo junto.

Levantei anteriormente a questão da função do objeto. Tratando-se de uma questão fundamental, devemos nos debruçar sobre os trabalhos contemporâneos que dizem respeito à função do objeto: função simbolizante do objeto ou função meio maleável, como propus chamá-la; função espelho do objeto, como Winnicott a denominou; função alfa do objeto, de acordo com a formulação de Bion; objeto transformacional, segundo Christopher Bollas. Em suma, há muitas maneiras de defini-la e conceituá-la.

Será que conseguimos elencar as características, as condições, para que esse objeto possa cumprir a função de possibilitar que o sistema primário seja compensado pela dominação do sistema secundário, para que se desenvolva um funcionamento e uma linguagem muito mais socializados, muito mais satisfatórios, para passar do sistema de prazer-desprazer primário a um princípio de realidade? Não podemos esquecer que esse princípio de realidade (primeira forma) é um princípio de realidade do prazer, um princípio de satisfação. O princípio de realidade tenta indicar como garantir que haja uma satisfação verdadeira, um prazer real? A satisfação não é alcançada no sistema do tudo – é impossível alcançar o tudo, sozinho, imediatamente, tudo junto etc. O grande problema do princípio de prazer primário e fundamental é que ele conduz a um impasse devido à sua impossibilidade. Portanto, é preciso passar a um princípio de realidade, mas que não anule o princípio de prazer e que acentue as condições da realidade da satisfação: é preciso ser sujeito, ter um objeto, um tempo, ter somente um lugar.

Entretanto, a partir de 1920 e de *Além do princípio de prazer* – na verdade, de seu aquém, uma vez que é mais *primário* –, é o princípio de realidade que passa a ser o primeiro, enquanto o princípio de prazer torna-se aquele necessário para ligar e integrar a experiência e que deve secundariamente *redescobrir* o princípio de realidade, da *realidade do prazer* e, portanto, da satisfação, o princípio de satisfação.

Tentei elencar as características da função simbolizante, da função meio maleável do objeto simbolizante. Consegui identificar onze propriedades,[4] algumas mais essenciais que outras. Não vou descrever todas, tentarei apresentar quatro ou cinco.

O que seguirá requer muita atenção por diferentes razões. Primeiramente, devo dizer que não tenho nada contra os psiquiatras, mas me oponho a um certo pensamento psiquiátrico, em particular a uma psicopatologia psiquiátrica. Parto de uma constatação muito simples de que os diagnósticos psiquiátricos tornam muito complicada a condução subsequente de um trabalho de psicoterapia. Por quê? Porque, na linguagem corrente hoje em dia, todas as palavras essenciais dos diagnósticos psiquiátricos tornaram-se insultos. Dizer que uma mulher é histérica não é um elogio; afirmar que um homem é paranoico, também não. Quando se diz que alguém é esquizofrênico, evita-se abordá-lo. Mesma situação com um *borderline*. Dizemos estado-limite em nossa língua, ou melhor, *aquele que está na borda, que é limítrofe. Borderline* significa que o sujeito é desequilibrado. Não devemos acreditar que, por sermos psicólogos, psicoterapeutas ou mesmo psicanalistas, saímos da penumbra associativa das palavras. Não, pois, como cidadãos, temos uma história anterior à nossa formação. Não esperamos a primeira aula de psicopatologia para descobrir

---

4 Para mais detalhes, ver René Roussillon, "As funções do objeto (do clínico) e o meio maleável", em Manual da prática clínica em psicologia e psicopatologia (São Paulo, Blucher, 2019) [N.R.].

224 O NARCISISMO E A ANÁLISE DO EU

o termo *histérico*, que está no vocabulário corrente – aliás, basta acompanhar a mídia. Ligamos o rádio e ouvimos: "Donald Trump é paranoico". A frase corre por todos os meios de comunicação, bem antes de descobrirmos o termo científico *paranoia* ou *paranoia sensitiva* de Kretschmer (é muito mais chique dizer *paranoia sensitiva* de Kretschmer). Depois de termos feito esse primeiro uso estigmatizante dos termos, podemos acreditar ser possível ouvir um paciente com a necessária neutralidade benevolente? Acredito que não.

É necessário reinventar uma forma de psicopatologia que esteja focada no processo, naquilo que está no cerne da associatividade psíquica: o processo psíquico.

Proponho cinco características essenciais de um ambiente *simbolizante*, de um ambiente espelho suficientemente bom, que apresente uma função alfa, um objeto transformacional, eficazes para a integração simbólica. Embora sejam de relevância diferente, todas elas são muito importantes e vão desembocar em quadros clínicos específicos.

A primeira característica do objeto é a mais expressiva, a mais evidente: o objeto deve estar presente. Quando digo presente, não me refiro simplesmente à sua presença física, mas, sim, à sua presença afetiva, psíquica, ou seja, refiro-me a que ele possa ser alcançado, que esteja disponível, que seja acessível e atento e que, em sua presença, possa ser apreendido com certa consistência. Para mim, todos esses elementos entram na definição de um objeto presente.

Insistiu-se muito na problemática do objeto ausente como fator de simbolização, entre outras coisas. Contudo, não se pode esquecer que, antes de estar ausente, e para que sua ausência seja simbolizável, o objeto precisa ter estado suficientemente presente. O artigo de Green sobre a mãe morta obteve grande sucesso – refere-se a uma mãe *morta* porque está deprimida. Houve, porém, um primeiro tempo antes dessa depressão (por volta do segundo ano, provavelmente). Esse primeiro tempo, um tempo de mãe viva, psiquicamente presente, precisa ter existido. O infortúnio de cair em um ambiente maternante indisponível desde o início – por uma série de razões que não cabe detalhar e para as quais não busco culpado, apenas tento determinar necessidades, uma objetividade do fato arcaico – não corresponde a uma conjuntura da mãe morta. Se o objeto não esteve suficientemente disponível, se não foi suficientemente consistente, apreensível e alcançável, produzirá no bebê uma não organização ou uma desorganização, uma organização negativa.

Logo, o objeto precisa estar presente. O problema é quando sua presença e sua disponibilidade não são suficientes. É necessário que haja certa constância em seu modo de presença.[5] Por constância, entendo, novamente, uma constância afetiva do objeto, isto é, ele deve ser suficientemente previsível, não muito caótico, não deve mudar o tempo todo de estado afetivo sem uma razão assimilável pelo bebê. O que Bion chamou de conjunção constante de elementos pressupõe um objeto suficientemente constante. Tem sido muito estudada a questão da constância do objeto a partir da introdução, no bebê, da permanência do objeto em sua representação psíquica. Sim, concordo. Porém, para que haja essa constância interna, deve ter havido suficiente constância externa. Um objeto repetidamente caótico impede a criação de uma constância interna desse objeto; variando indefinidamente, ele se torna imprevisível, e sua representação interna herda essa imprevisibilidade. A certa altura no tratamento de Margaret Little (o texto de sua análise está publicado na *Nouvelle Revue de Psychanalyse*), Winnicott fez uma intervenção. Margaret Little teve uma mãe complicada que prejudicou consideravelmente seu desenvolvimento. Winnicott disse: "Sua mãe é uma má mãe, eu a odeio" (cito de memória).

---

5 NR: Segunda característica: constância e previsibilidade.

226 O NARCISISMO E A ANÁLISE DO EU

Isso não surtiu nenhum efeito. Então, alguns meses depois, saindo de um sistema objeto bom/objeto mau – uma vez que não se vai muito longe com tal sistema derivado dessas concepções do bebê que permanecem na lógica do tudo –, Winnicott lhe dirá: "Sua mãe é caótica", ou seja, ela é imprevisível. Assinalando um aspecto qualitativo da mãe e de seu modo de presença, essa intervenção dá inteligibilidade a toda uma parcela do funcionamento reativo da paciente e tem um efeito considerável no tratamento de Margaret Little. É fundamental identificar qual foi o modo de presença do objeto, não apenas sua presença, mas seu modo afetivo de presença em particular. Uma mãe pode amar muito seu filho, sendo, nesse sentido, uma boa mãe, mas isso não a impede de ser caótica.

Terceira característica: o objeto deve ser suficientemente sensível, isto é, suficientemente empático e capaz de refletir ao bebê seus próprios afetos. Para auxiliar o bebê a começar a reconhecer e aceitar seus próprios afetos, para ter uma *boa função alfa*, o objeto suficientemente sensível deve pressentir o que o bebê está sentindo, e isso requer dele o que poderíamos chamar de empatia materna, de sensibilidade materna. Trataremos de todas essas características mais adiante.

Eu me inclinaria a chamar o que estou descrevendo de *linguagem do modo de presença do objeto*. Não digo apenas que o objeto deve estar presente; tento, também, descrever outras características necessárias além dessa presença: constância, sensibilidade, transformabilidade.[6]

Por que transformabilidade? O que é essa transformabilidade necessária e por que ela é necessária? Necessária para a função transformadora dos envelopes. A mãe ou o ambiente maternante devem poder se ajustar às necessidades do bebê. O bebê *fala* uma

---

6 NR: Transformabilidade é a quarta característica.

linguagem complicada, incompreensível no início, difícil: a linguagem corporal, polissemântica. A linguagem corporal é sempre interpretada de forma imprecisa. Por que razão um bebê chora? Por estar com fome? Por estar sujo? Para pedir colo? O choro está sujeito à interpretação. Em geral, dispomos de um sistema maternante que nos permite intuir os diferentes choros do bebê. Um bebê com dor, ou faminto, ou sujo, ou que quer colo não chora da mesma maneira em todas as situações. Sessenta por cento das interações precoces são de ajuste, o que é considerável. A boa mãe e a má mãe pertencem ao modelo de linguagem do bebê: a linguagem do tudo ou nada. O bebê pode pensar ou sentir em termos de mãe boa ou mãe má talvez porque siga a lógica do tudo ou nada, mas nós, adultos, que tentamos raciocinar sobre o que acontece, precisamos de um conceito e de modelos muito mais complexos. Precisamos de um conceito que vá além do sistema de tudo ou nada para tentarmos descrever os aspectos qualitativos, sutis. A mãe deve ser, como denominada por Christopher Bollas, que mencionei anteriormente, *o objeto transformacional*, isto é, um objeto capaz de transformações e de ajustes. Marion Milner, bem antes de Christopher Bollas, já havia denominado *objeto meio maleável* um objeto capaz de se transformar, de ser transformado pelas reações do bebê, por suas mensagens, capaz de realizar o que Daniel Stern chamou de *sintonia*. O ajuste é feito por meio da sintonização dos ritmos, afinando as respostas no tempo certo, da maneira certa. Um ambiente maternante que se ajusta, que adota o ritmo certo, permite que o bebê permaneça centrado em si mesmo. Se tiver que se curvar ao ritmo do objeto, o bebê se descentra afetivamente, não consegue mais se manter centrado em si mesmo, tendo, então, que abdicar de sua necessidade, de seu elã, de seu movimento, ou render-se ao objeto para permanecer em contato com ele. O objeto deve se tornar um espelho afetivo suficientemente bom por meio desse ajuste e de seu esforço de transformação. Espelho afetivo significa que o bebê deve encontrar, no objeto ou por intermédio deste, aquilo que ele mesmo é capaz de criar e, no ambiente, algo que seja aceitável o suficiente para que ele possa vincular ao que cria. Em outras palavras, poderíamos dizer que um ambiente *suficientemente bom*, como afirma Winnicott, é aquele onde o bebê pode reconhecer-se, (re)encontrar-se. Assim, ele pode identificar seus estados internos. Os bebês buscam a si mesmos em nós, em nossas respostas e reações, como um espelho dele mesmo. Não digo que nossas respostas devam encontrá-lo, mas que devem ajudá-lo a se encontrar. Encontrar-se é começar a integrar as experiências subjetivas que nos atravessam.

Devemos compreender que a função transformadora dos envelopes psíquicos, proposta por Varela, e que ressaltei anteriormente, é apenas potencial. Ela deve, ainda, ser sustentada pelas capacidades de transformação do ambiente maternante, que são essenciais para uma integração da função transformadora dos envelopes. Os dados relacionais assumem a função das potencialidades biológicas.

Gostaria de fazer aqui uma observação breve, mas importante. Conhecemos a distinção, proposta por Lacan, entre demanda, necessidade e desejo. Trata-se de uma distinção absolutamente relevante, mas que, na minha opinião, se estabelece mais tarde, é secundária. Assim como Piera Aulagnier e André Green assinalaram que a diferença entre afeto e representação não está presente desde o início. Originariamente, afeto e representação são misturados. Além dos bebês, também alguns sujeitos representam mais tardiamente *pelo afeto*. Assim, a distinção entre representação e afeto é conquistada ao longo do tempo, estabelecendo-se gradativamente de acordo com a adequação do ambiente. Da mesma forma, a distinção entre necessidade e desejo não está presente desde o início, de modo que não se pode aplicá-la a uma criança de menos de 2 anos sem frustrar a necessidade, pensando estar frustrando o desejo. Por quê?

Porque enquanto essa diferença ainda não foi adquirida, há uma necessidade de desejo e um desejo de necessidade, necessidade e desejo se misturam. Freud emprega o mesmo termo para designar as pulsões sexuais (o desejo) e as pulsões de autoconservação (a necessidade). A diferenciação entre as chamadas pulsões do Eu e as pulsões sexuais só se estabelece gradativamente, e com o desenvolvimento do autoerotismo e da autonomia da criança.

Já que nos ocupamos da clínica e trabalhamos em dispositivos de atendimento psíquico, proponho, agora, examinar as implicações do que desenvolvo em relação ao quadro clínico, os efeitos da falência dos diferentes elementos descritos. Como não posso abordá-lo detidamente, farei de modo indicativo para poder identificar como se apresentam as diferentes modalidades de falhas ou insuficiências do ambiente maternante primário.

Propus o termo *sofrimentos narcísico-identitários* para designar os sofrimentos que atingem o narcisismo e desorganizam a vivência identitária. Uma característica comum desses sofrimentos é a falta de um ambiente suficientemente bom – no sentido de um objeto suficientemente presente, sensível, constante ou previsível, que sobrevive suficientemente – a qual provoca, primeiramente, uma vivência de fracasso na criança, impedindo o processo de que ela precisa (em encontrado/criado, depois em destruído/encontrado). Um objeto intransformável expõe a uma vivência de fracasso. Ele provoca, com o passar do tempo – mas o tempo passa rápido para o bebê –, um sentimento de impotência, uma experiência de desamparo. O bebê luta, resiste, tenta mostrar que algo está errado, muitas vezes com sintomas somáticos, mas também chorando, gritando, não dormindo, em resumo, manifestando-se de uma forma ou de outra, dependendo de sua genética e de sua bagagem pessoal – nem todos os bebês são iguais, tampouco seu patrimônio genético. Cada bebê, no entanto, dispõe de recursos para lutar, desde que a

230 O NARCISISMO E A ANÁLISE DO EU

situação não seja muito nociva. Uma situação excessivamente nociva desencadeia um processo de retraimento: os bebês se retiram psíquica e afetivamente de cena.

Existem três formas de angústia fundamental nos seres humanos. A primeira, muito conhecida, Freud a denominou *Hilflosigkeit*, traduzida por *estado de desamparo* (*état de détresse* ou, segundo a tradução de Laplanche, *état de desaide*).

Sou grato ao meu amigo René Kaës por ter chamado minha atenção para o fato de que duas outras formas de angústia fundamental podem ser encontradas nos textos *O futuro de uma ilusão* e, principalmente, em *O mal-estar na civilização*. Deixo de lado o estado de desamparo, que já foi muito estudado e é bem conhecido, para me dedicar às outras duas formas de angústia.

Uma segunda forma de angústia é a *Bodenlosigkeit*, que significa *aquele que é privado de raiz, de ancoragem*. Essa forma de angústia pode ser encontrada em muitos sujeitos *sem domicílio fixo*, que não conseguem se estabelecer em lugar algum. Balint estudou à sua maneira essa problemática, descrevendo os filobatas e os basófilos. Filobatos designam os sujeitos que passam o tempo todo equilibrando-se, fazendo acrobacias, sem se apoiarem no chão, sem ancoragem. Isso pode ser claramente observado, por exemplo, em crianças autistas que andam na ponta dos pés, sem se apoiarem no chão. O problema metapsicológico é também, portanto, a ausência do sentimento de pertencimento. Já o sentimento de pertencimento pode ser observado, em seu estado incipiente, em certas cenas, cujo protótipo é o de uma mãe que abraça seu bebê e lhe diz: "Você é meu bebê, o meu bebezinho". E os bebês caem na gargalhada, ficam muito felizes por se sentirem pertencentes à condição humana, ao grupo humano, identificando-se por esse pertencimento, por essa primeira forma de colar. A angústia de não pertencer é acionada principalmente em sujeitos que foram repetidamente desenraizados, que vivenciaram situações de exílio ou situações em que, cada vez que tentaram se apegar, foram arrancados de um território, de um lugar, de pessoas. Mudanças de domicílio são muito difíceis para os bebês, porque os fazem sentir uma ameaça de desenraizamento. Contudo, essa ameaça pode ser consideravelmente amenizada se forem mantidos o mesmo berço, os mesmos objetos, se for tomado o cuidado de manter tudo o que é importante no primeiro ambiente do bebê.

Além do estado de desamparo primordial, *Hilflosigkeit*, e da angústia de não pertencer, *Bodenlosigkeit*, existe uma terceira forma de angústia, *Zwanglosigkeit*. Não sei exatamente como poderíamos descrever e traduzir essa angústia que atinge alguém que é privado de um vetor, de uma direção, privado também, de certa forma, de algo que possa orientar a pulsão para um objeto. Por exemplo, um sujeito se sente desmantelado, fragmentado, sem direção, sem vetor, disperso em várias direções. Na clínica, quando os pacientes dizem "estou transbordando", podemos perceber claramente que não conseguem mais se organizar, hierarquizar, falta-lhes um vetor, uma direção para a organização. Isso corresponde ao que já mencionamos quanto ao *tudo junto*. Problemas de concentração e de hiperatividade parecem resultar dessa angústia primordial.

O ambiente primário insuficientemente bom, aquele que não apresenta suficientemente as características de um *meio maleável*, desencadeará uma ou várias dessas formas de angústia.

Vamos agora tentar examinar, mais especificamente, o que resulta do encontro originário com a problemática da presença materna: a indisponibilidade, a intangibilidade, o modo inalcançável de presença da mãe. Quais são seus efeitos no bebê, na criança, no adolescente ou mesmo no adulto?

Quando trabalhei com pacientes que sofriam de ataques de pânico, um dos aspectos desses ataques me impressionava: o sujeito

232   O NARCISISMO E A ANÁLISE DO EU

tem a impressão de viver em um universo ou diante de um futuro bloqueado, de não ter um lugar para se alojar, um lugar para estar em segurança. Lembro-me de um paciente que tinha acabado de comprar um carro. Ele estava viajando para o sul, muito feliz com sua aquisição, quando, de repente, deparou-se com uma enorme tempestade que formava algo como uma parede de água e que desencadeou um ataque de pânico. Ao ouvi-lo, lembrei-me de que ele havia mencionado um aspecto de sua relação com o pai, já falecido, descrevendo-o como "uma verdadeira parede". Proponho-lhe estabelecer um elo entre as duas situações. Posteriormente, trabalhei esse elo de forma ampla, em sua relação com um ambiente precoce fechado, bloqueado, como uma porta fechada. Outra paciente, no retorno das férias, não conseguiu abrir minha porta – equipada de uma fechadura eletrônica – apesar de várias tentativas, embora estivesse acostumada com esse sistema de abertura (tocar, empurrar e a porta se abre). De repente, veio à lembrança uma cena que ela associou em silêncio, antes de me contar que a porta fechada que ela não conseguiu abrir a fez pensar em algo que havia acontecido quando estava em um barco no mar. Durante o verão, seu marido e ela chegaram a um porto onde queriam atracar, mas não havia mais lugar disponível, o porto estava cheio. Naquele momento, ela teve um ataque de pânico. Não havia lugar para abrigá-la.

Esses são efeitos clínicos identificáveis. Eu havia tentado, anteriormente, em ambos os casos, trabalhar os ataques de pânico a partir da ameaça de castração, mas não obtive êxito, não era a forma adequada. É claro que essa interpretação seguia a linha da vivência de impotência, de ser privado de uma chave para entrar, mas as formulações não eram adequadas, não estavam em um bom nível da linha processual. Por outro lado, se aceitarmos trabalhar a problemática dos ataques de pânico como estando relacionados com o sentimento de ausência de futuro ou de um futuro bloqueado, referindo-se, portanto, a um objeto fechado que não se consegue transformar, convencer, nem mesmo tocar ou alcançar de uma maneira ou de outra, então o problema se desloca do sujeito para o objeto, para o ambiente. O sujeito é confrontado, assim, com sua impotência infantil para mudar o objeto, com sua vivência de desenraizamento, de não pertencimento. Outro exemplo bem conhecido pode ser encontrado na história de Narciso e Eco. Refiro-me às *Metamorfoses*, de Ovídio, cuja leitura volto a recomendar. Esse compêndio de mitos extraordinários é uma mina de ouro para os clínicos. Repasso resumidamente a história de Eco. Ela foi castigada por não conseguir expressar seu próprio desejo, pois agia mais para facilitar a realização dos desejos de suas amigas, as ninfetas que queriam seduzir o deus, o pai, do que para ela mesma. Ela é castigada pela esposa do deus, Hera, esposa do pai que lhe diz (cito de memória): "Você tentou me enganar, desviar minha atenção para que eu não visse que suas amigas iam se deitar com meu esposo. Como o que você fez não foi para satisfazer seu próprio desejo, eu a condeno a repetir apenas o final das frases, a expressar seu desejo unicamente pela voz alheia. Você não poderá mais ser sujeito de fala". Eco se apaixona por Narciso. Ela o observa, o segue e tenta ecoar a palavra dele para expressar seu desejo, permanecendo escondida no bosque. Ao ouvir a voz de Eco, Narciso fica intrigado e a desafia: "Sai de teu esconderijo. Vamos nos unir". Ela sai de seu esconderijo e caminha em direção a ele, repetindo o final da frase de Narciso: "Vamos nos unir". Aproxima-se para abraçá-lo. Mas Narciso foi privado de sua própria imagem pelo oráculo de Tirésias: "Ele só terá uma longa vida se não se conhecer". Tirésias foi consultado porque a mãe de Narciso fora estuprada pelo rio e ele era fruto desse estupro. Assim, Narciso não se conhece, não sabe com o que se parece. Fóbico, quando Eco se aproxima para tocá-lo, ele diz: "Não me toque, prefiro morrer a ser tocado por ti". Ele se afasta, Eco se retira, deprime-se e para de comer, tornando-se apenas uma sombra de si mesma, anoréxica

234 O NARCISISMO E A ANÁLISE DO EU

e reduzida a um amontoado de ossos que se misturam às rochas. Desaparecendo aos poucos, seu corpo se identifica totalmente com a pedra, razão pela qual a voz do eco reverbera nas rochas.

Narciso se afasta e, à beira de um rio (não esqueçamos que sua mãe foi estuprada por um rio), fica paralisado diante de seu reflexo sobre a água. Narciso não se conhece, não se reconhece. Não pode se reconhecer, uma vez que, devido ao oráculo, nem mesmo se conhece. No entanto, aprecia a beleza da imagem do rapaz que ele vê refletida sobre a água e apaixona-se por essa imagem não identificada. Nesse momento, tenta unir-se à imagem refletida pelo rio, mas cada vez que mergulha a mão na água, tentando se colar nela, a imagem desaparece. Isso é interpretado por ele como uma fuga do objeto: o objeto se torna inapreensível, inalcançável, como resultado de seu próprio movimento, de seu próprio elã. Da mesma forma que Eco vai se colar às rochas e definha, Narciso permanece imobilizado e colado à imagem de um objeto inalcançável e perece pouco a pouco.

Narciso não é um drama do olhar, mas, sim, um drama primário, um drama do tocado/colado. É bem possível que sujeitos imobilizados, desprovidos de elã, incapazes de se mover e de mudar tenham sido confrontados precocemente com um objeto inalcançável, um objeto não-espelho do qual não puderam se apropriar. É como se o objeto inalcançável dissesse: "Não me toque, prefiro morrer a ser tocado por ti". Se Narciso não encontrou uma forma de identificar a si próprio antes de se tornar o belo jovem que se tornou, foi porque talvez tenha encontrado uma conjuntura histórica, uma problemática precoce: também não se conheceu pelos olhos da mãe, pelo olhar do objeto. Em situações dessa natureza, outra possibilidade é tentar prescindir dos objetos e recorrer a um processo de retraimento. Neste caso, o objeto investido é um objeto *narcísico*, e tal investimento desencadeia um afeto passional que pode ser destrutivo.

Quais são, então, os efeitos de um ambiente inconstante e imprevisível? Tais efeitos podem ser observados, por exemplo, em sujeitos em constante busca do que acontece no outro, como se estivessem sempre se deixando de lado, pela necessidade precoce de identificar o estado emocional do objeto. Ele está de bom humor, é receptivo, ou está de mau humor e repele? Esse primeiro tempo em que se faz necessário, antes de mais nada, conhecer o estado do objeto é premissa de qualquer engajamento, de qualquer fala, de qualquer comunicação. A espontaneidade é comprometida. Não me refiro à empatia, à conexão com aquilo que o outro sente na comunicação humana, à consideração do outro, mas, sim, a uma pressão interna – não se trata de uma escolha. Antes de qualquer movimento pulsional, de qualquer expressão afetiva, de qualquer comunicação, é necessário começar por identificar o estado afetivo do objeto. É certo que tal necessidade descentra e obriga o sujeito a sair de si mesmo, como que confiscado pelo humor do objeto. O sujeito é capturado não só pelo desejo, mas também pelo humor do outro, pelo caos de sua reação imprevisível e inconstante. Ademais, outra consequência igualmente nociva torna a situação ainda mais complexa: se o humor do objeto é instável, o sujeito buscará saber o que ele fez ou deixou de fazer, o que poderia ter feito, na tentativa de explicar a mudança repentina de humor. Um de meus pacientes – cujo caso já mencionei aqui – tinha uma mãe maníaco-depressiva que, num movimento maníaco, fazia cócegas, dava gargalhada etc., mas, de repente, numa inversão desse movimento, deprimia-se, mostrando-se petrificada, insensível, rejeitadora. Ele era analista, o que não era de surpreender, visto que havia sido confrontado, desde o início, com um objeto enigmático cujas razões ocultas precisavam ser compreendidas. Quando o atendi pela primeira vez, ele estava tomado por um sentimento de culpa. Eu

236 O NARCISSISMO E A ANÁLISE DO EU

deveria ajudá-lo a mudar, porque ele não era como deveria ser (era o que lhe dizia sua esposa, que assumiu a continuidade do comportamento materno). Sentimento de culpa, série interminável de investigações para conseguir entender e expurgar sua culpa. Neste caso, portanto, o paciente não se descentrava, muito pelo contrário, sempre se colocava no centro, mas em um centro negativo, em uma causalidade negativa. A mudança caótica de humor do objeto leva a uma hipervigilância em relação a ele: observar seu rosto, tentar adivinhar seu humor. Certos sujeitos, diferentemente, são implacáveis, falam sem parar, ignorando a presença alheia. Por exemplo, se estamos cansados, abatidos, depois de uma noite mal dormida, esses indivíduos não levam isso em conta, falam de si mesmos, de suas próprias histórias, colocando-se no centro.

Por outro lado, lembro-me de uma paciente anoréxica que observava pilhas de livros ou documentos em cima da minha escrivaninha. Ela era psicóloga e, na agenda da *Carnet Psy*, uma revista francesa que publica mensalmente temas de congressos e conferências, informava-se sobre minhas conferências aqui e ali, meus novos livros etc. Certo dia, depois de um longo silêncio, ela me disse: "É engraçado, enquanto estava na sala de espera, eu tinha muitas ideias para lhe contar, mas, aqui dentro, não tenho mais, estou vazia". Como eu havia percebido seu olhar voltado para a escrivaninha quando entrou na minha sala, perguntei: "Talvez você sinta que estou ocupado demais para escutá-la?". Ela responde: "Sim, eu sou uma coisinha insignificante, você é um grande homem, eu não sou nada, sou inútil". Há quem possa dizer que esses sujeitos são masoquistas, porém, tratar nesses termos as questões que estou tentando abordar não nos leva muito longe. Masoquista é um insulto, fecha o pensamento, ao passo que, se tentarmos compreender o comportamento do paciente à luz das respostas e reações do ambiente, começamos a entender por que o sujeito se construiu assim, qual é a sua lógica. Essa paciente tinha uma mãe indisponível, nove filhos na família, todos muito doentes, uma mãe inapreensível e inalcançável.

Por último, vamos passar à questão do terceiro envelope do Eu.

Todas as problemáticas e quadros clínicos que descrevo estão relacionados ao sistema primário, aos primeiros envelopes, e terão de ser transferidos e retomados no que Freud chama de *aparelho de linguagem*, e Daniel Stern, de *envelope narrativo*, portanto, inseridos no sistema da linguagem verbal. Como isso ocorre? A dialética fundamental, como já repetimos diversas vezes, é aquela do colado/descolado: como ocorre a colagem e o descolamento no sistema verbal?

Para responder a essa indagação, proponho que nos reportemos, primeiramente, a um livro de Bénédicte de Boysson-Bardies sobre o nascimento da linguagem na criança – estudo que, se não me falha a memória, é de 1996. Esse texto descreve minuciosamente como se desenrolam todos os processos que, em dado momento, levam a criança a falar. Se crianças menores de dois anos ainda não falam, isso está relacionado, por um lado, à sua construção cerebral, e, por outro, à formação da laringe. Sua laringe é muito semelhante àquela dos primatas, muito deitada para se articular e, para que se verticalize, as crianças devem caminhar. A posição ereta da criança possibilitará uma série de modificações no aparelho fonador, que estará totalmente formado somente no final do segundo ano de vida. É nesse período que a criança passa do balbucio à fala, tornando-se capaz de articular as palavras, porque o corpo permite. Então, onde há colagem e onde há descolamento? Em primeiro lugar, o que cola é a associação entre um objeto e uma palavra: isto é uma mesa. Existe a mesa vista, mostrada, e a palavra. Mas a associação entre a mesa e a palavra se estabelece de acordo com qual modelo? Pode-se ver os pés e o tampo da mesa, pode-se tocar nela, abrir suas gavetas, mas a palavra mesa não pode ser vista. A palavra está associada à mesa, colada a ela. Proponho a

238   O NARCISISMO E A ANÁLISE DO EU

seguinte hipótese: a palavra é o não-visto do objeto. As palavras que aprendemos estão inicialmente coladas às coisas, fazem parte delas. Uma pequena sequência clínica de Freud descreve um menino muito zangado que arremessava palavras: "Você, pano, você, guardanapo". O que era arremessado não eram os objetos, mas as palavras que os designavam, que estavam coladas e que faziam parte deles. Há palavras como soco que nos atacam como golpes, palavras portadoras de algo que ataca, fere, machuca. A palavra é o não-visto do objeto, uma parte dele mesmo, colada a ele. Portanto, a palavra é também o que permite falar de um objeto quando este não está presente ou visível, pois, entendida como o não-visto do objeto, ela pode ser usada para designá-lo. Embarcamos em uma teoria da simbolização focada essencialmente na ausência do objeto, mas esquecemos que a palavra deve, primeiro, colar ao objeto e que isso só é possível em sua presença. Quero desenvolver um pouco esse aspecto importante. A simbolização do objeto ausente é uma característica da simbolização secundária, mas não da simbolização primária; ela não corresponde à simbolização do encontro com o objeto. Desenvolveu-se, contudo, uma teoria da simbolização dos objetos a partir de sua ausência, com uma série de proposições concernentes à simbolização da separação, da diferenciação, da falta etc., como se somente a ausência fosse fator de simbolização, como se não fosse necessário simbolizar, antes, a presença, o encontro. Todos os problemas que dizem respeito à ausência do objeto decorrem do modo como sua presença é vivenciada. Quando a presença foi suficientemente boa, a ausência, por mais difícil que seja, é infinitamente mais tolerável. Por quê? Porque o sujeito construiu dentro de si uma presença suficiente do objeto, tornando-se capaz de encenar o encontro. A ausência se torna intolerável quando o sujeito não dispõe suficientemente da presença do objeto dentro de si, isto é, quando essa presença não foi bem constituída na presença do objeto (ou não pôde ser suficientemente mantida).

Podemos perceber a importância do que descrevo. Retomo, aqui, uma primeira consideração a respeito do aparelho de linguagem.

Usamos palavras, inicialmente coladas às coisas, que são o não--visto dos objetos, o que lhes confere uma segunda característica, a parte, ou o não-visto, que pode representar o todo do objeto quando este não estiver visível.

Uma parte significativa da aprendizagem da linguagem é realizada pela associação entre a palavra e a coisa. Podemos observar, em um contexto familiar, que as crianças aprendem porque o objeto é, o tempo todo, associado ao seu nome, colado ao objeto presente, visto.

Se a palavra é o não-visto da coisa, como, inversamente, a coisa não vista, não visível (os processos internos) pode ser representada e nomeada? Por exemplo, um sentimento de raiva, um pensamento, uma representação interna não são coisas que podem ser materializadas ou vistas, exceto no rosto do outro (veremos mais adiante as implicações disso). Cabe, aqui, fazermos uma breve incursão pela história do pensamento. Comecemos por John Locke, autor de uma obra fundamental de referência que se intitula *Ensaio sobre o entendimento humano*, escrita em 1689. Locke afirmou: "Nada está no intelecto que não tenha passado antes pelos sentidos". Em outras palavras, para pensar, precisamos dos sentidos, do que é visto ou sentido – foi a esta associação que me referi anteriormente. Um século depois, Leibniz publicou um novo ensaio sobre o entendimento humano (escrito em 1704, mas publicado em 1765), no qual retomou a afirmação de Locke, mas acrescentou: "De fato, nada está no pensamento que não tenha passado antes pelos sentidos, a não ser o próprio pensamento". E o pensamento não está no sentido. Mais tarde, em *Totem e tabu*, no capítulo sobre o animismo, Freud acrescenta mais um elo, afirmando que o pensamento não está nos sentidos, mas a representação dos processos de pensamento, a

240 O NARCISISMO E A ANÁLISE DO EU

apreensão do pensamento deve passar pelos sentidos. Em outras palavras, através de um processo designado como animismo transferimos para o exterior coisas inassimiláveis e impalpáveis internamente, para, assim, torná-las sensíveis, perceptíveis. Um trovão é a ira de Deus; um relâmpago é seu olhar fulminante.

Acima de tudo, um processo que se desenrola na infância, destacado por E. Erickson, é fundamental: o brincar. É no brincar, com seus objetos e sua dinâmica, que a criança pode acomodar representações e processos de seu mundo interno. Por exemplo, como a criança pode representar seu vínculo com a mãe? É simples: com um carretel – a mãe – amarrado a um barbante, a criança lança o carretel e segura o barbante. Mesmo quando a mãe está ausente, o carretel escondido, a criança fica com o barbante, que representa o vínculo com o objeto, a colagem e, quando o objeto se ausenta, o descolamento. Todas as brincadeiras infantis envolvem essa transferência de processos internos para o espaço do brincar. O brincar não é possível sem esse processo. Por isso, como bem sabem todos os terapeutas infantis, devemos estar atentos aos jogos infantis, levá-los em consideração, *ouvi-los* para saber como funcionam, mediante qual processo.

No aparelho de linguagem, há um processo de colagem, mas possível de descolamento por ser transicional. Paradoxalmente, ao mesmo tempo em que a palavra adere à coisa, ela a designa em sua ausência, uma vez que é tida como o não-visto da coisa. Este é o paradoxo fundamental da relação que se estabelece na linguagem, cuja elaboração se torna cada vez mais complexa pela organização da sintaxe, da frase, das metáforas e efeitos pragmáticos que tentam *mostrar* e fazer sentir (o visual e o tocar transferidos para a linguagem), introduzindo-se, assim, a simbolização secundária.

Tratarei, agora, dos aspectos patológicos da comunicação humana a partir das formas da linguagem verbal. Em se tratando de um tema tão vasto, vou me limitar a abordar um único aspecto, mas que é central no que diz respeito às problemáticas narcísico--identitárias.

Em 1956, Gregory Bateson publica *Ecologia da mente* e um artigo intitulado "Rumo a uma teoria da esquizofrenia". Nesses textos, ele estuda os sistemas de comunicação em famílias de esquizofrênicos e evidencia três modos principais de comunicação. Na França, Racamier retoma esses estudos sob a denominação da paradoxalidade e Didier Anzieu, a partir das transferências paradoxais. Essa ideia também está presente, de certa forma, no pensamento de Harold Searles, no artigo "O esforço para enlouquecer o outro". Como se pode enlouquecer alguém a partir da linguagem verbal, da comunicação verbal e de sua articulação com outras formas de linguagem?

Os três sistemas de comunicação que Bateson observa e descreve em famílias nas quais se encontra um paciente esquizofrênico são a comunicação paradoxal, a desqualificação e a mistificação, características que desorganizam o funcionamento do Eu.

A desqualificação consiste em uma mensagem que contém uma operação de negação daquilo que o sujeito vivencia. Por exemplo: uma menina é imersa em um banho de água fervente, enquanto a água ainda não está na temperatura certa para o banho que o irmão menor tomará depois dela. A criança está quase desmaiando, mas seus pais lhe dizem: "Não, é você que é muito sensível". Mais tarde, o irmãozinho entra no banho, que já esfriou, e os pais dizem: "Veja, seu irmão aguenta bem o banho". Protótipo da desqualificação, a mensagem é: "você não sente o que sente, não deve sentir o que sente". *Demonstra-se*, assim, que ela está enganada em sentir o que sente, já que o irmão, dez minutos depois, é colocado na mesma água e não grita.

Para terminar, quero descrever um paradoxo muito conhecido a fim de mostrar como a lógica do tudo está presente em sistemas de comunicação paradoxal. O exemplo é muito conhecido: Epimênides, o cretense, diz: "Todos os cretenses são mentirosos". Epimênides é cretense, logo, ele mesmo é mentiroso; ele está mentindo quando diz que mente, mas quando diz isso, está dizendo a verdade, posto que ele mente. Vemos que, nesse sistema totalmente absurdo, quanto mais se diz a verdade, mais se mente; quanto mais se mente, mais se diz a verdade. Assim, a oposição verdade/mentira é uma oposição que logo se desintegra. Podemos também raciocinar dessa forma em relação à oposição bom/mau, como em *Ricardo III*. Nessa peça de Shakespeare, desde o primeiro ato e a primeira cena, o tom é dado, o protagonista formula a consequência de ter nascido deformado como o fato de nunca poder atrair o amor e o bem: "Que o mal seja o meu bem". Nas reações terapêuticas negativas o processo é o mesmo: quanto maior a melhora, mais piora. Em todos os sistemas paradoxais, a confusão é gerada. O modelo geométrico é o da fita de Möbius. Com um pedaço de papelão cortado em tiras, colamos essas tiras invertendo-as; depois, com um lápis, percorrendo a tira assim formada, percebemos que ora estamos fora, ora dentro. A verdade é a mentira, o mau é o bom, o dentro é o fora, variando conforme o momento.

Como desmantelar um sistema paradoxal? Vamos ouvir Epimênides, o cretense: "Todos os cretenses são mentirosos". Pode ser. Epimênides, o cretense, é mentiroso, também pode ser, mas nada indica que ele esteja mentindo quando diz que os cretenses são mentirosos. Nada, exceto a *lógica do tudo* que vem se imiscuir no enunciado, implicando, assim, não somente a ideia de que todos os cretenses são mentirosos, mas também a ideia de que mentem *o tempo todo*, apenas mentem. Este é o implícito do sistema paradoxal que aprisiona a lógica, na medida em que se assemelha a um silogismo implacável, embora não seja um verdadeiro silogismo.

Uma paciente me disse: "Perdi a esperança, todos os homens são iguais". A parte é tomada pelo todo. Sua vida afetiva sofre, então, um impasse: "todos os homens são iguais", ou "todas as mulheres são iguais". Uma experiência negativa parcial é generalizada. Na esfera política, o procedimento é o mesmo: os franceses querem ser vacinados ou os franceses não querem ser vacinados. O problema é que a categoria *os franceses* não existe além daquela de que eles são habitantes da França; não é uma categoria válida fora da geografia. Há muitas diferenças entre os franceses, entre as mulheres e também entre os homens. Todavia, posso assegurar que os políticos tomam os franceses como uma categoria: "os franceses pensam isto, os franceses pensam aquilo, os franceses suspeitam disto". Trata-se de uma categoria política. Raramente encontramos um político que pondere, muito menos que denuncie essa categorização. Para convencer, cria-se uma categoria totalizante que, a meu ver, é uma das perversões da linguagem política. Se obrigássemos os políticos a dizer exatamente quantos franceses dizem isto ou aquilo, pensam isto ou aquilo, eles seriam menos pretensiosos, pois ninguém pode falar em nome de todos os franceses, nem sabe o que está na mente de todos eles. Portanto, ninguém pode reivindicar ser o porta-voz de todos os franceses.

O mesmo raciocínio vale para enunciados como "os homens são isto, as mulheres são aquilo", todas essas categorias são imaginárias. Certamente, as categorias mulher e homem existem no plano biológico, mas não tenho certeza de que existam no plano psicológico. Ou melhor, minha experiência com pacientes, mulheres e homens, é suficiente para afirmar que o modo de funcionamento de certas mulheres se assemelha muito mais àquele dos homens, e vice-versa. O que existe é um sujeito com uma história singular, com uma sucessão de circunstâncias singulares, e não uma categoria geral desprovida de qualquer sentido. Temo ao ouvir colegas psicanalistas dizerem, por exemplo, "a psicologia da mulher". Com certeza, certas características psíquicas estão relacionadas à anatomia, mas preconizar uma psicologia geral da mulher é completamente abusivo. Embora o ponto de partida da categoria biológica esteja correto, não se pode fazer da parte o todo. Nesse caso, o todo não é biológico, mas psicológico ou relacional.

As patologias da linguagem que acabo de descrever têm efeitos deletérios sobre a organização psíquica. Elas fincam suas raízes no sistema primário, e parcelas inteiras desse sistema, tomadas como tais no sistema secundário, distorcem este último. O sistema secundário, o do *não tudo*, dá a possibilidade de afirmar: "12% dos franceses pensam isto e 15% pensam aquilo". Ou ainda: "Algumas mulheres loiras são assim e outras são diferentes, há morenas que são assim e outras, não". Não é como reza a piada: "toda a loira é burra". Podemos perceber que o mesmo raciocínio é aplicado aos negros, aos árabes, aos psicanalistas, aos cognitivistas... Já ouvi colegas dizerem: "Os cognitivistas não pensam". Deparamo-nos rigorosamente com o mesmo procedimento de tomar a parte pelo todo. Entretanto, um sistema secundário poderia ser mais rico, pois dá a possibilidade de integrar o tempo, a distância, a diferença, a não-contradição e, portanto, de superar a oposição entre a parte e o todo. Assim, em um espaço transicional como a poesia, por exemplo, poderíamos dizer: "Ao amanhecer, avistamos trinta velas". Em poesia, podemos tomar a parte *vela* para designar o todo, o *barco*. Não estamos no terreno da política nem no da psicologia, não quero afirmar que as trinta velas são barcos, mesmo que estes sejam veleiros. Evidentemente, existem lanchas motorizadas, mas é menos poético dizer: "Ao amanhecer, avistamos trinta motores" – a sonoridade não é a mesma.

Conclusão e síntese

Narcisismo e complexificação

A introdução do conceito de *narcisismo*, em 1914, modificou profundamente o panorama teórico da metapsicologia freudiana, talvez mais do que geralmente se avalia. E não resta dúvida de que, principalmente sob a pressão da clínica, a problemática do narcisismo permanece um dos principais fatores de evolução e complexificação da teorização psicanalítica atual. Se, por um lado, a palavra que designa o conceito permanece a mesma, se o próprio conceito ainda designa o investimento do Eu e seus processos de funcionamento, por outro lado, poderíamos considerar que o campo conceitual e problemático que ele abrange sofreu progressivamente, desde Freud e depois dele, uma evolução paradigmática significativa. As palavras, as de Freud em particular, são às vezes enganosas; seu significado e as implicações das questões que elas designam podem mudar de maneira tão significativa que acabam nos levando a panoramas teórico-clínicos muito diferentes e mais

246 O NARCISISMO E A ANÁLISE DO EU

complexos do que aquele com o qual estávamos acostumados desde a origem.

Tentei delinear os fatores que afetaram e contribuíram para tal evolução e complexificação no que diz respeito ao narcisismo, em particular, e à metapsicologia, em geral.

Assinalei, em primeiro lugar, o efeito *reverso* produzido na metapsicologia pela introdução de um novo conceito e pelo reconhecimento dessa nova problemática que havia permanecido apenas latente até então. Todo o campo da metapsicologia é abalado a partir do momento em que nela encontram lugar o narcisismo e, portanto, o autoinvestimento do Eu, sua coesão e sua coerência, os processos que as asseguram – em suma, todas as questões que envolvem o Eu.

De certa forma, prefigura-se, assim, a segunda metapsicologia, ainda que só venha a se consolidar em 1923. A pulsão já começa a ser considerada no sentido de sua introjeção no Eu, ou naquele das formas de seus *ataques* ao Eu quando falha essa introjeção. Além disso, a questão da análise do Eu (1921) e de seus processos começa a entrar em cena para nunca mais sair – em *Análise terminável e interminável* (1937), Freud expressa novamente a necessidade de *alternar fragmentos de análise do Eu e fragmentos de análise do Id*.

A partir do momento em que *introduz* o narcisismo e a questão do Eu, Freud promove uma modificação na representação tópica do funcionamento psíquico, postulando uma delimitação interna da psique e, portanto, a existência de marcadores que autorizam a transposição desse limite, operações que regem o acesso a essa nova zona *psíquica* assim definida. É, aqui, nessa nova representação da tópica intrapsíquica, que a exigência de complexificação se faz mais claramente necessária.

Um segundo fator, embora já presente no pensamento de Freud, foi consideravelmente desenvolvido, o da ampliação das indicações de tratamento psicanalítico. A psicanálise estendeu-se à análise de crianças, de pacientes com comportamentos perversos, de formas antissociais, de diversas formas de *distorções do Eu* (Freud, 1926) e das patologias do narcisismo que delas resultam – psicose, melancolia, autismo, antissocialidade etc. De fato, a psicanálise confrontou-se cada vez mais com a questão do narcisismo. Logo, eram inevitáveis os efeitos reversos, produzidos por esse confronto mais direto com tais problemáticas clínicas, sobre a concepção do funcionamento do narcisismo, exigindo da metapsicologia um maior nível de complexidade para responder a elas.

Um terceiro fator de evolução e complexificação pós-freudiana diz respeito ao desenvolvimento da clínica da primeira infância e à verdadeira *revolução* que ela promoveu em nossas concepções. O trabalho clínico *direto* com bebês, com suas mães ou seu ambiente primordial, inaugurou uma abordagem complementar àquela, mais *reconstrutiva*, da técnica psicanalítica clássica, trazendo à tona dimensões e questões novas. Com essa nova clínica, adentramos diretamente a primeira construção do narcisismo, seu motor, suas falhas e suas vicissitudes. Um psicanalista do século XXI que acredite poder ignorar o material fornecido por essa clínica estará certamente cometendo um grave erro de avaliação. Ao contrário, a sensibilidade que ela nos ensina abre a escuta psicanalítica para inúmeras questões que estão no cerne das diferentes formas de sofrimento narcísico.

Do impacto dessa evolução, destacarei três pontos que me parecem fundamentais para o debate psicanalítico atual: a relação entre o Eu e a vida pulsional, a relação entre o Eu-sujeito (Freud, 1914) e o objeto considerado como outro-sujeito e, por último, em estreita dialética com a anterior, a relação entre as formas que assume a

248 O NARCISISMO E A ANÁLISE DO EU

psicopatologia do narcisismo, as quais levam às formações *assassinas* deste, e sua organização em torno de um núcleo melancólico. Esses três pontos servirão de introdução a uma questão essencial para pensar a evolução da escuta psicanalítica que, assim, se torna indispensável: a análise do Eu.

Primeira complexificação: a pulsão e o Eu

A delimitação de um Eu na psique, como representante do *sujeito*, suscitou uma primeira questão que pode ser resumida pelo modo como são interiorizados os representantes da pulsão – representante-representação e representante-afeto – no novo espaço psíquico delimitado. Intimamente ligadas a essa primeira questão, surgem duas outras: aquela das modificações trazidas à vida pulsional por seu modo de interiorização no Eu e a das modificações trazidas ao Eu por sua interiorização das moções pulsionais.

A pulsão tal como se apresenta clinicamente estaria *organizada* pelo Eu, por algum tipo de organização do Eu, ou sua forma dependeria de sua manutenção ou de sua expulsão para fora do Eu? Em outras palavras, por exemplo, o que foi chamado de *pulsão oral*, em *Três ensaios sobre a teoria da sexualidade* (1905), decorre de uma característica da própria pulsão ou do modo de organização da vida pulsional pelo Eu no momento da oralidade? A pulsão é *oral* ou é a organização, pelo Eu, da vida pulsional em seu conjunto que é *oral*? Se a pulsão é *oral*, então, existem várias pulsões: oral, anal, fálico-genital etc. Neste caso, cumpre saber como essas várias pulsões poderão ser unificadas sob o primado da genitalidade. Se é a organização da pulsão que é oral, isso significa que as diferentes moções pulsionais integradas no Eu são *organizadas de modo oral*. Assim, oral não é a pulsão, mas, sim, seu modo de organização pelo Eu. Freud avança, então, em direção às teorias das pulsões: pulsão do Eu *versus* pulsão sexual, e depois, pulsão de vida versus pulsão de morte.

Para seguirmos o raciocínio, é preciso retomar a questão a partir do conceito de pulsões parciais, central neste caso. De onde vem o caráter parcial da pulsão ou do movimento pulsional na concepção freudiana? Quando Freud fundamenta sua concepção de *pulsões parciais*, a metapsicologia na qual ele a embasa, a assim chamada primeira tópica – que é, de fato, uma primeira metapsicologia –, não se preocupa em saber se a pulsão é parcial ou se é o uso que o sujeito faz das moções pulsionais que é parcial. Posteriormente, quando começa a traçar os contornos da teoria do Eu, Freud não faz *retroagir* de maneira formal e sintética o que afirma às suas teorizações anteriores das *pulsões parciais*.

Várias proposições balizam o campo problemático dessa questão que traz em seu bojo uma dificuldade que tais proposições reunidas expõem ainda mais.

Por um lado, o caráter *parcial* do movimento pulsional aparece em Freud como sendo intrínseco a certas pulsões, às denominadas pulsões *parciais*, aquelas que caracterizam a *pré-genitalidade*. Contudo, Freud também assinala o risco de multiplicar as pulsões parciais, fazendo o conceito perder sua relevância. Além disso, é difícil conceber, nessa lógica, o que *unificaria* as pulsões e como uma *pulsão*, em si e por si mesma, poderia estabelecer seu *primado genital*; somente o Eu e sua organização podem realizar tal trabalho.

Por outro lado, é quase impossível conceber a pulsão sem conceber, ao mesmo tempo, seu status no Eu ou para o Eu, isto é, seu *destino* psíquico. Porém, sem distinguir o Eu do resto da psique, a questão dificilmente encontrará espaço metapsicológico para ser

250 O NARCISISMO E A ANÁLISE DO EU

pensada. No entanto, em muitas ocasiões, a *parcialização* aparecerá como uma característica do trabalho do Eu.

Podemos, agora, fazer uma primeira observação. Em Freud, a *parcialização* é uma propriedade do recalcado, sendo justamente o que nele é problemático. O recalcado adquire, pelo recalcamento, certa *autonomia*, ele age por *conta própria*. O recalcado parcializa, é parcializado, isola-se ou é isolado do resto da atividade psíquica integrada. O recalcamento *desintegra* – desassocia – da organização do pré-consciente a representação pulsional sobre a qual incide. Essa representação pulsional sofre um destino que lhe é específico, sem levar em conta, em particular, a autoconservação que ela poderá eventualmente conflitualizar ou *perverter* sob a forma de sintoma de conversão, por exemplo.

O recalcamento é um processo do Eu, que está sob o seu controle, mesmo que sua ação esteja relacionada ao que Freud foi descrevendo progressivamente como *instâncias psíquicas*. A partir de 1923, Freud já não sobrepõe mais o pré-consciente ao Eu e admite que parte do Eu é inconsciente, justamente aquela que contém o *recalcado*, ou que até mesmo o *produz*. O *parcial*, portanto, está *no* Eu, é o Eu que o *parcializa* e *contém* o parcial. Se realmente existe uma pulsão sexual genital e pulsões que a precedem, torna-se difícil entender como uma pulsão poderia ser parcial em si mesma ou, em outra face da mesma questão, como a pulsão genital não seria, também, *parcial*. A *genitalidade* não é apenas uma questão de *pulsão*, ela diz respeito também, acima de tudo, à organização do Eu na relação com seus objetos.

A segunda observação, como Freud explica em *Luto e melancolia*, diz respeito ao fato de que o trabalho de luto, e de introjeção, é realizado *fragmento por fragmento, detalhe por detalhe*, portanto, parte por parte. Esse trabalho supõe uma parcialização da experiência, de seu investimento e, portanto, das *moções pulsionais* ligadas a ela. Para dar maior peso a essa observação, o que nos obriga a continuar cruzando teoria das pulsões e narcisismo, cabe lembrar também que, segundo Freud, o narcisismo secundário *é retirado do objeto*, ou seja, o autoerotismo *secundário* – digamos assim para abreviar – terá que separar, *retomar* do objeto os investimentos e funções que lhe foram atribuídos inicialmente. Ele terá que *retomá-los* parte por parte.

O narcisismo *secundário* se apoia sobre um fundo de luto originário do objeto narcísico primário, constitui o próprio processo desse luto e nele é constituído. Nos dois exemplos que acabamos de dar, a *parcialização* faz parte do trabalho do Eu e é dialetizada pelo trabalho de integração-desintegração que o Eu realiza. É o Eu que trabalha parte por parte, que fragmenta as grandes quantidades para elaborá-las.

Continuemos nosso levantamento das interrogações que esclarecem essa questão.

A partir de 1917 e da exploração das *transposições* do erotismo anal, o caráter parcial das pulsões pré-genitais volta a ser implicitamente problematizado pela evidenciação da existência, na organização psíquica infantil – portanto, mais uma vez, no Eu, ainda que seja no da criança –, de uma *equação* que une entre si os representantes pulsionais das diferentes pulsões parciais.

Desde muito cedo, no pensamento de Freud, ao caráter parcial das expressões pulsionais opõem-se formações psíquicas que tendem a reunificar sua divisão potencial. O *conceito* de *objeto separável* não pode ser senão um *conceito* do Eu, um conceito organizador. A organização e a serialização dos *significantes* da castração sustentam a noção de *organização* pré-genital dos movimentos pulsionais, uma reunificação fálico-narcísica destes.

O *primado* da genitalidade na adolescência é precedido por um *primado* infantil do fálico que já tende a organizar, sob sua dominação e suas características próprias, o conjunto das moções pulsionais da infância. A *genitalidade* se desdobra em um tempo infantil, a organização fálica, e um tempo adolescente, a genitalidade propriamente dita. Nessa perspectiva, o fálico infantil não pode continuar a ser entendido como pulsão parcial; ao contrário, trata--se de uma organização pulsional que tenta integrar o conjunto da vida pulsional e, nessa tarefa, encontra a *castração*.

Essas observações me parecem suficientes para indagarmos se o caráter *parcial* da pulsão diz respeito à própria pulsão ou ao tratamento da vida pulsional pelo Eu. A teoria das diferentes *fases* da libido é compatível com a noção de pulsões intrinsecamente parciais? Ou ela propõe, implicitamente, e na esteira do que prefigura a noção de *organização* fálica da vida pulsional, a concepção de uma sucessão na organização da vida pulsional *sexual* infantil pelas formas sucessivas de organização do Eu? Em outras palavras, estamos lidando com pulsões parciais ou com um modo de organização infantil que parcializa a vida pulsional para integrá-la, *parte por parte*, antes de reorganizá-la sob o primado da organização fálico-narcísica?

Depois de introduzido o narcisismo, ainda é possível conceber a pulsão e suas finalidades sem dialetizá-las com o sentido e a forma assumida no e pelo trabalho de introjeção da pulsão? Essa diferença quase não tem sentido na primeira metapsicologia, onde não cabe a introjeção da pulsão, uma vez que o Eu não é claramente delimitado. Mas a partir do momento em que foi teorizada a diferença entre Id e Eu, torna-se essencial, para a compreensão da *perversão polimórfica* da sexualidade infantil, saber a qual parte do aparelho psíquico atribuir o caráter *parcial* da expressão pulsional.

Nossas observações anteriores articuladas levam, então, à hipótese de que o narcisismo secundário se constrói a partir de uma *retomada*, fragmento por fragmento, detalhe por detalhe, dos investimentos pulsionais dirigidos ao objeto primário. Tal parece ser uma primeira lógica implícita no pensamento freudiano, entre outras que estão implicadas quando tentamos reunir e conceber de forma conjunta a teoria das pulsões parciais *pré-genitais*, a teoria do narcisismo dos anos 1914-1915 e a teoria do Eu de 1914-1923.

Freud não *constrói* formalmente essa lógica, nem sempre formula seus enunciados considerando retroativamente os anteriores, ou nem sempre avalia todas as retroações potenciais de um enunciado sobre os outros. É somente com a introdução da problemática da *análise do Eu*, portanto, nos anos 1920-1923, que a introjeção *da* pulsão e, em 1925, a introjeção *pela* pulsão (problema da coexcitação libidinal e, depois, sexual como fator de ligação intrapsíquica) esclarecem uma parcela das questões que seus desenvolvimentos anteriores ainda suscitam.

Seguindo meu raciocínio, chegamos à concepção de uma introjeção progressiva da vida pulsional que resultaria de sucessivas reorganizações pelo Eu, em função do primado de certas experiências significativas do seu processo de amadurecimento. Uma primeira tentativa de organização *oral* da pulsão, que esbarraria nos impasses da *lógica do tudo* que a move, seria sucedida por um regime de organização *anal* de sua introjeção, o qual reorganizaria, sob seu primado – e conforme o princípio do *não tudo* que a rege –, portanto, *a posteriori*, o núcleo das experiências precoces de oralidade. Esse regime, por sua vez, sob a ameaça de suas deficiências e fracassos, de sua falta de complexidade, deve também ser reorganizado posteriormente sob o primado da organização fálica da pulsão sexual infantil – que acrescentará fatores de complexificação, como a diferença entre os sexos e a diferença entre gerações,

254   O NARCISISMO E A ANÁLISE DO EU

em sua organização da vida pulsional. Em 1926, por exemplo, Freud emprega a expressão *organização anal da pulsão*, que corrobora a pertinência de minha hipótese.

Oralidade, analidade, uretralidade fálica designariam, então, tanto períodos e tipos de organização da vida pulsional em sua totalidade quanto pulsões autônomas e parciais. As pulsões *parciais* evidenciadas mais tarde na organização da vida pulsional testemunham assim tanto *traços* das organizações infantis da vida pulsional – decorrentes do fato de que as reorganizações sucessivas nunca são retomadas totalizantes, pois há recalcamentos – quanto a fixação da organização libidinal global a um ou outro registro pertencente à organização pulsional infantil. Tal concepção não está explicita em Freud, mas parece teoricamente implícita em muito de seus enunciados. Parece muito mais coerente com tudo o que a clínica moderna da primeira infância foi capaz de trazer à luz do que com a teoria anterior das pulsões parciais. Nesse modelo, nada nos impede de pensar que cada reorganização da vida pulsional deixa um *traço* do modo de organização anterior que permanece ao lado ou é *recalcado*, ocultado pelo trabalho de reorganização. Esse *traço* se apresentaria como a forma do parcial da vida pulsional.

As implicações de tal perspectiva nos levam à hipótese de que a *parcialização* da vida pulsional é um dos registros particulares da organização pulsional infantil, o da analidade, momento em que se realiza o trabalho do *luto originário* do objeto-duplo primordial do sujeito. E, portanto, o desafio dessa forma de organização será separar do objeto, do corpo do objeto primário, *parte por parte*, os investimentos pulsionais. O processo consistiria, então, em separar o investimento do corpo do objeto e o próprio corpo, conquistar o investimento, parte por parte, do próprio corpo, *descolar*, fragmento por fragmento, o próprio corpo e seu investimento daquele do objeto-duplo primordial.

É nesse processo, nesse trabalho de retomada e construção do narcisismo secundário, que a pulsão é *parcializada* sob a influência do trabalho do Eu. À medida que vão se discriminando as diferentes zonas e funções corporais que acompanham a apropriação do próprio corpo, cada zona assim discriminada e, com ela, o investimento pulsional do qual é portadora tendem a se identificar, a se especificar, a se separar *fragmento por fragmento, detalhe por detalhe*. Esse *trabalho* psíquico adquire sentido no trabalho de luto do objeto primário que está em curso.

Nossa reflexão não estaria completa se não retomássemos também, à luz do que desenvolvemos anteriormente, as questões concernentes à teoria do apoio e, portanto, ao seu *uso* na vida psíquica.

Se, por um lado, o sexual possui, para Freud, um certo grau de autonomia, derivando da biologia e da *exigência de trabalho psíquico imposta à psique devido à sua ligação com o somático*, por outro lado, sua integração no Eu, sua introjeção, suscita a questão da função do sexual na organização do Eu. Com a terceira teoria das pulsões, seu terceiro *passo*, a pulsão de vida torna-se a principal força de ligação da psique; posta a serviço do Eu, ela deve ser introjetada para cumprir sua tarefa e garantir que o Eu desempenhe sua função de ligação-síntese. Se, por um lado, o sexual ameaça a organização narcísica do Eu – como insistem em afirmar os psicanalistas modernos –, por outro, quando *domesticado* (Freud) pelo Eu, ele é indispensável à sua organização e à manutenção da sua coesão, a qual pressupõe investimento e ligação.

Em diversas ocasiões, Freud enfatiza a necessidade de o Eu possuir um *reservatório de pulsões*, do qual partem seus diversos investimentos. Finalmente, em 1923, o Id passa a ser considerado como o grande reservatório da vida pulsional, mas, mesmo assim,

256 O NARCISISMO E A ANÁLISE DO EU

para se estruturar e se manter, o Eu, *parte do Id que se diferenciou em contato com a realidade*, deve introjetar os representantes pulsionais e a energia que estes carregam. É isso que está em jogo na célebre frase *Wo Es war soll Ich verden*, na apropriação subjetiva da vida pulsional, sua introjeção.

Laplanche assinalou diversas vezes que a pulsão se manifesta no momento da retomada autoerótica de uma experiência advinda da autoconservação, na ausência do objeto e para aliviar o desamparo provocado por essa ausência. Repito que ela *se manifesta*, isto é, torna-se *perceptível*, aparente. É claro que a partir do momento em que se diz que a zona corporal envolvida é erógena, a própria experiência de autoconservação não pode ser desprovida de erotismo. Isso independe de concebermos esse erotismo como advindo dos *significantes enigmáticos* oriundos das formas da sedução materna ou parental, de acordo com a tese de Jean Laplanche, ou como diretamente proveniente da erogeneidade das zonas corporais envolvidas, conforme uma posição mais próxima a de Freud ou a de André Green, ou ainda, como prefiro pensar, como resultante da convergência dos dois.

A separação não produz o erotismo, ela apenas revela sua presença anterior, muda ou discreta, na autoconservação; o erotismo está necessariamente presente desde a própria experiência de autoconservação. O erotismo e o autoerotismo cumprem uma função *ligante* para a experiência subjetiva, pelo menos quando a excitação pulsional não excede as capacidades de integração do Eu-sujeito. Não é a excitação pulsional que cria problema para a psique, e sim sua má regulação, os fracassos de sua regulação, de sua introjeção, do processo de sua representância reflexiva. Se o autoerotismo se manifesta por ocasião da separação é justamente por ser o momento em que surge a questão da diferenciação entre a percepção e a representação do objeto, de uma diferença entre o investimento da representação perceptiva e aquele da representação (reflexiva) interna do objeto; é justamente porque, por ocasião da separação, é a diferenciação entre a percepção e a representação que vai tornar possível e necessária uma *introjeção* da representação do objeto e de um investimento pulsional específico desta. A pulsão tem uma função ligante, precisa ser introjetada, mas, no mesmo movimento em que serve à introjeção da experiência, ela coexcita a própria experiência para ligar e introjetar. Freud assinala em várias ocasiões que a sexualidade infantil é caracterizada pela *curiosidade*, cumprindo uma função exploratória do objeto e do mundo. Através do animismo, ela explora e, também, constrói o mundo interno. Explora-o externamente, através da projeção anímica, da materialização – ou da corporificação – que o animismo possibilita, e o explora internamente, pela introjeção dos representantes e representações da pulsão e de seus objetos.

Seguindo o fio dessas diferentes considerações, compreendemos como a ferramenta metapsicológica que Freud nos legou vai necessariamente se tornando mais complexa, constituindo um arcabouço teórico que, a meu ver, é de suma importância para a abordagem clínica das problemáticas narcísicas, e um de seus principais eixos de trabalho consiste em realizar as retroações essenciais, desde a teoria do Eu e do narcisismo, em direção à teoria da sexualidade infantil *perversa polimorfa*. Outro eixo importante diz respeito ao efeito da introdução do narcisismo e do Eu na concepção do objeto, em particular, do objeto *narcísico*.

Narcisismo, Eu e objeto-outro sujeito

A partir do momento em que um Eu-sujeito é delimitado na psique pela organização do narcisismo, surge também a questão do objeto considerado como outro sujeito. Enquanto o jogo é tão

258 O NARCISISMO E A ANÁLISE DO EU

somente o da relação entre a fonte e o objeto, o objeto é apenas objeto *para* a pulsão, existindo somente como objeto da pulsão, e é isso que o define como objeto, um objeto preso em uma concepção narcísica do objeto. Não é um *objeto em si*, é apenas objeto *para* si, objeto para a pulsão de si.

Porém, o quadro muda a partir do momento em que são postulados o Eu e a diferença entre um Eu *objeto da pulsão* e um Eu-sujeito da vida pulsional, em 1914, uma vez que o objeto como outro sujeito também terá que ser levado em consideração. Consciência do Eu e consciência da alteridade do objeto caminham juntas, como demonstra claramente toda a prática clínica da primeira infância. O objeto não é mais intercambiável de acordo com as vicissitudes da vida pulsional, não pode mais ser considerado apenas pelo ponto de vista da pulsão, sendo também *objeto para o Eu*. Assim, o que ocorre nos encontros com ele, seu modo de presença, sua disponibilidade ou sua perda, começa a assumir um verdadeiro *status* metapsicológico. A psicanálise tem de ser, também, *psicologia social* (Freud, 1921).

Embora Freud tenha formulado mais explicitamente esse fato no artigo dedicado à *psicanálise das massas*, a questão já havia sido levantada com muita clareza em *Luto e melancolia* (de modo geral, também circulava implícita nos artigos sobre metapsicologia, de 1915). Essencialmente, relacionadas à melancolia, encontram-se várias formas de sofrimento narcísico. O lugar que o paradigma da melancolia ocupa na análise das patologias do narcisismo me parece ser o ponto de partida mais heurístico para explorar essa problemática.

Recém terminado o artigo sobre o narcisismo, Freud se dedica a escrever os doze ensaios (ou quinze) de metapsicologia que deveriam compor a soma e a síntese de sua teoria desenvolvida até aquele momento. Ele escreve vários (cinco), terminando provavelmente no início de maio de 1915, com *Luto e melancolia*. Os outros ensaios estavam *quase prontos*, embora ainda precisassem de revisões, mas nunca viram a luz do dia; um sexto ensaio foi encontrado na correspondência de Ferenczi e não foi publicado durante a vida de Freud. O último ensaio do projeto geral foi *Luto e melancolia*, texto em que a problemática do narcisismo é central. Minha hipótese é a de que, começando a pensar, nesse texto, a respeito daquilo que vislumbra sobre as identificações e o impacto do objeto sobre o Eu ("a sombra do objeto se abate sobre o Eu"), e sobre as consequências globais que tais questões têm sobre toda a metapsicologia, Freud interrompe seu projeto geral.

Qual obstáculo ele encontra exatamente em *Luto e melancolia*?

A melancolia traz o problema do caráter insubstituível do objeto, da incapacidade do sujeito de deslocar seus investimentos para outro objeto, portanto, envolve a questão da especificidade do objeto, e não apenas o fato de que a libido tem dificuldade de sair de uma posição estabelecida. No entanto, o problema do luto também suscita a mesma questão da especificidade do objeto, embora de maneira menos crucial. O modelo de *transposições de pulsão* que Freud desenvolve em 1917 é falho. Não há transposição na melancolia, não há *troca*, e o luto realiza um longo e oneroso trabalho para poder realizá-la, o qual, como já dissemos, só pode ser feito *detalhe por detalhe*.

A especificidade do objeto implica tomar em consideração a precocidade da ligação com ele, mas também suas particularidades, sendo a porta aberta para avaliar seu impacto na pulsão transportada pelo Eu. Ao par fonte-objeto soma-se o par pulsão introjetada no Eu-receptividade do objeto ao movimento pulsional do sujeito.

Entretanto, na melancolia, o objeto em questão é considerado por Freud como sendo *narcísico*. Freud assinala, sobretudo, que o caráter singular da perda na melancolia reside no fato de que o objeto perdido não pode ser encontrado, o que

260 O NARCISSISMO E A ANÁLISE DO EU

a diferencia do luto possível. Trata-se de uma perda *narcísica*: a perda de uma parte de si. Em várias ocasiões, Freud levanta outra questão que certamente não deixa de estar ligada à perda, mas que a caracteriza singularmente: a decepção causada pelo objeto, talvez até mesmo uma decepção narcísica primária, primordial.

Há, de fato, um objeto perdido na melancolia, mas a perda não resulta do seu desaparecimento. Ela está ligada, antes, a um modo de presença do objeto que se caracteriza por ser decepcionante, até mesmo traumático, já constituindo talvez uma influência do objeto sobre a regulação narcísica. Freud deixa claro que o objeto em questão na melancolia é um objeto narcísico, razão pela qual a principal perda não é a do objeto, mas, sim, a de uma parte do Eu, por conta de uma decepção causada pelo objeto. O objeto narcísico *carrega uma parte do Eu*, e é isto que impossibilita seu luto; o luto do objeto sendo, também, luto de si, de uma parte de si que não pôde ser integrada, de uma parte da experiência subjetiva que permanece *colada* ao objeto.

O objeto não desapareceu da percepção, não está *perdido* ou ausente, talvez esteja mesmo presente, mas seu modo de disponibilidade e presença não atende às expectativas do sujeito, tampouco ao seu desejo, possivelmente. O objeto narcísico participa da regulação narcísica do sujeito, e as decepções causadas no cumprimento dessa função afetam sua economia. Desorientado pelo objeto narcísico e decepcionante, o próprio sujeito se vê, então, *perdido*, expulso de si mesmo pela sombra do objeto que dele se apoderou. A melancolia conduz a uma clínica do *sujeito perdido* – do sujeito não advindo para si mesmo – tanto quanto a uma clínica do objeto perdido, e talvez até mais.

Assim surgiu a questão da decepção ligada à função do objeto narcísico na economia do sujeito. O caráter enigmático do enunciado "a sombra do objeto se abate sobre o Eu" requer um primeiro comentário, posto que *a sombra do objeto* não é o próprio objeto, e melhor seria dizer que ela é o *duplo negativo* do objeto, aquilo que o objeto retém do investimento, aquilo que ele não reflete do sujeito ao próprio sujeito.

Assim, o sujeito incorpora uma parte *negativada* do objeto e a parte de si mesmo que este carrega, ao invés de introjetar a potencial função *narcísica* do objeto. Mas como conceber essa função narcísica? Como um simples investimento libidinal ou como função identificadora que envolve dados qualitativos e quantitativos?

Um corolário inevitável deriva desse primeiro comentário: o que acontece com a sombra do objeto quando ela *se abate* sobre o Eu?

Essas questões essenciais regem possivelmente grande parte das economias narcísicas e estão implícitas nas elaborações teóricas de Freud. A questão da identificação, que adquiriu contornos nítidos em 1921, já estava presente e encontrou, no cerne da melancolia, seu primeiro desdobramento. Contudo, foi somente a partir de alguns enunciados formulados em *Inibição, Sintoma e Angústia*, em 1926, referindo-se a uma modificação duradoura no Eu – que *assimila* aquilo com que se defronta e, portanto, interioriza – que Freud teve consciência clara da desordem assim produzida na relação do Eu consigo mesmo.

É claro que tendemos inicialmente a conceber a decepção referida em *Luto e melancolia* como aquela decorrente da não realização dos desejos edípicos. Entretanto, a questão clínica e psicopatológica não encontra resposta quando se busca a razão de tal destino da decepção, ou mesmo do traumatismo, decorrente do objeto nos casos de melancolia, ao passo que as formas comuns da neurose não levam a esses extremos. Aqui reside o que está em jogo no sentido do caráter e da função *narcísica* do objeto.

O NARCISISMO E A ANÁLISE DO EU

Não estou certo de que a obra de Freud contenha resposta satisfatória e claramente formulada para essas questões, e parece que tivemos que esperar as obras de D. W. Winnicott e W. R. Bion para começarmos a entender melhor o que está em jogo na decepção narcísica primária no centro da melancolia.

A função narcísica do objeto primário me parece ter sido bem destacada por Winnicott em sua descrição da *função de espelho* do rosto da mãe, sem dúvida, também, de todos os contatos com ela e de seu modo de presença. A criança pequena se identifica com as representações que lhe são refletidas por seu ambiente primário, que funciona, assim, como um espelho de si mesma com o qual terá que construir sua economia narcísica e seu Eu. A decepção narcísica primária vinda do objeto parece dizer respeito àquilo que ele, por suas próprias características, não reflete à criança de maneira adequada: é isso que deveria ser entendido por trás do enunciado *a sombra do objeto*. A sombra é o negativo do objeto, aquilo que ele não reflete ao sujeito ou reflete inapropriadamente. O objeto é, então, incorporado, em detrimento de sua verdadeira introjeção, que supõe um prazer e uma elaboração representativa suficiente.

Bion completa esse modelo assinalando a necessidade enfrentada pela criança – necessidade que não diz respeito apenas ao bebê, pois, mesmo que diminua gradativamente, mantém-se durante parte da primeira infância – de que o ambiente maternante lhe forneça representações apaziguadoras de seus estados internos; ou seja, que ele os compartilhe, reconheça, nomeie e assim os inscreva em uma forma primária de linguagem, ponto de partida dos processos de simbolização. Tais hipóteses justificam a evolução atual da questão do narcisismo que segue na direção dos processos de reflexividade e da função reflexiva do objeto.

Quando esse processo falha, é como se uma parte do Eu permanecesse *colada* ao objeto, como se uma parte da identidade permanecesse *adesiva*, de acordo com o termo empregado por Esther Bick. Vários autores contemporâneos descreveram formas clínicas de patologias do narcisismo nas quais sujeito e objeto mantêm uma relação de colagem *siamesa*, ou seja, têm uma parte comum. Didier Anzieu descreveu a forma *pele comum*; J. McDougall, as variantes da formação de *um corpo para dois*, talvez uma psique ou um funcionamento psíquico para dois; Margareth Little, por sua vez, destacou os estados que ela chama de *oneness*, muito semelhantes à forma que chamo de *siamesa*. Podemos, sem dúvida, acrescentar a essa lista, que não pretende ser exaustiva, o que G. Pankow descreve, na psicose, em relação às partes do corpo do paciente psicótico não desvinculadas da economia familiar.

Essas descrições clínicas são metafóricas e muito *eloquentes* para quem se embrenha na exploração psicanalítica de sujeitos limítrofes ou daqueles que apresentam uma patologia severa da economia narcísica. Elas devem ser retomadas dentro de uma abordagem metapsicológica. Este é o momento de voltarmos à questão que formulei anteriormente e que deixei em suspenso: a do destino da *sombra do objeto quando se abate sobre o Eu.*

Essa questão nos leva ao cerne da problemática das defesas narcísicas, em particular, no que diz respeito ao modo pelo qual o sujeito tenta cicatrizar as feridas provocadas pelas decepções e pelos traumas narcísicos primários. Indiquei a resposta que Freud parece ter dado em 1926: o Eu tende a assimilar a sombra do objeto, a tornar como seu o que é apenas incorporado, a tratar o incorporado como um *introjetado*. Em 1915, ao explorar os mecanismos que antecedem o recalque – portanto, os mecanismos mais arcaicos –, Freud postula que a principal forma do mecanismo de assimilação é o redirecionamento, descrevendo diversas formas: transformação em seu contrário, o redirecionamento ativo/passivo, redirecionamento contra si mesmo. Em 1920, imerso no tema

264 O NARCISSISMO E A ANÁLISE DO EU

das primeiras formas de elaboração pós-traumática e da apassivação que as acompanha, ele acrescentou outra forma de redirecionamento passivo/ativo, combinando a inversão da passividade em atividade e aquela de infligir ativamente a outro aquilo que o sujeito sofreu passivamente. Essas primeiras formas de mecanismos de defesa são também os primeiros processos pelos quais o Eu tenta assimilar a sombra do objeto incorporada, ou seja, neste caso, aquilo que aconteceu e não aconteceu no encontro com o objeto primário. Mas o caráter traumático da experiência em que Eu e objeto são mal diferenciados impede que essa *assimilação* se torne uma introjeção efetiva, perdurando, assim, sob a forma de incorporado, no interior do Eu, como um corpo estranho. Podemos, aqui, mencionar as criptas e as identificações endocrípticas, como descritas por N. Abraham e M. Torok. Podemos, também, citar o *Supereu severo e cruel*, enraizado no Id, como descrito por Freud em 1923, que, portanto, não resulta de um verdadeiro trabalho de introjeção. Ele se construiria mais nos moldes do que S. Ferenczi chamou de identificação com o agressor.

Identificação com o agressor porque, por um lado, em 1915, Freud identifica a fonte da agressão voltada contra o Eu, na melancolia, como efeito do redirecionamento contra o próprio sujeito da agressão dirigida ao objeto decepcionante, uma vez incorporada a sombra desse objeto. Em 1921, por outro lado, ele apresenta uma conjuntura diferente em que é a agressão do objeto contra o sujeito que irrompe internamente contra o Eu quando o objeto foi incorporado.

Essa última observação nos encaminha para o último ponto que anunciamos, o das formas clínicas das patologias do narcisismo, principalmente aquelas abordadas em 1916, ano seguinte à redação de *Luto e melancolia*.

Melancolia e assassinato: as exceções

Mencionei a importância da decepção na melancolia. Encontramos a decepção no artigo intitulado *Alguns tipos de caráter encontrados no trabalho psicanalítico* (1916), erroneamente considerado como psicanálise aplicada e, portanto, em certos aspectos, desviada de seu eixo. Pessoalmente, considero esse texto uma importante contribuição de Freud às questões modernas atinentes às formas da patologia do narcisismo. Mas já temos ali o trabalho a partir de um objeto de transferência da metapsicologia: a criação literária e teatral, o objeto poético ou até mesmo mito-poético.

O primeiro capítulo desse ensaio é dedicado a *Ricardo III*, de Shakespeare, e começa abordando a decepção traumática, fundamental e originária, que logo frustra a esperança de encontrar objetos substitutos para as decepções da infância. Uma decepção radical e primária, da qual não há saída, que dificulta os deslocamentos metaforizantes usuais e que só pode ser enfrentada através dos processos de redirecionamento. Ricardo III sente-se desprovido dos atributos essenciais que podem inserir o homem na condição humana. Ele não pode ser amado, mas não é por um objeto particular do qual teria de fazer o luto, e sim por todos os objetos potenciais, pelo Objeto. A decepção está presente desde o início e afeta os alicerces de sua economia narcísica.

Ricardo III é uma *exceção* à condição humana, conforme o título homônimo do capítulo. Imediatamente banido das satisfações potenciais de uma organização sob o primado do princípio de prazer/desprazer, ele instala seu destino na órbita da vingança, de uma vingança assassina. Na verdade, Ricardo III não afunda na melancolia, pelo menos não na melancolia clinicamente manifesta, mas, sim, na loucura assassina, no assassinato repetido, cada vez mais. Uma loucura assassina que nada pode frear, exceto sua própria morte.

266 O NARCISISMO E A ANÁLISE DO EU

Não se trata, portanto, do retorno do ódio ao objeto contra o Eu que o incorporou, ódio que, para Freud, em 1915, é o motor das recriminações e ataques do melancólico contra si mesmo. Não é com esse retorno que a loucura assassina confronta o sujeito, e sim com uma inversão talvez mais basal, do mau em bom, do mal em bem: *que o mal seja o meu bem*, como declara Ricardo III no início da peça. O princípio de prazer/desprazer, que se baseia na diferenciação entre o bom e o mau e, ao mesmo tempo, entre o bem e o mal, é subvertido e até mesmo revertido de dentro para fora.

Nenhuma angústia aparente acomete Ricardo III, nenhuma ameaça pesa sobre a realização de seus atos, nenhuma proibição potencializa uma ameaça; já *está posto* desde o início, e antes mesmo de qualquer culpa. Logo, nenhuma ameaça de castração, de abandono ou de exclusão vêm entrar em conflito com seus atos homicidas, ele *já pagou*, de uma vez por todas.

Ricardo III também não tem empatia por suas vítimas, nas quais ele poderia reconhecer um *Nebenmensch*, um outro semelhante, próximo ou mesmo duplo. Ele é uma *exceção* às leis, como bem observa Freud, mesmo àquelas do princípio de prazer; ele é um fora da lei. A lei em questão, contudo, não se refere às formas correntes do interdito edípico, a lei de que se trata exclui da condição humana, impede de reconhecer no outro um outro eu mesmo, diferente de uma lei mais fundamental, aquela que se refere à consciência de pertencer à comunidade dos humanos, a de um *contrato narcísico básico*, uma lei que seria primária, uma *lei materna*, como mostra o resto da peça.

Mais uma observação antes de deixarmos para trás Ricardo III. Se o dano principal era a feiura, como Ricardo III alega e afirma, a vingança deveria tomar formas relacionadas à estética; por exemplo, ele poderia tentar desfigurar seus objetos de inveja, poderia contentar-se em enfeia-los por todos os meios possíveis ou, ainda, enfeiar-se ainda mais, se isso fosse possível. No entanto, é o assassinato em todas as suas formas que ele escolhe como meio principal de sua vingança. Será que o próprio Ricardo III teria sido confrontado com tais movimentos assassinos por parte de seu primeiro objeto de amor, por parte de sua mãe?

Em outro capítulo do artigo de 1916, Freud também examina a personalidade de Lady Macbeth e cita uma passagem em que ela evoca uma fantasia de assassinato de crianças (seus próprios filhos). É exatamente em torno do assassinato infantil que a trama se organiza em grande parte na peça e que a análise de Freud se articula.

Outra conjuntura da patologia do narcisismo, alternativa ao quadro clínico da melancolia, estaria se delineando nesse artigo? Como comentei anteriormente, Freud volta à melancolia em 1921, no apêndice à *Psicologia das massas e análise do Eu*, onde menciona uma conjuntura melancólica diferente daquela que descreveu em "Luto e melancolia" – onde enfoca o ódio do Eu ao objeto que se volta contra o próprio Eu quando o objeto é incorporado. Nessa outra conjuntura, não é mais o ódio do Eu ao objeto incorporado que irrompe contra o Eu, mas, sim, o *ódio do objeto ao Eu* quando o objeto é instalado no Eu. Outra conjuntura que Freud relacionará, em 1923, às formas do Supereu *severo e cruel* – que, segundo ele, age como uma *pura cultura de pulsão de morte* – e à melancolia.

Aqui, *mata-se uma criança*, formação, sem dúvida, central na melancolia, mas mata-se fazendo com que essa criança se sinta a origem do mal, *intrinsecamente má*. Mata-se uma criança ao não lhe oferecer um *contrato narcísico* viável, aceitável em um mundo organizado sob o primado do princípio de prazer. A criança morta assim, ativamente ou por falta de investimento de sua vitalidade, expulsa do mundo, *morta para o mundo dos humanos*, pode então

268   O NARCISISMO E A ANÁLISE DO EU

tentar se vingar, matando também. Poderíamos citar ainda *Calígula*, de Camus, e toda a lógica de sua trilogia do negativo.

Os criminosos por sentimento de culpa, outro capítulo do artigo de 1916, também pode ser considerado um comentário deslocado da análise de *Ricardo III*. Ao final de *Totem e tabu*, Freud concluiu sua análise da questão da culpa com a célebre citação dos versos de Goethe: "No princípio era o ato". Essa conclusão resultou de um questionamento em que, partindo do sentimento de culpa que a simples representação do desejo inconsciente de seus movimentos hostis provoca nos neuróticos, Freud deduziu que esses sujeitos eram crianças cruéis e que cometeram atos realmente sádicos durante a infância. O artigo de 1916 reaviva essa questão, uma vez que sua motivação fundamental diz respeito à culpa anterior que leva ao próprio ato assassino, sádico ou cruel. Realização inconsciente de desejos, atos efetivos anteriores ou outra fonte do sentimento primário de culpa, o artigo não vai muito longe, a menos que se estabeleça uma relação com o capítulo dedicado a Ricardo III.

Em estudo anterior sobre a culpa primária (Roussillon, 1999), eu levantei a hipótese de que, em vez de adquirir um sentimento de ser baseado na afirmação *eu sou o seio* (Freud, 1938), a criança pequena, submetida a formas de hostilidade primária, baseia sua identidade na forma *eu sou o mal*. Assim, a destrutividade comumente observada nos quadros clínicos das patologias do narcisismo deve ser relacionada a essa forma de posição existencial basal a partir da qual o sujeito se construiu. Confrontada com a impotência e o desamparo primordial, a criança pequena devolve ao exterior aquilo com que se confrontou, em um movimento que proponho sintetizar no aforismo: melhor culpado – logo, sujeito ativo – que impotente – sujeito apassivado.

Os processos de redirecionamento são, sem dúvida, os primeiros processos pelos quais o sujeito em tenra idade, confrontado com uma decepção narcísica primária traumática, tenta assimilar e subjetivar a *sombra do objeto* narcísico à qual o conduzem seus processos de incorporação e suas defesas primárias. Porém, esses processos, se não forem ultrapassados, não demoram a levar o sujeito aos impasses e paradoxos que caracterizam as patologias do narcisismo e que, transferidos para a situação psicanalítica, produzem reações terapêuticas negativas e outras transferências passionais, as quais estão entre os principais obstáculos clínicos encontrados atualmente.

A *análise do Eu*

1- A introdução do conceito de narcisismo teve consequências significativas em muitos conceitos da metapsicologia psicanalítica, mas também na prática psicanalítica e seus desafios. Não se trata mais de *tornar conscientes* conteúdos psíquicos que não eram, pois existem conteúdos que *não são passíveis* de se tornar conscientes sob essa forma (1923) e que devem, portanto, ser transformados em sua integração para se tornarem conscientes.

A palavra de ordem do trabalho psíquico que pode ser deduzida dessa inflexão da prática é explicitamente formulada por Freud, em 1932, em uma frase célebre: *Wo Es war soll Ich werden*, onde estava o Isso [o Id], o Eu-sujeito deve vir a ser. O *vir a ser sujeito* torna-se, portanto, o novo horizonte do trabalho psicanalítico. Cabe ao sujeito se apropriar de sua experiência subjetiva, de sua realidade psíquica, independentemente se ela foi fonte de prazer ou de desprazer, mesmo tendo sido traumática e mantida excluída da integração subjetiva.

Nos três capítulos deste livro que dedico à análise do Eu, tentei reconstruir aquela que me parece ser a lógica de Freud, sua lógica

270 O NARCISISMO E A ANÁLISE DO EU

fundamental, para além das voltas e reviravoltas do caminho de seu pensamento, no que diz respeito à conceituação do funcionamento do Eu-Sujeito e às suas implicações vislumbradas na prática psicanalítica.

A análise das patologias do narcisismo – que Freud iniciou em 1916, em *Alguns tipos de caráter encontrados no trabalho psicanalítico*, continuou a explorar em 1919, com seu primeiro ensaio sobre o masoquismo, e aprofundou em 1925, com o fetichismo, sobre o qual se debruça, em 1927, e desenvolve em 1937-1938 – evidencia o limite do princípio fundamental de prazer/desprazer e os paradoxos encontrados na clínica ao fazer dele o princípio básico do funcionamento psíquico.

Assim, Freud é levado a conceber um *além do princípio de prazer* que instala um princípio de realidade nas bases da atividade psíquica, um princípio de realidade psíquica que coloca em primeiro plano o traço da experiência subjetiva tal qual foi vivenciada anteriormente. Esse traço se torna a *matéria-prima* que a psique encontra ou encontrou e com a qual deve compor. Ele contém, portanto, uma forma de *exigência de trabalho psíquico* de integração. A realidade psíquica carrega o traço do impacto do confronto com as especificidades da realidade externa e aquelas da inscrição psíquica desse impacto, de acordo com a organização psíquica do momento de sua ocorrência.

A partir de então, o que passa ao primeiro plano, inevitavelmente, tanto da metapsicologia como da prática, apresentando-se assim como o caminho freudiano para superar os impasses do narcisismo vislumbrados nas investigações clínicas citadas anteriormente, é *a análise do Eu*, termo que Freud introduziu em 1921.

A análise do Eu, ou seja, a análise das etapas e das vicissitudes da integração da experiência subjetiva, da realidade psíquica, no cerne do Eu, vem em primeiro lugar. A palavra de ordem do destino do Id em direção ao Eu-sujeito exige uma representação do percurso e das transformações dos primeiros traços da experiência subjetiva que seguem em direção à integração mais completa possível ao Eu-sujeito.

Em 1937, em *Análise terminável e interminável*, Freud propôs uma direção para o trabalho psicanalítico a ser realizado: *alternar fragmentos de análise do Id e fragmentos de análise do Eu*. Em outras palavras, identificar tanto as experiências subjetivas a serem integradas, em sua complexidade e em sua condensação, quanto aquilo que o Eu-sujeito foi capaz de fazer com elas, o modo pelo qual foram transformadas no percurso da integração subjetiva. Ou, ao contrário, como algumas experiências permaneceram clivadas dessa integração e tentam compulsivamente nela ocupar seu lugar, chegando ao ponto de ameaçar a própria organização que, mesmo assim, pôde se desenvolver, mas que agora as mantém fora da integração.

Nesse esforço, Freud precisou aprofundar a metapsicologia da organização do Eu, mas também conceituar as instâncias que comandam a regulação/desregulação do processo de integração e, portanto, da organização do Eu-sujeito – primeiramente ideal do Eu, e depois Supereu.

Entre 1920 e 1923, Freud construiu os alicerces da nova metapsicologia, desenvolvida na tentativa de fornecer um modelo geral do funcionamento psíquico. Em sua empreitada, ele mistura metáforas biológicas – ou empréstimos da biologia, visto que os primeiros traços da experiência subjetiva a ser integrada, o Id, são necessariamente mediados pelo soma, primeiro ponto de impacto da realidade externa – e o impacto do ambiente humano com o qual o sujeito foi confrontado e que lhe ofereceu formas de processar sua experiência subjetiva. Freud encontra o conceito-chave desse impacto na noção de identificação, já utilizada por ele há muito tempo, mas agora elevada à categoria de conceito essencial de sua nova metapsicologia, em 1921, e das instâncias que organizam seu curso.

O Eu-sujeito encontra-se, assim, numa encruzilhada entre, de um lado, aquilo que deve integrar, a *matéria-prima* de sua experiência perceptivo-sensório-motora, e, do outro, as determinações e modelos fornecidos por seu ambiente humano para processá-las e que são progressivamente internalizados – por identificações – nas instâncias.

2- Já em 1920, Freud começou a tentar pensar sobre como o Eu se configura originariamente e com o que se confronta fundamentalmente. Ele propôs a ideia de que o impacto da periferia perceptivo-sensorial penetra nas profundezas da psique, constituindo, assim, *envelopes-núcleos* do Eu. Freud também levantou a hipótese de um Eu-sujeito primário ameaçado pelos conteúdos que não conseguiu integrar (cf. a metáfora dos protistas ameaçados por seus próprios resíduos, como consta no artigo de 1920) e às voltas com os efeitos desses traços-resíduos de seu próprio funcionamento, capazes de destruir o despontar de sua organização se nada vier em auxílio do Eu-sujeito nascente. Em seguida, Freud aventou a hipótese de uma intervenção externa que permite *purificar* o funcionamento do Eu-sujeito (Eu-prazer purificado) até que seu desenvolvimento – metaforizado no mesmo artigo pelo agrupamento celular da *nebulosa subjetiva* primordial (Bleger, David & Appel, 1973) – e sua complexificação lhe permitam processar internamente – e, sem dúvida, pela internalização da assistência externa – os traços e resíduos para um funcionamento mais integrado.

Em 1921, em *Psicologia das massas e análise do Eu*, Freud levou adiante a elaboração do modelo, apoiando-se, desta vez, mais em *agrupamentos humanos e massas humanas* do que nas metáforas biológicas de agrupamentos celulares de 1920. Ele conseguiu, então, formular o conceito de identificação e a dialética entre ela, agora instância interna de assistência – o ideal do Eu – e sua sobreposição com o objeto externo, o outro humano, o líder ou o *Nebenmench*, o próximo; o líder substitui o ideal do Eu.

Em 1924-25, Freud explorou o funcionamento do *bloco mágico*, em analogia com o funcionamento psíquico. Trata-se de uma nova metáfora para a hipótese dos *envelopes-núcleos* de 1920. Ele descreve um modelo constituído de três *envelopes-lâminas* que obedecem a uma dialética de dois processos: um que cola e permite a inscrição dos traços, e o outro que *descola* e permite a conservação desses traços.

A primeira folha é uma forma de barreira à *para-efração* que protege a segunda folha, mais frágil. Porém, essa segunda folha pode ser *colada*, se for exercida uma pressão, a uma terceira, composta por uma camada de cera. A colagem da segunda à terceira folha torna *visível* a inscrição do traço que, assim, se constitui como tal. Basta, então, descolar essas duas folhas para deixar *virgem* a superfície da inscrição, preservando-se o traço na terceira folha.

Autores pós-freudianos desmetaforizaram a materialidade do modelo de Freud de 1924 e propuseram metáforas mais biológicas e mais aproximadas do funcionamento somático dos seres humanos.

Didier Anzieu levantou a hipótese de um envelope baseado na pele e no tocar – o *Eu-pele* – que consistiria em uma interface entre o exterior e o interior, portanto, um envelope de inscrição interna do impacto do exterior da psique, exterior tanto constituído por percepções externas como por sensações provenientes do soma. Em 1978, levantei a hipótese de que toda a sensorialidade é organizada de acordo com o modelo do Eu-pele, o que significa dizer que o olho primitivo *toca*, assim como a voz, os sons etc. também tocam ou perfuram: o tocar aparece como o primeiro organizador de toda a experiência. Outra hipótese que lancei também em 1978 é aquela segundo a qual cada um dos sentidos dá origem a um envelope, a visão, em particular, formando um *envelope visual*. G. Lavallée desenvolveu,

274 O NARCISISMO E A ANÁLISE DO EU

em seguida, sua interpretação pessoal desse envelope. A organização pelo primeiro tocado/colado é reorganizada segundo o modelo do envelope visual e do descolamento, que cria uma distância em relação a toda a vivência subjetiva dos sistemas perceptivos: a mão e o toque distanciam, a mão vê. D. Stern (1983), por sua vez, levantou a hipótese de que, na etapa seguinte, poderia então se formar o que ele chamou de *envelope narrativo*, que, através das propriedades da linguagem verbal, introduz uma forma de temporalidade que permite tanto tocar quanto descolar.

Entretanto, como já vimos, devemos a F. Varela a hipótese de relacionar o modelo dos envelopes-núcleos, postulado por Freud em 1920, e aquele da necessária transformação do conteúdo do Id, como proposto implicitamente em 1923, quando Freud assinalou que os conteúdos do Id – a matéria-prima que comporta a exigência de trabalho psíquico, o primeiro traço da experiência, a *Erlebniz* inscrita e investida – não podem passar à consciência dessa forma, devendo, portanto, ser transformados. Varela ressalta que os envelopes que delimitam o ser vivo não são simples contornos, mas, sim, sistemas de transformação mediante os quais os dados provenientes do meio externo se tornam compatíveis com as necessidades e as lógicas, e que C. Bernard chamou de *meio interno*. É o que Varela denomina processo de autopoiese.

Os envelopes psíquicos são sistemas de transformação, de criação, de autocriação, através dos quais aquilo que provém de fora de um organismo vivo pode ser utilizado por esse organismo sem provocar uma efração traumática. Isso diz respeito a todos os processos dos organismos vivos, a respiração, a circulação sanguínea, a digestão etc., mas também ao funcionamento psíquico.

Todavia, mesmo antes da guinada de 1920, Freud estabeleceu uma oposição que deve ser dialetizada com o modelo do colado/descolado, pois descreve o processo pelo qual esse modelo opera.

Em *Luto e melancolia* (1915-17), descreveu a oposição entre dois processos no curso dos acontecimentos psíquicos: o processo da busca do reencontro da experiência inicial – regido pelo modelo da *identidade de percepção* –, e aquele que se satisfaz com uma *identidade de pensamento*, isto é, um modo de reencontro mais simbólico. Nesse último, um traço, um elemento da experiência perceptiva inicial, que anteriormente era o *tudo*, agora representa a experiência, ele a *simboliza*.

A busca segundo o modelo da identidade de percepção corresponde ao modo alucinatório do reencontro: um modo total, um reencontro idêntico. Assim, cria-se o modelo do tudo ou nada, declinado em suas diferentes formas. *Tudo imediatamente* – a alucinação é imediata, não requer nenhum trabalho psíquico. Ela se efetua *totalmente sozinha*, de maneira quase automática, sem sujeito nem objeto, em sua *totalidade*, por um sujeito preso ao narcisismo primário em que o sujeito potencial – não representado como tal em um processo que, portanto, antecede a diferença sujeito/objeto – está *totalmente ao centro*. Esse processo vai alcançar tudo até o fim – a satisfação da necessidade, o reencontro total etc. O fracasso desse processo de reencontro produz o efeito do *nada*: se tudo não for reencontrado, nada, nunca e em lugar nenhum o será.

A inscrição da experiência, de acordo com esse modelo, cola à própria experiência; o processo de busca regido pelo modelo da identidade de percepção inscreve a experiência de forma idêntica, constituindo a base do que Freud chamou de *realidade psíquica*. Em outras palavras, é o impacto da realidade da experiência vivida na vida psíquica, o modo como o encontro com a experiência é registrado na psique e que lhe cabe integrar, a matéria-prima da experiência que se impõe como exigência de trabalho para a psique.

A passagem à identidade de pensamento supõe a renúncia à ideia de percepção, ou melhor, a troca necessária para que os

276 O NARCISISMO E A ANÁLISE DO EU

acontecimentos psíquicos possam seguir seu curso no processo de integração. Não há luto pelo objeto, mas uma troca no processo pelo qual ele é buscado. Lembremo-nos daquela frase de Freud, em carta endereçada a Ferenczi: "Vou lhe contar um grande segredo: na realidade, nunca renunciamos a nada; apenas trocamos uma coisa por outra".

No curso do processo psíquico, após a colagem inicial regida pelo modelo da identidade de percepção – fornecido pelo tocado/colado do Eu-pele –, deve haver o descolamento necessário à distância exigida para a construção das formas de *cenarização*. Ou seja, as representações de coisa cenarizadas, com um sujeito, um objeto e um verbo que articula a relação entre eles, as quais correspondem ao chamado envelope visual do Eu. Posteriormente, o descolamento que a distância determinada pelo curso do tempo (a prova de atualidade evocada por Freud em 1915), o qual está necessariamente presente no discurso narrativo, poderá conferir à expressividade humana o discurso narrativo que cola a experiência e dela se descola de uma forma totalmente simbólica.

No entanto, a experiência clínica ensina que alguns sujeitos permanecem colados ao sistema regido pelo tudo ou nada, o que muitas vezes representa um sério obstáculo clínico nos tratamentos. Essa experiência clínica levanta a questão do lugar do objeto no processo de constituição da experiência do *tudo primordial* ou de seu fracasso, na qual vamos nos deter para concluir.

É muito provável que um dos fatores da prevalência do que chamei de *sistema do tudo* esteja relacionado às características da vida intrauterina e às regulações biológicas que a caracterizam. Quando tudo vai bem, essas regulações biológicas ocorrem de tal forma que o feto sente que suas necessidades foram satisfeitas integralmente, sem demora, que elas têm precedência sobre as necessidades maternas e que, portanto, ele está no *centro*. Em suma, podemos considerar a hipótese de que, em grande medida, a vida fetal realiza o ideal do *sistema do tudo*, registrando como engrama o primeiro modelo de satisfação pulsional.

Assim, podemos considerar a hipótese de que, nos primeiros momentos após o nascimento, o bebê espera encontrar uma resposta do ambiente relacional humano idêntica àquela que conheceu anteriormente no ambiente uterino. Winnicott sugeriu que, por meio da preocupação materna primária, o ambiente maternante permite que o bebê, pelo menos inicialmente, encontre nas respostas e reações desse ambiente maternante o que ele é capaz de criar de forma alucinatória a partir da memória do que vivenciou anteriormente. Ou, pelo menos, uma resposta suficientemente próxima do que conheceu, para que possa realizar um trabalho psíquico associativo suficiente para obter uma correspondência quase perfeita entre o que criou e o que encontra no ambiente. A exigência alucinatória do reencontro com o *tudo* anterior começa, assim, a aprender a se satisfazer com o *quase tudo* da resposta do ambiente maternante. E se isso não for suficiente, podemos levantar a hipótese – que a experiência parece confirmar – de que o bebê envia sinais que indicam a inadequação do ambiente e, concomitantemente, como este deve ajustar-se. Muitas interações de ajuste recíproco foram descritas por clínicos da primeira infância. Mais tarde, à medida que a criança se desenvolve e a preocupação materna primária diminui progressivamente, o trabalho psíquico de ajuste do bebê torna-se cada vez maior, se nunca forem excedidas suas capacidades.

Muitos clínicos observaram que o modelo da relação precoce centrada exclusivamente na alimentação e nos cuidados corporais é claramente insuficiente e que esse modelo precisa ser ampliado para incluir todos os aspectos do encontro primitivo e da comunicação primitiva, principalmente aqueles que dizem respeito à comunicação corporal e afetiva – as primeiras formas de *linguagem* do bebê nos primeiros dois anos de vida.

Bebês que não são alimentados morrem, mas aqueles que não recebem o suficiente para *alimentar* suas necessidades psíquicas – de comunicação corporal e afetiva –, se não morrem de fato, sofrem de *agonias* psíquicas que colocam seriamente em risco seu desenvolvimento psíquico.

Nesses casos, o *sistema do tudo* não é suficientemente mantido pelo ambiente maternante, e a troca do tudo pela identidade de pensamento é comprometida. O bebê sofre uma *decepção narcísica primária* que o leva a se retirar de uma parte de sua experiência subjetiva, devido à sua incapacidade de suportar e integrar. Mas aquilo que não pôde ser integrado tende a retornar compulsivamente.

Não se pode renunciar ao que não se recebeu, não se pode fazer o luto do que não pôde ser vivenciado, do que era potencial e necessário para o desenvolvimento, mas não foi atendido. Instala-se, então, uma forma de pressão compulsiva para fazer advir aquilo que não teve lugar e que, só assim, poderá ser superado. O processo é interrompido, e o sujeito se vê posteriormente compelido a completá-lo, o que se torna cada vez mais difícil à medida que ele cresce e se afasta das condições primordiais.

Diante de quadros clínicos assim configurados, o clínico encontra dificuldade na medida em que, durante toda a sua formação, ensinaram-lhe a tentar levar os pacientes a renunciar às lógicas do tudo em que parecem se perder e nas quais concentram grande parte de seu esforço para tentar finalmente realizar essa experiência.

O encontro clínico não pode, portanto, limitar-se a tentar tornar consciente o que historicamente foi recalcado. O clínico deve ser capaz de ajudar o paciente a transformar o que faltou ser integrado para que o processo retome seu curso, deve acompanhá-lo em seu esforço de descobrir como criar, agora, as condições para fazer advir o não advindo, para reconhecer esse esforço e a sua necessidade.

Referências

Austin, J. L. (1970). Quand dire, c'est faire. Paris: Éditions du Seuil. (Trabalho original de 1962)

Berthoz, A. (2011). La simplexité. In J. Caron, J. Veuthey, J. Toussaint, F. Roland, Y. Rémond, I. Queval, N. Puget,... & A. Berthoz. La chimie et le sport. Les Ulis: EDP Sciences. https://doi.org/10.1051/978-2-7598-0940-0.

Bleger, J. (1967). Symbiose et ambiguïté. Paris: PUF.

David, M. & Appel, G. (1973). Löczy ou le maternage insolite. Paris: Le Scarabée.

Donnet, J-L. & Green, A. (1973). L'enfant de ça. Psychanalyse d'un entretien: la psychose blanche. Paris: Minuit.

Fraiberg, S. (1993). Quelques mécanismes de défenses pathologiques au cours de la première enfance. *Devenir, 5*(1), 7-29.

Fraiberg, S. (1999). Fantôme dans la chambre d'enfant. Paris: PUF.

Freud S. (1913). Totem et Tabou. Paris: Gallimard.

282 O NARCISISMO E A ANÁLISE DO EU

Freud S. (1913). Totem et Tabou (Vol. XI, 1911-1913). Paris: PUF.

Freud, S. (1968a). Complément métapsychologique à la doctrine du rêve. In S. Freud, Oeuvres complètes de Freud (J. Laplanche & J. B. Pontalis, trad., Vol. XIII). Paris: Gallimard, 1988. (Trabalho original de 1916-1917 [1915])Freud, S.

Freud, S. (1968b). Deuil et mélancolie. In S. Freud. Oeuvres complètes de Freud (J. Laplanche, J. B. Pontalis, J. P. briand, J. P. Grossein & M. Tort, trad., Vol. XIII). Paris: Gallimard, 1988. (Trabalho original de 1917 [1915])

Freud, S. (1968c). Le refoulement. In S. Freud, Oeuvres complètes de Freud (J. Laplanche & J. B. Pontalis, trad., Vol. XIII). Paris: Gallimard, 1988. (Trabalho original de 1915)

Freud, S. (1968d). L'inconscient. In S. Freud, Oeuvres complètes de Freud (J. Laplanche & J. B. Pontalis, trad., Vol. XIII). Paris: Gallimard, 1988. (Trabalho original de 1915)

Freud, S. (1968e). Pulsion et destin des pulsions. In S. Freud, Oeuvres complètes de Freud (J. Laplanche & J. B. Pontalis, trad., Vol. XIII). Paris: Gallimard, 1988. (Trabalho original de 1915)

Freud, S. (1969a). L'organisation génitale infantile. In S. Freud, Oeuvres complètes de Freud (J. Laplanche & J. B. Pontalis, trad., Vol. XVI). Paris: PUF, 1991. (Trabalho original de 1923)

Freud, S. (1969b). Pour introduire le narcissisme. In S. Freud, Oeuvres complètes de Freud (J. Laplanche & J. B. Pontalis, trad., Vol. XII). Paris: PUF, 2005. (Trabalho original de 1914)

Freud, S. (1969c). Sur les transpositions des pulsions, plus particulièrement dans l'érotisme anal. In S. Freud, Oeuvres complètes de Freud (J. Laplanche & J. B. Pontalis, trad., Vol. XV). Paris: PUF, 1996. (Trabalho original de 1916-1917 [1915])

Freud, S. (1971). L'avenir d'une illusion. In S. Freud, Oeuvres complètes de Freud (M. Bonaparte, trad., Vol. XVIII). Paris: PUF, 1994. (Trabalho original de 1927)

Freud, S. (1972). Psychologie des masses et analyse du Moi; Essais de psychanalyse. In S. Freud, Oeuvres complètes de Freud (Vol. XVI). Paris: PUF, 1991. (Trabalho original de 1921)

Freud, S. (1980). L'interprétation des rêves. In S. Freud, Oeuvres complètes de Freud (I. Meyerson, trad., D. Berger, rev., Vol. IV). Paris: PUF, 2003. (Trabalho original de 1900)

Freud, S. (1981). Le Moi et le Ça. In S. Freud, Oeuvres complètes de Freud (J. Laplanche, trad., Vol. XVI). Paris: Payot, 1991. (Trabalho original de 1923)

Freud, S. (1982). Au delà du principe de plaisir. In S. Freud, Oeuvres complètes de Freud (J. Laplanche & J.-P. Pontalis, trad., Vol. XV). Paris: Payot, 1996. (Trabalho original de 1920)

Freud, S. (1983). Contribution à la conception des aphasies: une étude critique (C. Van Reeth, trad). Paris: PUF. (Trabalho original de 1891)

Freud, S. (1984). Nouvelles conférences d'introduction à la psychanalyse. In S. Freud, Oeuvres complètes de Freud (M. R. Zeitlin, trad., Vol. XIX). Paris: Gallimard, 1995. (Trabalho original de 1933 [1932])

Freud, S. (1985). Note sur le Bloc-notes magique, Résultats, Idées, Problèmes (Vol. II). Paris: PUF. (Trabalho original de 1923-1925)

Freud, S. (1985). Note sur le "Bloc magique", Résultats, idées et problèmes. In S. Freud, Oeuvres complètes de Freud (J. Laplanche & J.-P. Pontalis, trad., Vol. II). Paris: PUF, 1992. (Trabalho original de 1925 [1924])

284 O NARCISISMO E A ANÁLISE DO EU

Freud, S. (1985a). L'analyse avec fin et l'analyse sans fin. In S. Freud, Oeuvres complètes de Freud (J. Altounian & A. Bourguignon, trad., Vol. XX). Paris: PUF, 2010. (Trabalho original de 1937)

Freud, S. (1985b). La négation. In S. Freud, Oeuvres complètes de Freud (Vol. XVII). Paris: PUF, 1992. (Trabalho original de 1925)

Freud S. (1985c). Constructions dans l'analyse. In S. Freud, Oeuvres complètes de Freud (E. R. Hawelka, U. Huber & J. Laplanche, trad., Vol. XX). Paris: PUF, 2010. (Trabalho original de 1937)

Freud, S. (1985d). Quelques types de caractères dégagés par le travail psychanalytique. In S. Freud, L'inquiétante étrangeté et autres essais. Oeuvres complètes de Freud (A. Bourguignon, trad., Vol. XV). Paris: Gallimard, 1996. (Trabalho original de 1916)

Freud, S. (1987). Trois Essais sur la théorie sexuelle. In S. Freud, Oeuvres complètes de Freud (P. Koeppel, trad., Vol. VI). Paris: Gallimard, 2006. (Trabalho original de 1905)

Freud, S. (1993). Totem et Tabou. In S. Freud, Oeuvres complètes de Freud (M. Weber, trad., Vol. XI). Paris: Gallimard, 1998. (Trabalho original de 1912-1913)

Freud, S. (1999). Conférences d'introduction à la psychanalyse. In S. Freud, Ouvres Complètes de Freud (F. Cambon, trad., Vol. XIV). Paris: Gallimard, 2000. (Trabalho original de 1916-1917 [1915-1917])

Hoffmann, M. & Yankelevich, G. (2003). Parenting or Pygmalionism? Devenir, 15, 117-141. (vol. XV; trad. Devenir; pp. 117-141)

Honneth, A. (2000). La lutte pour la reconnaissance. Paris: Ed. Du Cerf.

Honneth, A. (2006). La société du mépris. Paris: Ed. La découverte.

Hopkins, J. (1992). Échec du "holding". Quelques effets du rejet physique sur l'attachement de l'enfant et sur son expérience interne Devenir, 4, 49-67.

Rochat, P. (2006). Le monde des bébés. Paris: O. Jacob. (Trabalho original de 1937)

Roussillon, R. (1991). Paradoxes et situations limites de la psychanalyse. Paris: PUF

Roussillon, R. (1999). Agonie, clivage et symbolisation. Paris: PUF. (2. ed., 2002; 3. ed., 2005)

Roussillon, R. (2004). La dépendance primitive et l'homosexualité primaire "en double". Revue Française de Psychanalyse, 68(2), 421-439.

Roussillon, R. (2008). La réflexivité le transitionnel et le sexuel. Paris: Dunod.

Roussillon, R. (2015). Le visage de l'étranger et la matrice du négatif chez Albert Camus. Revue Française de Psychanalyse, 79(4), 1187-1197.

Smith, P. (1967). Marie-Cecile et Edmond Ortigues (pp.106-109). Paris: Ed. Africain.

Stern, D. (1994). Le journal d'un bébé.

Stern, D.. (1985). Le Monde interpersonnel du nourrisson. Paris: PUF

Varela, F. (1993). L'inscription corporelle de l'esprit.

Winnicott, D. W. (1945). De l'observation des enfants dans une situation établie. In D. W. Winnicott, De la pédiatrie à la psychanalyse. Paris: Payot, 1958.

Winnicott, D. W. (1971). L'utilisation de l'objet, Jeu et réalité. Paris: Gallimard

Zazzo, R. (1993). Reflets de miroir et autres doubles. Paris: PUF.

Sobre os organizadores

Luciane Falcão

Psicóloga, psicanalista, membro efetivo e analista didata da Sociedade Psicanalítica de Porto Alegre, psicanalista de crianças e adolescentes, professora e supervisora do Instituto de Psicanálise da Sociedade Psicanalítica de Porto Alegre. É autora de inúmeros artigos e capítulos de livros sobre psicanálise publicados no Brasil e no exterior.

Renato Moraes Lucas

Psiquiatra, psicanalista, membro associado da Sociedade Psicanalítica de Porto Alegre. Editor-chefe da Revista de Psicanálise da Sociedade Psicanalítica de Porto Alegre. Professor do Curso de Formação em Psicoterapia de Orientação Analítica (CEPOA) do Centro de Estudos Luis Guedes.

GRÁFICA PAYM
Tel. [11] 4392-3344
paym@graficapaym.com.br